REUTERS

DIE WELT IN BILDERN

Collection Rolf Heyne

REUTERS

DIE WELT IN BILDERN

Unser Jahrhundert im Blickpunkt

Collection Rolf Heyne

Dieses Buch ist den 240 Journalisten gewidmet, die in den ersten sechs Jahren des neuen Jahrtausends bei der Ausübung ihrer Arbeit ums Leben kamen. Insbesondere gedenken wir unserer Kollegen von Reuters:

Kurt Schork (2000, Sierra Leone)
Harry Burton (2001, Afghanistan)
Azizullah Haidari (2001, Afghanistan)
Taras Protsiuk (2003, Irak)
Mazen Dana (2003, Irak)
Adlan Khasanov (2004, Tschetschenien)
Dhia Najim (2004, Irak)
Gene Boyd Lumawag (2004, Philippinen)
Waleed Khaled (2005, Irak)

Die englische Originalausgabe erschien 2006 unter dem Titel THE STATE OF THE WORLD bei Thames & Hudson Ltd, London

www.collection-rolf-heyne.de

Verantwortliche Leitung Reuters: Monique Villa
Bildredaktion Reuters: Ayperi Karabuda Ecer
Projektleitung Reuters: Jassim Ahmad

Art Direction und Design: Martin Andersen / Andersen M. Studio
Übersetzung: Stephan Gebauer, Madrid
Satz: Werbeagentur Sabine Dohme, Neuried
Druck und Bindung: C & C Offset Printing Co. Ltd., China

Printed in China

ISBN 3-89910-327-0

INHALT

2000

2 0 0 0

EINLEITUNG

Das Leben im Jahr 1000 hatte wenig Ähnlichkeit mit dem, das die Menschen 100 Jahre früher geführt hatten. Und im Jahr 2000 glaubten wir beim Gedanken an das Leben um 1900 auf eine längst vergangene Zivilisation zurückzublicken. Denn der rasante Wandel seit Beginn des dritten Jahrtausends lässt selbst dieses markante Datum im Dämmerlicht der Geschichte verschwinden. Politik, Wirtschaft, Wissenschaft, Religion, Umwelt – fast überall hat sich die Veränderung weiter beschleunigt, seit die Welt die neue Epoche mit Feiern, Feuerwerken und hoffnungsvollen Botschaften begrüßte. Zu jenem Zeitpunkt hielten wir es noch für möglich, dass nach dem Ende des Kalten Krieges eine Ära des friedvollen Zusammenlebens beginnen würde. Diese Hoffnung schwand, als am 11. September 2001 radikale Islamisten vier Passagierflugzeuge entführten und zwei davon in das World Trade Center in New York steuerten. Die Anschläge und die von den USA im gleichen Jahr geführten Militärschläge in Afghanistan und 2003 im Irak lieferten den Verfechtern der Theorie vom Kampf der Kulturen neue Argumente.

Einem Teil der Menschheit hat das 21. Jahrhundert vorteilhafte Neuerungen gebracht. Dank der wirtschaftlichen Liberalisierung wächst der Wohlstand von Mitteleuropa bis China. Der rasche technologische Fortschritt verspricht Lösungen für eine Vielzahl von Problemen. Doch da er sich an kurzfristigen wirtschaftlichen Zielen orientiert, bleibt der wissenschaftliche Fortschritt unausgewogen. Die Kommunikationstechnologie stürmt voran, während trotz der drohenden globalen Erwärmung bisher keine wirkliche Alternative zu den fossilen Brennstoffen gefunden wurde. Das wirtschaftliche Ungleichgewicht hat zur Folge, dass Milliarden Menschen in den Entwicklungsländern weiter mit Dürre, Hunger und korrupten Herrschern leben müssen.

Wenige Menschen konnten die wichtigsten Ereignisse und Entwicklungen in den ersten Jahren des neuen Jahrtausends besser verfolgen als die Berichterstatter und Fotografen von Reuters. Sie stehen überall dort in der ersten Reihe, wo Wichtiges geschieht, weshalb sie oft großer Gefahr ausgesetzt sind – allein im Irak sind bisher vier Reuters-Journalisten gestorben. Dieses Buch zeigt in Bild und Text, wie sie die jüngste Geschichte unseres Planeten gesehen haben und einschätzen.

1. Januar 2000, WELTWEIT

Gegenüberliegende Seite Jahrtausendfeiern in aller Welt. *Obere Reihe, von links nach rechts* Kairo, Bethlehem, Athen, Ottawa. *Mittlere Reihe* London, New York, Warschau, Vatikan. *Untere Reihe* Quito, Paris, Washington D.C., Sarajevo. *Siehe auch Seite 380.*

1. Januar 2000, BELGRAD, JUGOSLAWIEN

Auf dem großen Marktplatz der Stadt knallen die Sektkorken. Goran Tomasevic

31. Dezember 1999, NEW YORK, VEREINIGTE STAATEN

Die Menge auf dem Times Square bejubelt um Mitternacht das neue Jahrtausend.
Jim Bourg

Billige Flugreisen und ein wachsendes Kommunikationsnetz treiben die Globalisierung der Welt voran, aber zu Beginn des neuen Jahrhunderts ist die Begegnung ebenso oft schmerzhaft wie erfreulich gewesen. Der Terrorismus und der Krieg gegen den Terror haben der Entwicklung der Welt in den letzten Jahren eine neue Richtung gegeben. Die Naturgewalten zeigen auf allen Kontinenten ihre zerstörerische Kraft. Doch bisher wurden kaum entschlossene globale Antworten auf die globalen Fragen gegeben.

Große Aufgaben

von Stephen Brown

Terror / Der Planet / Naturgewalten / Umweltverschmutzung / Klima / Bevölkerung / Epidemien / Migration / Globalisierung

Große Aufgaben

Es war ein Mädchen. Ashta kam am 11. Mai 2000 im Safdarjang Hospital in Neu-Delhi zur Welt und wurde zur milliardsten Bürgerin Indiens erklärt. Umschwärmt von aufgeregten Beamten und drängelnden Reportern hatte sie ihren ersten öffentlichen Auftritt, der die Hoffnungen und Befürchtungen der Welt für das neue Jahrtausend symbolisierte. Hoffnungen, Ashta bedeutet in Hindi „Zuversicht", auf ein neues Leben und einen Neubeginn in Asien und auf die Entstehung einer globalen Gesellschaft, die von Frieden, Fortschritt und technologischer Entwicklung geprägt sein würde. Furcht davor, dass diese Aussichten durch Überbevölkerung, Umweltverschmutzung und Konflikte um schwindende Ressourcen zunichte gemacht werden könnten, selbst wenn die alte Bedrohung eines Kriegs zwischen den Supermächten endlich verschwunden ist – und selbst daran zweifeln viele.

Die Ökonomen erklären uns, die Aussichten seien gut. Das Wachstum der Weltwirtschaft fiel im Jahr 2004 mit 5,1 Prozent so hoch aus wie seit 30 Jahren nicht. Die Motoren dieser Expansion waren China, Argentinien und Indien. Doch genügt dieses Wachstum, um all die zusätzlichen Mäuler zu stopfen? Denn der globale Wohlstand ist derart ungleich verteilt, dass immer noch jeder fünfte Mensch auf der Erde von weniger als einem Dollar am Tag leben muss. Auch Ashtas Vater verdient kaum mehr: Er muss seine Familie mit einem Monatseinkommen von 50 Dollar ernähren.

Die Optimisten vertrauen darauf, dass der menschliche Einfallsreichtum genügen wird, um mit Hilfe neuer Technologien die Herausforderungen des 21. Jahrhunderts zu bewältigen. Dass Technologie gewaltige Veränderungen sowohl zum Guten als auch zum Schlechten herbeiführen kann, steht seit der Entwicklung der Axt durch den Steinzeitmenschen außer Zweifel. Doch unser Vertrauen wurde auf eine harte Probe gestellt, als in den 1940er Jahren die Kernspaltung gelang. Die Politiker des 20. Jahrhunderts bestanden den Test – mit Ach und Krach. Am Ende schreckten die Staatsmänner stets vor dem Einsatz von Atomwaffen zurück, der den Planeten und unsere Zivilisation zerstören oder schwer schädigen hätte können. Im neuen Jahrtausend drohen dieselben Konsequenzen – allerdings weniger durch einen atomaren GAU als durch den langsameren, heimtückischeren Prozess des Klimawandels und der Erschöpfung der Ressourcen. Hier sind eher Gier und Kurzsichtigkeit am Werk als Bosheit.

Doch zuerst ist da die Bosheit: Ungeachtet aller wissenschaftlicher Fortschritte im vergangenen Jahrhundert wurde die Hoffnung, aus der Asche des Kalten Krieges könne sich eine von Vernunft geprägte neue Weltordnung erheben, enttäuscht. Ein uralter Glaubenskonflikt war wieder aufgebrochen, dessen Protagonisten von Entspannung nichts hören wollen und auf Abschreckung nicht reagieren. Der Kampf von al-Qaida gegen die „Kreuzfahrer und Juden", die als Feinde des Islam gebrandmarkt werden, hat die stärksten Armeen der Welt trotz ihrer hoch entwickelten Waffentechnik aus dem Konzept gebracht. Und die Bedrohung durch den Terrorismus zwingt die mächtigsten Nationen der Welt, ihre Sicherheitspolitik zu überdenken und vielfach die Freiheitsrechte ihrer normalen Bürger einzuschränken. „Die Spielregeln ändern sich", erklärte der britische Premierminister Tony Blair nach den Londoner Bombenanschlägen im Juli 2005. Also werden Gesetze geändert, um die Befugnisse der Polizei bei der Jagd auf potenzielle Terroristen zu erweitern. Die Überwachung der Bürger wird verschärft und die Meinungsfreiheit eingeschränkt, um die Anhänger und Mentoren der Selbstmordattentäter zum Schweigen zu bringen. Selbst in Ländern, die die militärische Intervention im Irak ablehnten, wendet sich die öffentliche Meinung gegen Einwanderer und Asylsuchende. Für die Regierungschefs der USA und Großbritanniens, die ihre Länder trotz beträchtlichen Widerstands der eigenen Öffentlichkeit in den Irakkrieg geführt hatten, war eine harte Haltung gegenüber dem Terrorismus ein wichtiges Wahlkampfargument. Ihr politisches Schicksal litt kaum darunter, dass der Krieg hohe Opfer unter ihren Truppen und der irakischen Zivilbevölkerung forderte, dass die Misshandlung irakischer Gefangener einen Skandal auslöste und dass jene Massenvernichtungswaffen, die als wichtigster Grund für den Sturz Saddam Husseins herangezogen worden waren, nie gefunden wurden.

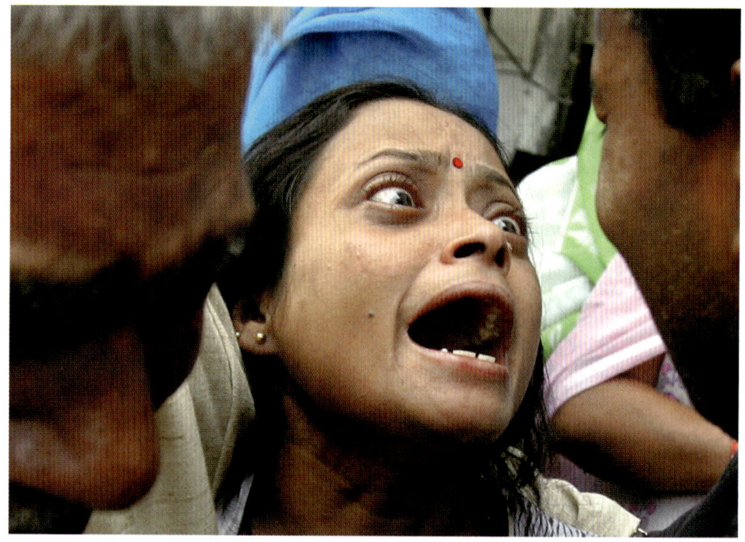

Sunita Devi bricht beim Anblick ihrer toten Tochter zusammen. Neha ist eines von 66 Opfern der Bombenanschläge, die am 29. Oktober 2005, wenige Tage vor Beginn großer religiöser Feste von Hindus und Moslems, von einer kaum bekannten Untergrundgruppe aus Kaschmir namens Islami Inqilabi Mahas (Islamische Revolutionäre Front) in Neu-Delhi verübt worden sind. Adnan Abidi

Eine Verschärfung der Sicherheitspolitik und ein Ende des bewaffneten Widerstands im Irak werden wohl nicht genügen, um die Spirale zunehmender Gewalt und wachsenden Misstrauens zwischen dem Westen und der arabischen Welt zu durchbrechen. Auch wenn sich staatliche Einrichtungen beeilen, ihre Unkenntnis des Islam (daheim und im Ausland) zu überwinden und mit Verspätung die Gefahren einer Nahostpolitik zu beurteilen, die lange Zeit die Demokratisierung vernachlässigte, um die

Ölversorgung zu sichern und Bollwerke des Kapitalismus wie Saudi-Arabien und säkulare Herrschaftssysteme wie jene Ägyptens und Pakistans zu erhalten. Mittlerweile betrachten Washington und seine Verbündeten die Demokratisierung als Schlüssel zur Stabilisierung des Nahen Ostens. In einigen islamischen Staaten und anderswo aber birgt gerade dieser Prozess das Risiko, dass Fraktionen an die Macht kommen, die dem Westen nicht zwangsläufig gewogen sind. Als Beispiel, dass es auch anders geht, ziehen westliche Politiker die Türkei heran, die mittlerweile in die Europäische Union drängt. In diesem Land kann die säkulare Demokratie sogar unter einer Regierungspartei gedeihen, die ihre Wurzeln im Islam hat.

Es gibt weitere Zeichen, die zuversichtlich stimmen. Dazu zählen Libyens Verzicht auf nukleare und chemische Waffen, die Wiederaufnahme

Wir leben in einer Zeit, in der Gewalt – hervorgerufen durch eine entfesselte Natur oder Terrorakte – alltägliche Dinge zu Albträumen werden lässt. Die Zugfahrt zur Arbeit, ein Strandurlaub, das Schlangestehen vor einem Geschäft ist für viele Menschen mittlerweile mit Angst verbunden.

der Gespräche über einen Verzicht Nordkoreas auf die atomare Aufrüstung und die Ankündigung der IRA, den bewaffneten Kampf zu beenden. Doch der ansonsten dramatische Verlust an globaler Sicherheit seit der Invasion des Irak im März 2003 hat gezeigt, dass der Krieg gegen den Terror mittlerweile ebenso sehr ein innenpolitisches wie ein sicherheits- und außenpolitisches Problem ist. Die Moslems sind die am schnellsten wachsende Glaubensgemeinschaft, und der Islam hat bereits eine Milliarde Anhänger, von denen 3 Millionen in den USA und 15 Millionen in Europa leben. Angesichts der Gewaltakte von al-Qaida muss die Integration der islamischen Diaspora im Westen rasch in Angriff genommen werden, um Armut, Ausgrenzung und Arbeitslosigkeit zu beseitigen – Faktoren, die die Anfälligkeit für eine Radikalisierung erhöhen können. Die Integration ist heute allerdings schwieriger denn je, nicht nur aufgrund der wirschaftlich angespannten Lage. Viele Bürger haben zudem das Gefühl, in einem globalen heiligen Krieg zwischen die Fronten geraten zu sein.

Darüber hinaus haben die globalen Migrationsbewegungen ein beispielloses Ausmaß angenommen, was im Westen Angst um die Sicherheit und die wirtschaftliche Stabilität weckt. Die Weltbevölkerung dürfte von gegenwärtig fast 6,5 Milliarden bis zum Jahr 2006 auf mehr als 9 Milliarden Menschen wachsen, wobei die Geburtenraten in den weniger entwickelten Ländern fast zehnmal so hoch sind wie in der reichen Welt. Vor Hunger und Armut flüchtende Menschen lassen sich nicht von der Schwierigkeit bremsen, ein Visum zu bekommen, und scheuen weder vor natürlichen Hindernissen wie dem Mittelmeer und dem Rio Grande noch vor künstlichen Barrieren wie den Stacheldraht bewehrten Grenzzäunen zurück, die die spanischen Enklaven Ceuta und Melilla von marokkanischem Territorium trennen. US-Grenzpatrouillen verhaften mittlerweile jedes Jahr mehr als eine

Einer von 75 illegalen Einwanderern, die in der Nacht des 2. April 2005 beim Versuch, in einem zerbrechlichen Boot die Meerenge von Gibraltar zu überqueren, von der spanischen Küstenwache vor Tarifa aufgegriffen worden sind, versucht sich warm zu halten. Anton Meres

Million illegale Einwanderer, von denen die meisten versuchen, über die mexikanische Grenze in die Vereinigten Staaten von Amerika zu gelangen. Die Ursachen für diese Völkerwanderung sind die gewaltigen sozioökonomischen Unterschiede, die die UN mit ihren Millennium-Entwicklungszielen verringern möchten. Die Fakten sprechen eine deutliche Sprache: 200 Millionen Afrikaner sind unterernährt. Während die ersten Reaktionen auf die Entwicklungsziele der Vereinten Nationen aber eher zurückhaltend ausfielen, wurden schüchterne Versuche unternommen, um die Hilfe für die ärmsten Länder zu erhöhen, ihnen die Schulden zu erlassen und den Welthandel fairer zu gestalten. Derartige Maßnahmen könnten es letzten Endes Millionen Menschen ersparen, als illegale Einwanderer ihr Leben riskieren und sich demütigenden Erfahrungen aussetzen zu müssen.

In der EU soll die Osterweiterung in den ehemaligen sowjetischen Herrschaftsbereich hinein die Einkommensunterschiede zwischen Ost und West im Lauf der Jahre verringern, obwohl es einige Zeit dauern wird, die Befürchtung der reicheren europäischen Länder zu zerstreuen, dass ihre neuen Partner ihre Industrie in den Untergang treiben und ihre Arbeitsmärkte mit billigen Wanderarbeitern überschwemmen werden. Angesichts der immer noch nicht verheilten Wunde des Balkankriegs scheint die Expansion in den Osten und Südosten des Kontinents noch die beste Methode zu sein, die Stabilität Europas zu garantieren, auf dessen Boden im vergangenen Jahrhundert zwei Weltkriege ausbrachen.

Die langfristigen Vorteile der Immigration sind oft weniger offenkundig als die unmittelbaren Kosten – und aus der Überbetonung der Gefahren für die heimischen Arbeitsplätze, die Sicherheit, die nationale Kul-

Möglicherweise wird es bald zu spät sein, die Schäden wieder gutzumachen, die einigen Ökosystemen oder ökologisch empfindlichen landwirtschaftlichen Nutzflächen zugefügt wurden. Diese Flächen dienen 70 Prozent der Weltbevölkerung, die ein Dasein in Armut fristen, als Lebensgrundlage.

tur und die lokalen Ressourcen lässt sich kurzfristig beträchtliches politisches Kapital schlagen. Wohlhabende Regionen, die Immigranten anlocken, suchen nach Wegen, um legale Zuwanderer zu integrieren und Illegale fern zu halten, abzuschieben oder auch zu legalisieren. Die armen Länder wiederum leiden unter der Abwanderung fähiger Arbeitskräfte und qualifizierter Fachleute, sind jedoch auf die Überweisungen der Emigranten in die Heimat angewiesen. Japan und viele europäische Länder fragen sich, wie eine stagnierende oder schrumpfende Bevölkerung im erwerbsfähigen Alter in Zukunft imstande sein soll, eine wachsende Zahl von Rentnern zu unterstützen, deren Lebenserwartung stetig steigt. Doch aus innenpolitischen Gründen sträuben sich diese Staaten gegen eine Öffnung ihrer Arbeitsmärkte.

Jene Einwanderer, die aufgenommen werden, leiden oft bis in die zweite oder dritte Generation unter Ausgrenzung, was die Frage aufwirft, ob die kulturelle und sprachliche Assimilierung an das Aufnahmeland nicht der multikulturellen Gesellschaft vorzuziehen ist. Selbst in den Vereinigten Staaten, deren Bürger mehrheitlich Nachkömmlinge von Einwanderern sind, müssen viele Amerikaner hispanischer Herkunft, die bereits ein Zehntel der Bevölkerung stellen und 50 Prozent zum Bevölkerungswachstum der USA beitragen, einen Bildungsrückstand aufholen und sich von einem Unterschichtstigma befreien. In der amerikanischen Politik sind sie – trotz der Bevölkerungsstärke – weiterhin unterrepräsentiert. Hingegen integrieren sich die arabischstämmigen Amerikaner, die von der antimoslemischen Reaktion auf die Anschläge am 11. September 2001 nicht betroffen waren, problemlos in die amerikanische Wirtschaft und sind insbesondere in der Automobilindustrie im Ballungsraum um Detroit erfolgreich. Im egalitären Frankreich, das einen Einwandereranteil von 10 Prozent hat – in erster Linie handelt es sich um Moslems aus Nord- und Westafrika –, mündete die Unzufriedenheit über die Ungleichbehandlung und den Mangel an Chancen Ende 2005 in den schlimmsten Unruhen seit fast vier Jahrzehnten. In China beschwören die inneren Wanderungsbewegungen einen Albtraum von städtischem Elend herauf – einer Schätzung zufolge haben die boomenden Städte bereits 99 Millionen Landbewohner angelockt.

Die von den globalen Wanderungsbewegungen verursachten Probleme wirken allerdings unbedeutend verglichen mit den Flüchtlings- und Migrationskrisen, die durch Dürre- und Flutkatastrophen, Epidemien und Hungersnöte drohen; nach Ansicht einer wachsenden Zahl von Wissenschaftlern sei damit aufgrund der zunehmend extremen globalen Klimaphänomene zu rechnen. Die globalen Durchschnittstemperaturen werden den Prognosen zufolge bis zum Ende des Jahrhunderts um 1,4 bis 5,8 Grad Celsius steigen, was eine Anhebung der Meeresspiegel um einen Meter zur Folge haben könnte. Der Tsunami im Dezember 2004, der in Asien fast eine Viertelmillion Menschen tötete, war eine besonders dramatische in einer langen Reihe von Naturkatastrophen, die den Planeten in den ersten Jahren des neuen Jahrtausends heimsuchten: Erdbeben im Iran, in Algerien und in Kaschmir, Flutkatastrophen in Bangladesch und Europa, Taifune in Japan, Hurrikane in der Karibik und im Südosten der USA und verheerende Heuschreckenplagen in Afrika. Aufgrund der Erderwärmung, die bereits zum Abschmelzen der Eisdecke Grönlands, der sibirischen Permafrostböden und vieler Gletscher geführt hat, sind bis zur Mitte des Jahrhunderts tausende Spezies vom Aussterben bedroht. Die meisten Industriestaaten haben das Protokoll von Kyoto zwar unterzeichnet, das sie verpflichtet, die Treibhausgasemissionen bis zum Jahr 2012 unter das Niveau von 1990 zu drücken, wobei jedoch keineswegs sicher ist, dass sie dieses Ziel erreichen werden. Die Vereinigten Staaten aber, der größte Treibhausgasemittent, zogen sich im Jahr 2001 aus dem Protokoll zurück. Sie erklärten diesen Schritt damit, die Verringerung der Emissionen werde Arbeitsplätze in der amerikanischen Industrie kosten, und lehnten es ab, dass die Entwicklungsländer im Protokoll aus der ersten Runde der

1. August 2005, TAHOUA, NIGER

Der unterernährte einjährige Alassa Galisou presst in einer Noternährungsstation in Tahoua im Nordwesten des Niger die Finger gegen die Lippen seiner Mutter Fatou Ousseini. Eine der schlimmsten Dürreperioden seit Menschengedenken hat ein Großteil des Getreides zerstört, das im Oktober 2004 geerntet werden sollte, womit es schätzungsweise 3,6 Millionen Menschen an Nahrung mangelt. Zehntausende Kinder verhungern. Weltpressefoto des Jahres 2005. Finbarr O'Reilly

FDNY
OEM

LADDER 113

Emissionsreduktionen ausgenommen wurden. Mittlerweile haben die USA mit Australien und den aufstrebenden asiatischen Wirtschaftsmächten einen alternativen Pakt gegen die globale Erwärmung geschlossen. Gerade China und Indien, die dem Westen Arbeitsplätze in Industrie, Technologie und Dienstleistungen abspenstig und einen Führungsanspruch im 21. Jahrhundert geltend machen wollen, sehen sich wachsendem Druck ausgesetzt, ebenfalls Verantwortung für die Senkung des Treibhausgasausstoßes zu übernehmen. Tun sie das nicht, so riskiert Asien, das mehr als die Hälfte der Weltbevölkerung stellt, infolge des Klimawandels von einer Naturkatastrophe in die nächste zu schlittern.

Der Aufstieg von 2,2 Milliarden Chinesen und Indern aus der Armut stellt bereits heute eine derart große Belastung für die natürlichen Ressourcen dar, dass der Anstieg der Energie- und Rohstoffpreise infolge ihrer gewaltigen Nachfrage die Gesundheit der industrialisierten Volkswirtschaften bedroht. Der Wettbewerb um die Ressourcen lastet auch den Entwicklungsländern zusätzliche Bürden auf. Sie sind mehr denn je auf einen Erfolg der seit 2001 stagnierenden Verhandlungen über eine gerechtere Gestaltung des Welthandels angewiesen, damit ihre landwirtschaftlichen Erzeugnisse mit den subventionierten Produkten der Agroindustrie in den reichen Ländern konkurrieren können. Die Weltbank glaubt, dass eine Öffnung der westlichen Märkte für die Agrarprodukte der Dritten Welt dazu beitragen könnte, hunderte Millionen Menschen aus der Armut zu befreien.

Eine pakistanische Anhängerin der World Minorities Alliance lässt in Islamabad vor einem Wandgemälde, das die Attacke auf das World Trade Center in New York darstellt, eine Taube als Symbol des Friedens aufsteigen. 11. September 2002. Mian Khursheed

Die Armut in der Dritten Welt und die ungleichen Ausgangspositionen im Handel liefern den Globalisierungsverweigerern weiterhin Argumente für Protektionismus. Doch die Globalisierung von Technologie und Kommunikation erwies der Welt auch gute Dienste, als etwa der Tsunami in Asien zuschlug: Rund um den Erdball wurden die Menschen vom Mitgefühl erfasst, staatliche und private Spenden für die Nothilfe überstiegen den Betrag von 12 Milliarden Dollar. Fernsehen, Zeitungen und Internet zeigten verwackelte Bilder, die entsetzte Touristen an den Stränden des Indischen Ozeans aufgenommen und per E-Mail an Verwandte, Freunde und Medien in der Heimat geschickt hatten. Die Welt schien die Fähigkeit erlangt zu haben, das menschliche Leid über alle Grenzen hinweg unmittelbar nachzuempfinden und Hilfe in einem Ausmaß zu leisten, das dem der Tragödie entsprach. Die Reaktion auf die Nachrichten von der Hungersnot in Niger und den benachbarten westafrikanischen Ländern, die erschreckend an die Bilder von den verhungernden Babys in Biafra vor 40 Jahren und in Äthiopien vor 20 Jahren erinnern, wird aber erst noch zeigen, ob dieses grenzüberschreitende Mitgefühl auch von Dauer ist.

Unsere Umwelt gerät außer Kontrolle, und in der vom Menschen geschaffenen virtuellen Welt scheint sich dieses Chaos zu wiederholen. Schien das Netz am Ende des 20. Jahrhunderts unbegrenzte Möglichkeiten zu eröffnen, uns klüger und reicher zu machen, so war es durchaus passend, dass das dritte Jahrtausend mit einer Explosion der Dotcom-Blase begann, der hunderte überbewertete und leistungsschwache Internet-Unternehmen zum Opfer fielen. Doch auf seine anarchische Art stellt das Internet auch ein unerschütterliches Bollwerk der Transparenz, der Informations- und Meinungsfreiheit dar, das gegen staatliche Zensur weitgehend gefeit ist. Unabhängige Blogs und Diskussionsforen umgehen etablierte Medien, um Nachrichten und Analysen der politischen und gesellschaftlichen Entwicklungen zu verbreiten. Verbraucher und Wähler können im Internet ihre Interessen verfolgen und ihre Rechte verteidigen, kaufen und verkaufen, neue Anhänger für ihre Glaubensgemeinschaft oder ihren Verein gewinnen oder medizinischen Rat suchen. Ein kleines afrikanisches Dorf, das handgefertigte Möbel nach Europa verkaufen möchte, kann im Netz ebenso wie jeder multinationale Konzern die Verbraucher direkt erreichen. Im Kalten Krieg als Waffe für das Pentagon erfunden, von al-Qaida als destruktives Instrument eingesetzt, haben gemeinnützige Organisationen, die Geld für die Hungernden in Darfur und die Opfer des Tsunami sammelten, belegt, dass man das Internet zum Wohl der Menschheit einsetzen kann.

Die geografischen und sozialen Ungleichheiten im Zugang zur Informationstechnologie öffnen eine „Wissenskluft", welche die Entfernung zwischen Reichen und Armen weiter zu vergrößern droht. Will die Menschheit die Herausforderungen von Krieg, Naturkatastrophen, Krankheiten, Armut und Überbevölkerung bewältigen, mit denen sie im 21. Jahrhundert konfrontiert werden dürfte, so muss sie diese Kluft überwinden.

11. September 2001, NEW YORK, VEREINIGTE STAATEN

Vorhergehende Seiten, linke Seite Flug 175 der United Airlines nähert sich dem Südturm des World Trade Center und explodiert beim Aufprall in einem Feuerball. Auf Lower Manhattan geht ein Trümmerhagel nieder.
Sean Adair

Vorhergehende Seiten, rechte Seite, im Uhrzeigersinn von links oben Aus den Türmen des World Trade Center dringt Rauch.
Brad Rickerby

In den Fenstern des brennenden Nordturms sind Menschen zu sehen.
Jeff Christensen

Lower Manhattan ist in eine Rauchwolke gehüllt, in der eine einzelne Möwe kreist.
Ray Stubblebine

Unweit des Fundaments des zerstörten World Trade Center weht eine amerikanische Flagge. Peter Morgan

Löschfahrzeuge inmitten der Trümmer.
Peter Morgan

Rettungskräfte bergen den tödlich verletzten Kaplan der New Yorker Feuerwehr, Reverend Mychal Judge, der von herabfallenden Trümmern getroffen wurde, während er einem Mann den letzten Segen gab. Shannon Stapleton

10. September 2002, NEW YORK, VEREINIGTE STAATEN

Links Ein gerahmtes Bild der Skyline von Manhattan vor dem Anschlag im Jahr 2001 hängt von der Brooklyn Heights Promenade.
Shaun Best

11. März 2004, MADRID, SPANIEN

Links Ein spanischer Polizist geht an einem Zug vorbei, der im Madrider Bahnhof Atocha durch eine Bombenexplosion zerstört worden ist. Bei insgesamt vier zeitgleichen Anschlägen auf voll besetzte Pendlerzüge wurden 191 Menschen getötet und mehr als 1800 verletzt. Später bekennt sich eine mit al-Qaida verbündete islamistische Gruppe zu den Anschlägen.
Andrea Comas

11. März 2005, MADRID, SPANIEN

Links unten Am Jahrestag der Bombenanschläge in Madrid steht ein Mann vor einer improvisierten Gedenkstätte auf einem Bahnsteig im Bahnhof Atocha. Die Spanier gedenken der Opfer des schlimmsten Anschlags von al-Qaida in Europa mit Glockenläuten und landesweiten Schweigeminuten. Susana Vera

8. Juli 2005, LONDON, GROSSBRITANNIEN

Gegenüberliegende Seite oben Das Wrack des Doppeldeckerbusses Nr. 30, der am Vortag am Tavistock Square im Zentrum Londons von einem Selbstmordattentäter zerstört wurde. Vier Attentäter töteten während der Versammlung der Regierungschefs der G-8 in Schottland bei dem Anschlag auf das Londoner Verkehrssystem insgesamt 52 Menschen. Im September 2005 erklärt al-Qaida, Großbritannien mit den Anschlägen für seine „Arroganz" bestraft zu haben. Dylan Martinez

14. Juli 2005, LONDON, GROSSBRITANNIEN

Gegenüberliegende Seite unten Eine moslemische Frau, eine von tausenden Trauernden, die auf dem Trafalgar Square mit einer Mahnwache der Opfer der Bombenanschläge gedenken, die eine Woche vorher im Zentrum Londons verübt worden sind. Dylan Martinez

Chadwell Heath

24. Juli 2005, SCHARM EL SCHEICH, ÄGYPTEN

Einen Tag, nachdem im Ferienort Scharm el Scheich am Roten Meer zwei Autobomben und eine Kofferbombe in Hotels und Einkaufszentren 67 Menschen getötet und mehr als 200 verletzt haben, geht ein ägyptischer Polizist an einem beschädigten Auto vorbei.
Nir Elias

9. November 2005, AMMAN, JORDANIEN

Eine Gruppe von Jordaniern steht um die Leiche eines der Opfer eines Selbstmordattentäters, der das Hotel Grand Hyatt im Zentrum von Amman angegriffen hat. Dieser und zwei weitere Attentäter, die sich in Hotels in die Luft gesprengt haben, haben 57 Menschen getötet, darunter Gäste bei zwei verschiedenen Hochzeitsfeiern. Der irakische Zweig von al-Qaida bekennt sich später zu der Tat. Ali Jarekji

3. Oktober 2005, BALI, INDONESIEN

Zwei Tage nach einer Serie von Selbstmordanschlägen sieht sich ein Polizist einen von zwei Schauplätzen der Anschläge in Jimbaran Beach auf der Ferieninsel Bali an. Ein dritter Attentäter zündete seine Bombe in einem Restaurant in Kuta Beach. Insgesamt wurden 20 Menschen getötet und etwa 150 verletzt. Drei Jahre vorher, am 12. Oktober 2002, fielen im Vergnügungsviertel von Kuta Beach 202 Menschen dem Bombenanschlägen zum Opfer. Adrees Latif

26. Mai 2005, BARCELONA, SPANIEN

Über der Küste von Barcelona hängt dichter Nebel. Hervorgerufen hat dieses Wetterphänomen ein ungewöhnlich großer Unterschied zwischen Meeres- und Lufttemperatur. Albert Gea

3. August 2003, KAPSTADT, SÜDAFRIKA

Am frühen Morgen hängt über Kapstadt Smog, der durch Rauch und Abgase von Bränden, Fabriken und Verkehr hervorgerufen worden ist. Mike Hutchings

26. Juni 2003, SYDNEY, AUSTRALIEN

Ein kleines Segelboot steuert durch einen von der Luftverschmutzung hervorgerufenen Schleier, der unter einer riesigen Gewitterwolke östlich des Hafens von Sydney liegt, auf das Meer hinaus. David Gray

3. August 2003, KAPSTADT, SÜDAFRIKA

Der Sommersmog von Kapstadt, der auch als „brauner Dunst" bezeichnet wird. Mike Hutchings

13. Juli 2001, SYDNEY, AUSTRALIEN

Ein Flugzeug steigt über dem höchsten Gebäude Sydneys, dem Centrepoint Tower auf, der aus dem dichten Nebel ragt. David Gray

10. Februar 2003, MUXIA, SPANIEN

Ein Freiwilliger entfernt an einem Strand bei der Ortschaft Muxia Erdöl von den Steinen. Im November 2002 ist etwa 270 km vor der Nordwestküste Spaniens die *Prestige* gesunken, ein auf den Bahamas zugelassener Einhüllentanker mit mehr als 75 000 Tonnen Schweröl an Bord. Die Katastrophe führt zum Zusammenbruch der größten Fischereiindustrie Europas und überzieht die zerklüftete Felsküste Galiziens mit tausenden Tonnen Erdöl. Es ist der bis dahin schlimmste derartige Unfall an der spanischen Küste. Miguel Vidal

12. Oktober 2004, AHMEDABAD, INDIEN

Ein Arbeiter sammelt bei der westindischen Stadt Ahmedabad tote Fische aus dem Kankaria-See. Örtliche Meteorologen erklären das Massensterben mit einem Rückgang des Sauerstoffniveaus im See. Amit Dave

29. November 2004, FUERTEVENTURA, SPANIEN

Ein Mädchen spielt in der Nähe von Corralejo auf der Insel Fuerteventura inmitten eines Schwarms Roter Wanderheuschrecken am Strand. Mehr als 100 Millionen Insekten haben die Kanarischen Inseln aus dem nur 150 km entfernten Afrika erreicht. Der Schwarm fällt rasch starken Winden und Regen zum Opfer, doch in mehreren westafrikanischen Ländern hat die schlimmste Heuschreckenplage seit mehr als einem Jahrzehnt bereits schwere Schäden in den Getreidefeldern angerichtet. Juan Medina

1. September 2004, DAKAR, SENEGAL

Gegenüberliegende Seite Zu den von der Heuschreckenplage betroffenen Ländern in West- und Zentralafrika zählen der Senegal, Gambia, Niger, Mali, der Tschad, Burkina Faso und Mauretanien. Mancherorts gelten gebratene und gewürzte Heuschrecken als Delikatesse. Doch die Langzeitfolgen eines Schädlingsbefalls von solchen Ausmaßen können verheerende Nahrungsmittelknappheit und Hunger sein. Pierre Holtz

1919

27. August 2005, KAPSTADT, SÜDAFRIKA

Gegenüberliegende Seite oben Gewaltige Wellen mit einer geschätzten Höhe von 9 Metern brechen über zwei Schaulustige herein, die sich auf den Kai des Kalk-Bay-Hafens von Kapstadt hinausgewagt haben. Die beiden Männer werden später gerettet. Philip Massie

12. Oktober 2005, HAWICK, GROSSBRITANNIEN

Gegenüberliegende Seite unten Der Fluss Teviot im Süden Schottlands tritt über die Ufer und setzt einen Teil des Orts Hawick 1,2 Meter unter Wasser. Chris Watt

18. September 2003, VIRGINIA, VEREINIGTE STAATEN

Oben Mehrere Personen trotzen in Hampton, Virginia, dem Sturm und dem Regen, als der Hurrikan „Isabel“ an der amerikanischen Ostküste eintrifft. Chip East

3. Oktober 2005, LOURDES COLON, EL SALVADOR

Salvadorianische Soldaten graben eine von fünf Personen aus, die etwa 20 km westlich von San Salvador in Lourdes Colon von einer Schlammlawine begraben worden sind. Die von den sintflutartigen Regenfällen im Gefolge des Hurrikans „Stan" ausgelösten Murenabgänge und Überschwemmungen töten in Zentralamerika mehr als 1000 Menschen. Luis Galdamez

6. Oktober 2005, CHIMALTENANGO, GUATEMALA

Gegenüberliegende Seite oben Ein kleiner Junge steht an einem aufgrund der schweren Regenfälle infolge des Hurrikans „Stan" über die Ufer getretenen Fluss, der Häuser beschädigt und einen Lastwagen mitgerissen hat. Carlos Duarte

26. Juli 2004, NARAYANGANJ, BANGLADESCH

Gegenüberliegende Seite unten Ein Mädchen schwimmt mit einem Krug durch ein überflutetes Wohngebiet der Ortschaft Narayanganj, um Trinkwasser zu holen. In der 20 km entfernten Hauptstadt Dhaka haben bis zu 100 000 der 10 Millionen Einwohner in Notunterkünften Schutz suchen müssen, nachdem die Flut weite Teile der Stadt überschwemmt hat. Boote haben die Rickschas als wichtigstes Transportmittel abgelöst. Rafiqur Rahman

24. Juli 2004, MARSEILLE, FRANKREICH

Dichter Rauch steigt über dem Bezirk L'Estaque in Marseille auf, als der Wind einen Waldbrand auf bewohntes Gebiet zutreibt. Der französische Innenminister Dominique de Villepin führt die gewaltige Feuersbrunst auf Brandstiftung zurück.
Philippe Laurenson

18. März 2004, FLORIDA, VEREINIGTE STAATEN

Ein großes Buschfeuer in Miramar bedroht Häuser in Sunset Lakes. Marc Serota

24. August 2005, GALIZIEN, SPANIEN

Ein Hubschrauber hat am Strand von Carnota Löschwasser aus dem Meer geschöpft, das er über einem Waldbrand in Galizien im Nordwesten Spaniens abwerfen wird. Victor Fraile

18. Juli 2005, SANTA MARIA DEL ESPINO, SPANIEN

Die Leichen von drei Forstgehilfen liegen neben einem ausgebrannten Geländewagen. Sie sind einem gewaltigen Waldbrand zum Opfer gefallen, der nordöstlich von Madrid in der zentralspanischen Provinz Guadalajara tausende Hektar eines Naturschutzgebietes zerstört hat. Victor Fraile

27.–28. Dezember 2004, CUDDALORE, INDIEN

Diese und gegenüberliegende Seite Einwohner des 180 km südlich von Madras gelegenen Cuddalore betrauern und bestatten Opfer des Tsunami. Eine von einem Seebeben der Stärke 9,15 im Indischen Ozean ausgelöste Flutwelle hat am Morgen des 26. Dezember 2004 Küstengebiete in Indonesien, Thailand, Sri Lanka und Indien verwüstet. 230 000 Menschen haben den Tod gefunden oder werden vermisst. Arko Datta

5. Januar 2005, NAGAPATTINAM, INDIEN

Eine Uhr, die in dem Moment stehen blieb, als der Tsunami zuschlug, liegt in einem beschädigten Geschirrschrank in einer Fischerhütte in Nagapattinam, 350 km südlich von Madras. Arko Datta

5. Januar 2005, NAGAPATTINAM, INDIEN

Ein indischer Reisepass liegt inmitten der Trümmer eines vom Tsunami getroffenen Hauses, vor dem ein Soldat steht. Arko Datta

14. Januar 2005, KALMUNAI, SRI LANKA

Im vom Tsunami verwüsteten Ort Kalmunai an der Ostküste von Sri Lanka sind geborgene Besitztümer bei einem Baum aufgestapelt worden. Arko Datta

3. Januar 2005, NAGAPATTINAM, INDIEN

Überlebende suchen in den Trümmern ihrer Häuser, die von Arbeitern angezündet werden, nach ihrem Hab und Gut. Arko Datta

28. Dezember 2004, UNAWATUNA, SRI LANKA

Ein vom Tsunami zerstörter Laden. Thomas White

5. Januar 2005, NAGAPATTINAM, INDIEN

Ein Überlebender des Tsunami sieht zu, wie Bulldozer die Reste zerstörter Häuser beseitigen. Arko Datta

29. Dezember 2004, CUDDALORE, INDIEN

Ein Kind, das den Tsunami überlebt hat, versucht an Lebensmittel und Kleidung zu gelangen, die von einer Hilfsorganisation verteilt werden. Als das Ausmaß der Tragödie offensichtlich wird, beginnt die größte globale Hilfsaktion der Geschichte. Hunderttausende traumatisierte Überlebende brauchen Lebensmittel und sauberes Trinkwasser. Arko Datta

6. Januar 2005, BANDA ACEH, INDONESIEN

Indonesische Soldaten entladen in einem Militärlager in Banda Aceh auf der Insel Sumatra Hilfslieferungen. Die öffentlichen und privaten Spenden für die Katastrophenhilfe belaufen sich auf 13 Milliarden US-Dollar. Romo Ranoco

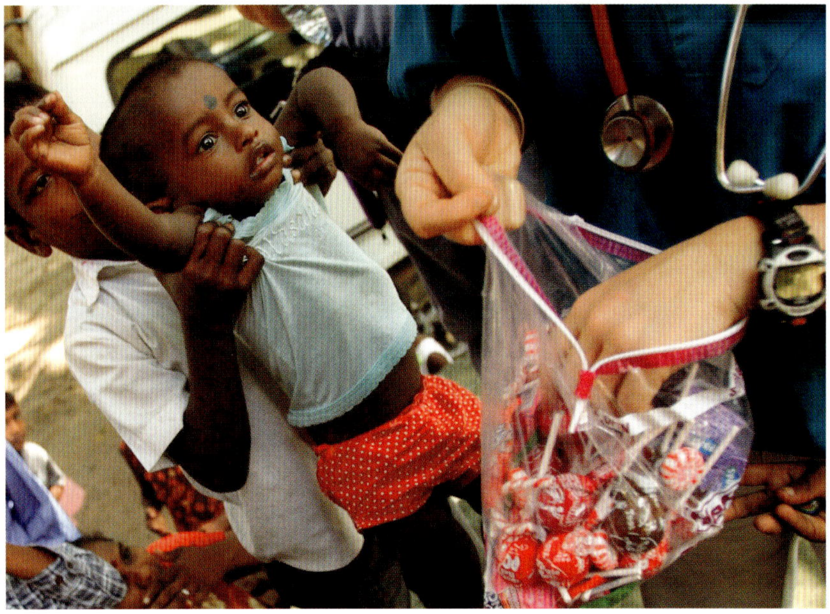

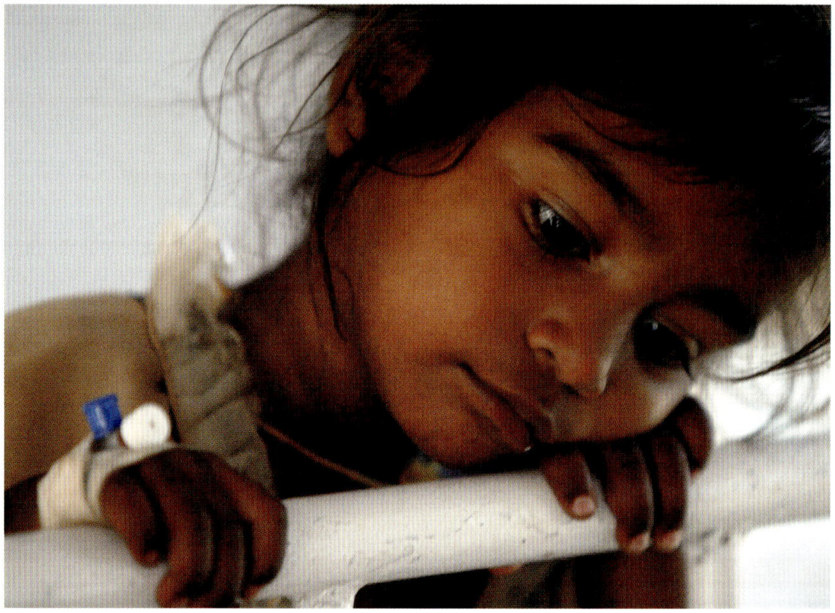

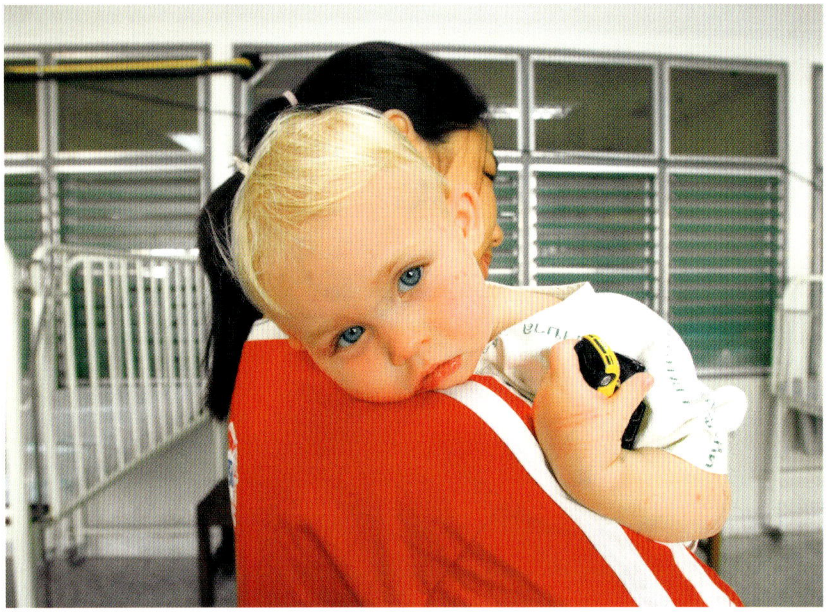

15. Januar 2005, KALMUNAI, SRI LANKA

Ein freiwilliger Helfer verteilt in einer improvisierten Notunterkunft im Kalmunai Süßigkeiten an Kinder. Arko Datta

28. Dezember 2004, PHUKET, THAILAND

Der einjährige Hannes Bergman aus Schweden, dessen Mutter dem Tsunami zum Opfer gefallen ist, auf dem Arm einer Pflegerin in einem Krankenhaus auf der thailändischen Ferieninsel Phuket. Bazuki Muhammad

28. Dezember 2004, CUDDALORE, INDIEN

Kamalvathi, eine indische Überlebende des Tsunami, in medizinischer Pflege in Cuddalore. Arko Datta

10. Januar 2005, PORT BLAIR, INDIEN

Die fünfjährige Saiba verlässt ihre Klasse im Hilfslager in Port Blair, der Hauptstadt der indischen Archipele der Andamanen und Nikobaren. Nach dem Tsunami sind über 1000 Bewohner der Nikobaren von den verwüsteten Inseln im Süden des Archipels nach Port Blair evakuiert worden. Altaf Hussain

2. Februar 2005, PHUKET, THAILAND

In dem vom Tsunami heimgesuchten Dorf Kamal auf der thailändischen Ferieninsel kehren die Kinder in die Schule zurück. Bazuki Muhammad

6. September 2005, NEW ORLEANS, VEREINIGTE STAATEN

Ein Mann steht im siebten Bezirk von New Orleans im Hochwasser, während ein Haus niederbrennt. Am 29. August hat der Hurrikan „Katrina“ die Bundesstaaten Louisiana und Mississippi mit Windgeschwindigkeiten von 224 Stundenkilometern und einer 9 Meter hohen Sturmflut überrollt. 1228 Menschen sterben, die Schäden belaufen sich auf mindestens 80 Milliarden Dollar. Das Hochwasser, das New Orleans überschwemmt, nachdem mehrere Dämme gebrochen sind, verwandelt sich rasch in eine giftige Mischung aus Chemikalien und menschlichen Abfällen. Shannon Stapleton

24. Oktober 2005, EMPIRE, VEREINIGTE STAATEN

Der Hurrikan „Rita“, der weniger als einen Monat nach „Katrina“ zugeschlagen hat, hat nördlich von Empire (Louisiana) diesen Lastwagen auf einen Baum in der Nähe des Highway 11 geschleudert. „Rita“ verursacht geringere Schäden als „Katrina“, doch er beeinträchtigt die Wiederaufbauarbeiten und setzt erneut Teile von New Orleans unter Wasser. Lucas Jackson

4. September 2005, NEW ORLEANS, VEREINIGTE STAATEN

Nachdem der Hurrikan „Katrina“ vorbeigezogen ist, klammert sich ein Mann an das Dach eines Fahrzeugs und wartet darauf, dass ihn die amerikanische Küstenwache aus den Fluten bergen wird. Robert Galbraith

14. September 2005, SAINT BERNARD, VEREINIGTE STAATEN

Vor dem Altenheim Saint Rita's in Saint Bernard (Louisiana) steht ein Rollstuhl im Wasser. In diesem Pflegeheim sind 34 Menschen gestorben. Die Besitzer des Heims werden unter dem Verdacht der fahrlässigen Tötung in 34 Fällen verhaftet. Carlos Barria

4. September 2005, NEW ORLEANS, VEREINIGTE STAATEN

Die Bewohner eines überfluteten Hauses in New Orleans haben einen Hilferuf auf das Dach geschrieben. Als das Wasser stieg, flüchteten sich die Überlebenden überall in der Stadt auf die Dächer. Robert Galbraith

1. September 2005, NEW ORLEANS, VEREINIGTE STAATEN

Vor dem Konferenzzentrum, in dem tausende nach dem Hurrikan „Katrina“ Schutz suchen, deckt ein Mann, der ein Baby im Arm hält, eine Leiche ab, die angeblich zwei Tage dort lag, ohne dass sich jemand um sie gekümmert hätte. Rick Wilking

5. September 2005, NEW ORLEANS, VEREINIGTE STAATEN

Gabriel Whitfield umarmt seine Schwägerin Ariel Pietrello in deren Haus in Metairie, einem Vorort von New Orleans. Zum ersten Mal seit dem Hurrikan durfte Pietrello in ihr Heim zurückkehren. Shannon Stapleton

7. September 2005, NEW ORLEANS, VEREINIGTE STAATEN

Angehörige der Nationalgarde patrouillieren in den Straßen von New Orleans. Da drei Viertel der Stadt unter Wasser stehen, die grundlegenden Dienste nicht funktionieren und eine nicht bekannte Zahl von Leichen geborgen werden muss, entschließen sich die Behörden zu einer vollständigen Evakuierung. Shannon Stapleton

23. September 2005, WASHINGTON, D.C., VEREINIGTE STAATEN

Die stümperhafte Reaktion der Behörden auf „Katrina“ löste einen politischen Sturm aus. Auf dem Foto ist Präsident Bush zu sehen, der sich bei einem Besuch im Hauptquartier der Katastrophenschutzbehörde FEMA Fragen der Reporter stellt. Im Hintergrund ein Bildschirm, der die Entwicklung des Hurrikans zeigt. Kevin Lamarque

4. September 2005, HOUSTON, VEREINIGTE STAATEN

Das Astrodome-Stadion in Houston (Texas), 560 km von New Orleans entfernt, wo 16 000 evakuierte Opfer des Hurrikans „Katrina“ Nahrung erhalten, einen Schlafplatz finden und medizinisch versorgt werden. Carlos Barria

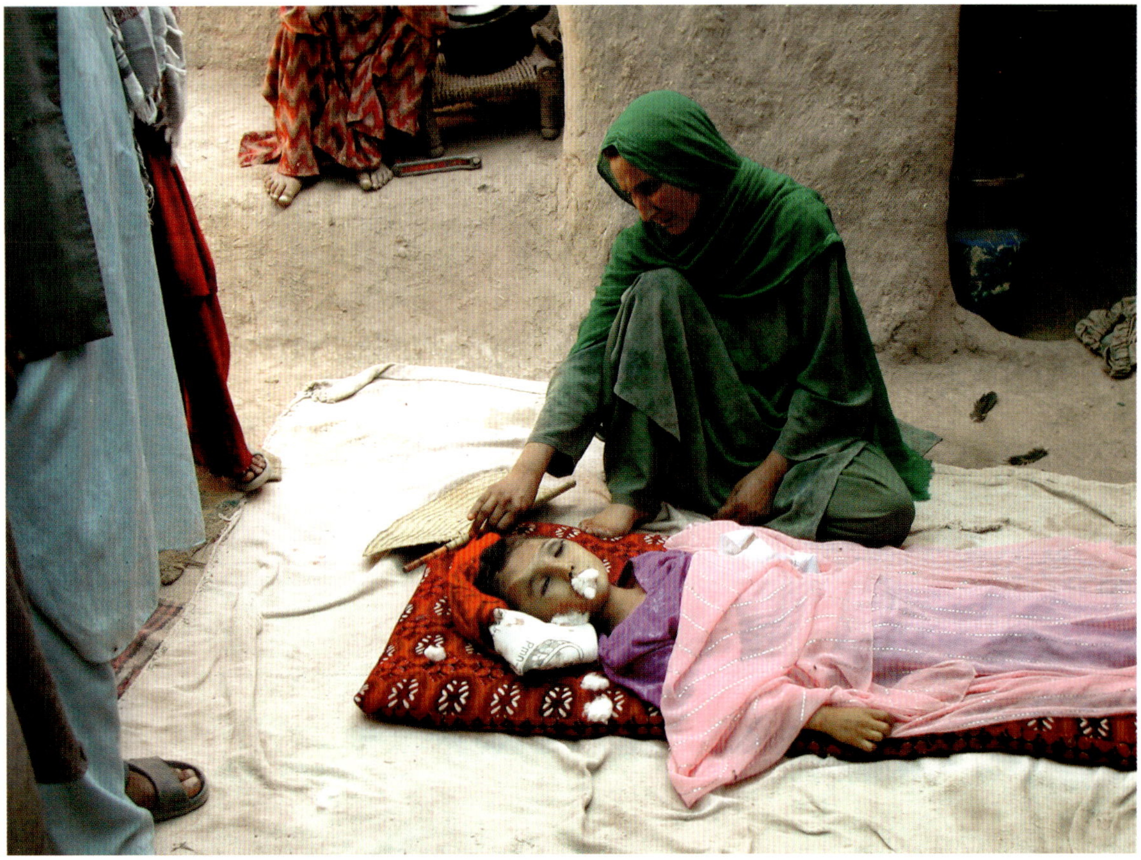

8. Oktober 2005, NANGARHAR, AFGHANISTAN

Eine Frau trauert um ihre sieben Jahre alte Tochter, die einem Erdbeben zum Opfer gefallen ist. Die Erdstöße waren in vielen Landesteilen im Osten und im Zentrum Afghanistans zu spüren, doch die Zerstörungen sind dort geringer als im benachbarten Pakistan, wo sie katastrophale Ausmaße annehmen *(siehe Seiten 50–51)*.

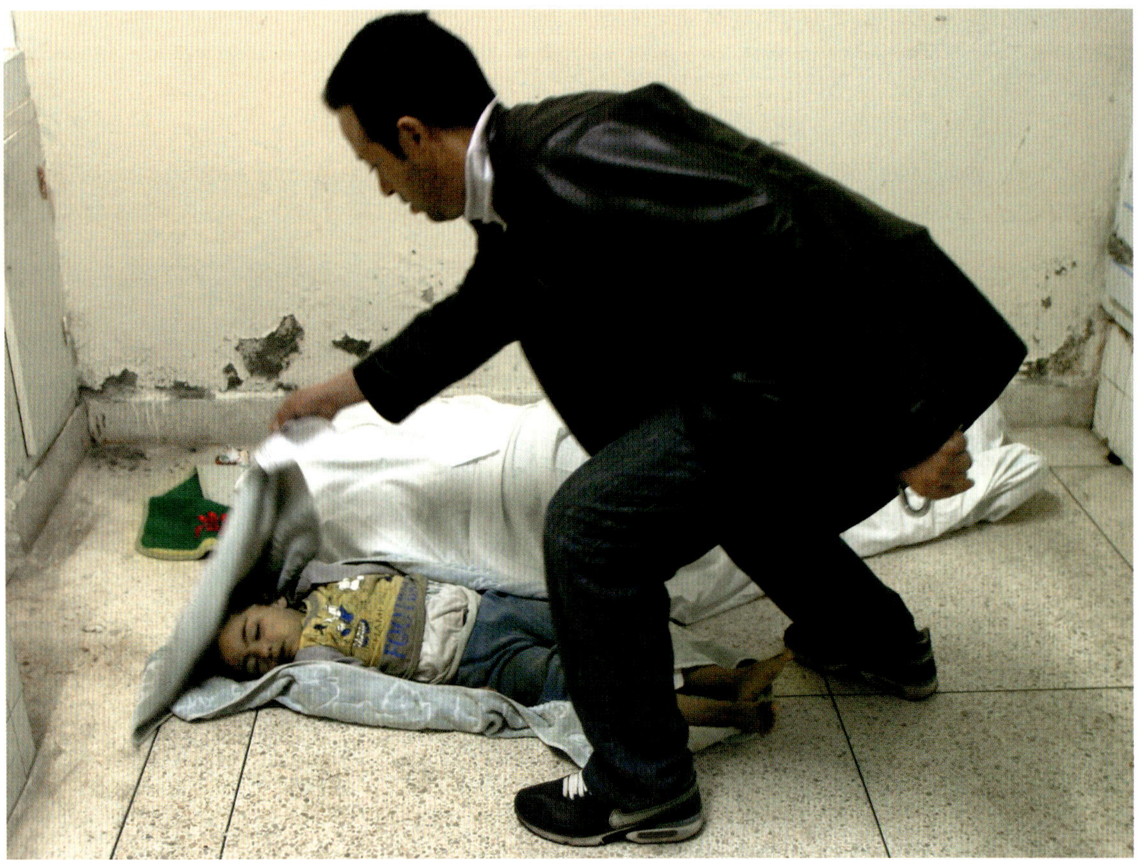

24. Februar 2004, AL-HOCEIMA, MAROKKO

Ein Mann bedeckt den Leichnam eines Mädchens, das neben seiner toten Mutter im Krankenhaus von Al-Hoceima liegt. Ein Erdbeben der Stärke 6,5 auf der Richterskala hat den Norden Marokkos erschüttert und in der Hafenstadt am Mittelmeer über 500 Menschen getötet. Anton Meres

29. Dezember 2003, BAM, IRAN

Nach einer Massenbeerdigung von Opfern des Erdbebens, das am 26. Dezember die Stadt Bam im Südosten des Iran erschüttert hat, ruht sich eine Gruppe von Frauen aus. Über 30 000 Menschen haben den Tod gefunden, und die alte Stadt an der Seidenstraße ist weitgehend zerstört. Morteza Nikoubazl

24. November 2005, MUSAFFARABAD, PAKISTAN

Ein Kind sitzt in einem Zelt in der verwüsteten Stadt Musaffarabad. Die Hauptstadt des pakistanischen Kaschmir ist am 8. Oktober 2005 von einem Erdbeben der Stärke 7,6 auf der Richterskala erschüttert worden, das besonders im indischen und pakistanischen Teil Kaschmirs sowie im Nordwesten Pakistans verheerende Schäden verursacht hat. Diese atemberaubend schöne Region ist schwer zugänglich, was nicht nur auf das gebirgige Terrain, sondern auch auf die Spannungen zwischen Indien und Pakistan zurückzuführen ist, die beide Anspruch auf Kaschmir erheben. Bei dem Erdbeben werden mehr als 73 000 Menschen getötet und 69 000 verletzt. Mehr als 3 Millionen werden obdachlos. Goran Tomasevic

30. Oktober 2005, NEELUM-TAL, PAKISTAN

Ein Junge aus Kaschmir wartet in einem Dorf am Zugang des Neelum-Tals nördlich von Musaffarabad auf die Rückkehr seines Vaters, der sich auf den Weg gemacht hat, um Lebensmittel für die Familie zu holen. Kimimasa Maiama

1. Dezember 2005, FARIDABAD, PAKISTAN

Ein Überlebender des Erdbebens klettert über Felsbrocken, nachdem ein Felssturz eine Straße in der Ortschaft Faridabad verschüttet hat. Die ersten Schneefälle in den zerklüfteten Bergen bewegen tausende Überlebende dazu, auf der Suche nach Nahrung und medizinischer Pflege aus ihren zerstörten Dörfern zu den Notunterkünften in tiefer gelegenen Gebieten aufzubrechen. Goran Tomasevic

16. Oktober 2005, POONCH, INDIEN

Überlebende des Erdbebens warten in einem Zeltlager in Poonch, 250 km nordwestlich der Stadt Jammu in Nordindien, auf Hilfslieferungen. Amit Gupta

7. Dezember 2005, NEELUM-TAL, PAKISTAN

Ein Überlebender des Erdbebens geht auf einer Straße durch das Neelum-Tal. Die Schäden an den Brücken und häufige Erdrutsche haben die Straßen sehr gefährlich für die Fahrer der Lastwagen gemacht, die die verzweifelt benötigten Hilfslieferungen in das Katastrophengebiet bringen sollen. Goran Tomasevic

4. März 2001, LOCKERBIE, GROSSBRITANNIEN

Über dem Netherplace-Hof in Lockerbie steigt Rauch auf, als notgeschlachtete Kühe und Schafe verbrannt werden. Im Jahr 2001 kommt es in ganz Großbritannien zu Ausbrüchen der Maul- und Klauenseuche, die die Keulung von über sechs Millionen Tieren erzwingt. Jeff J. Mitchell

6. Juli 2004, AYUTTHAYA, THAILAND

Arbeiter sammeln auf einem Hof im 80 km nördlich von Bangkok gelegenen Ayutthaya Hühner ein, die getötet werden sollen. Die Behörden untersuchen einen möglichen Ausbruch der Vogelgrippe, nachdem einige Tage zuvor in einem nahe gelegenen Betrieb 600 Hühner verendet sind. Seit der Stamm H5N1 des Vogelgrippevirus Ende des Jahres 2003 in Asien wütete, hat sich das Virus nach Westen in den Nahen Osten, nach Afrika und Europa ausgebreitet. Sukree Sukplang

25. Februar 2001, HEDDON ON THE WALL, GROSSBRITANNIEN

Beamte des britischen Landwirtschaftsministeriums bereiten im nordenglischen Heddon On The Wall geschlachtete Schweine und Kühe für die Verbrennung vor. Ein Ausbruch der Maul- und Klauenseuche im Jahr 2001 verursacht in Großbritannien Schätzungen zufolge volkswirtschaftliche Schäden in Höhe von 8 Milliarden Pfund. Die Einschränkung der Bewegungsfreiheit in den ländlichen Gebieten hat gravierende Folgen für den Fremdenverkehr. Jeff J. Mitchell

30. September 2005, JAKARTA, INDONESIEN

Ein Arbeiter schickt sich an, an einem Verkaufsstand in Jakarta Hühner abzuwiegen. Bis März 2006 sterben in Indonesien mehr als 20 Menschen an den Folgen einer Ansteckung mit dem Virus H5N1. Weltweit werden fast 100 Todesfälle registriert. Die meisten Erkrankungen sind auf direkten Kontakt mit infizierten Vögeln zurückzuführen. Experten befürchten, dass das Virus durch Mutationen von Mensch zu Mensch übertragbar werden wird, was eine weltweite Pandemie auslösen könnte, die Millionen töten und rund um den Erdball schwere volkswirtschaftliche Schäden verursachen würde. Supri

22. Mai 2003, HONGKONG, CHINA

Ein Trauergast mit Mundschutzmaske steht während des Begräbnisses der SARS-Ärztin Tse Yuen-man in Hongkong unter einem Regenschirm. Tse, die erste Ärztin, die der Krankheit zum Opfer gefallen ist, wird mit höchsten Ehren auf dem Heldenfriedhof Gallant Garden beigesetzt, wo sonst nur Soldaten beerdigt werden, die in Ausübung ihrer Pflicht getötet wurden. Das „Schwere Akute Atemwegssyndrom“ (SARS) ist die erste schwere und leicht übertragbare Krankheit, die im 21. Jahrhundert neu auftaucht. Zwischen November 2002 und Juli 2003 werden aus 26 Ländern – vor allem aus der Pazifikregion – mehr als 8000 wahrscheinliche SARS-Infektionen und mindestens 774 Todesfälle gemeldet. Bobby Yip

18. April 2003, PEKING, CHINA

Ein chinesisches Paar mit Atemschutzmasken steht am Tiananmen-Tor vor einem Porträt des ehemaligen chinesischen Staats- und Parteichefs Mao Tse-tung. Es wird davon ausgegangen, dass SARS erstmals in den letzten Wochen des Jahres 2002 in Südchina auftrat. Von dort aus wurde die Krankheit nach Hongkong, Vietnam, Singapur, Kanada, Deutschland und in weitere Länder eingeschleppt. Guang Niu

17. Februar 2004, JAKARTA, INDONESIEN

Eine alte Frau hält sich mit einem Tuch Mund und Nase zu, während Arbeiter in einem Armenviertel von Jakarta Pestizid versprühen, um die Mücken zu vertilgen, die das Dengue-Fieber übertragen. Die Krankheit tritt jedes Jahr in der Regenzeit zwischen Oktober und April auf. Bei einem besonders schweren Ausbruch im Jahr 2004 sterben 600 Menschen. Landesweit werden über 52 000 Fälle registriert, das sind doppelt so viele wie ein Jahr zuvor. Dadang Tri

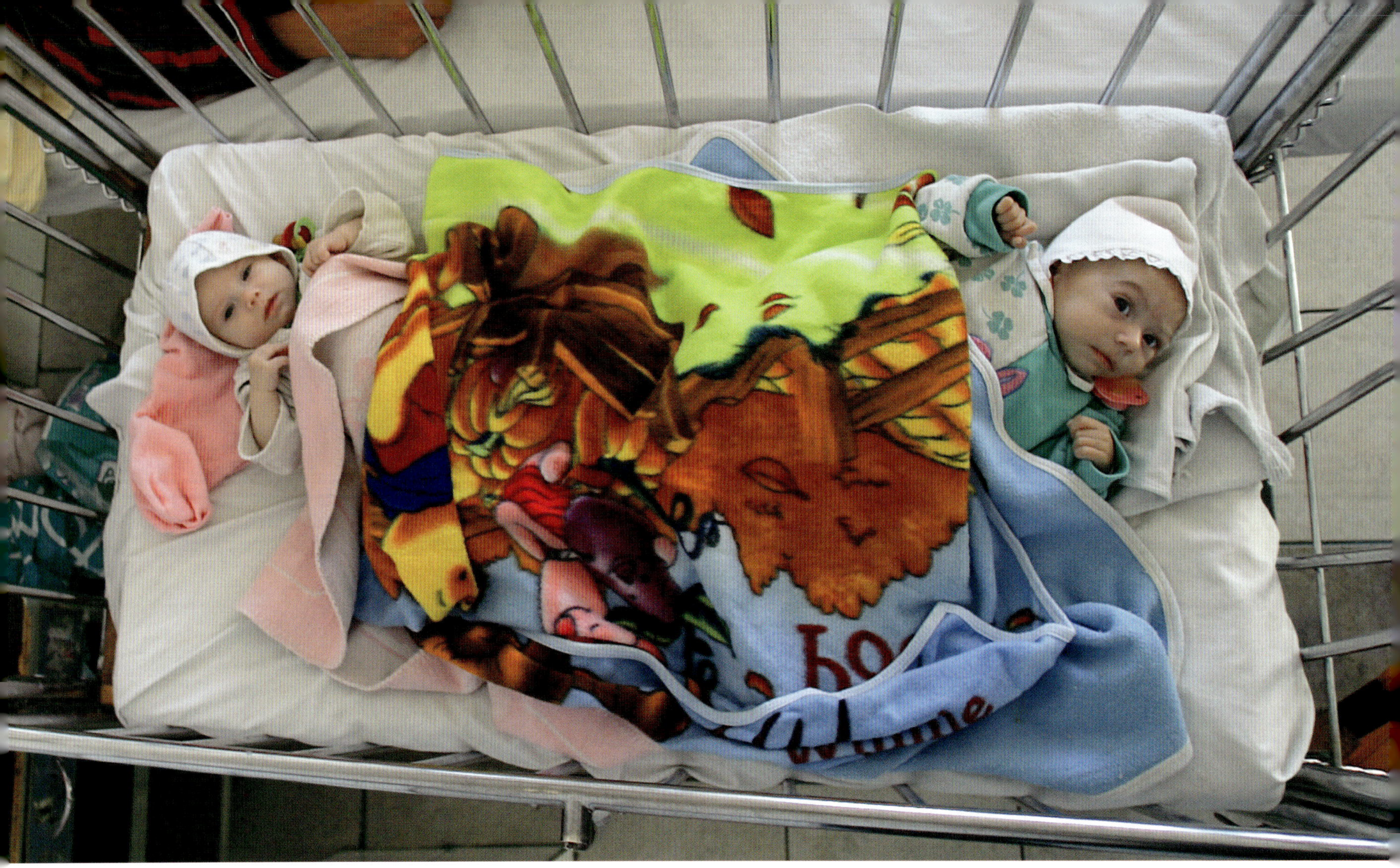

26. November 2005, KONSTANZA, RUMÄNIEN

Zwei rumänische Babys, die vermutlich mit dem HI-Virus infiziert sind, liegen in einem Bett im Krankenhaus in der 250 km östlich von Bukarest gelegenen Hafenstadt Konstanza. Obwohl Aids in Rumänien relativ selten ist, ist es das europäische Land mit der höchsten Zahl infizierter Kinder. Die meisten dieser Kinder wurden Ende der 1980er- und Anfang der 1990er-Jahre mit verseuchten Blutkonserven infiziert. Oft leiden sie unter sozialer Stigmatisierung und können keine öffentliche Schule besuchen. Die Zahl der HIV-Infektionen und Aids-Erkrankungen unter Erwachsenen steigt weiter, und es werden immer noch HIV-positive Kinder geboren. Bogdan Cristel

28. Oktober 2005, PORT MORESBY, PAPUA-NEUGUINEA

Eine Krankenschwester im General Hospital von Port Moresby hilft einem Patienten, der an Aids stirbt. In dem von Urwäldern bedeckten, gebirgigen Inselstaat im Südpazifik droht eine Aids-Epidemie von afrikanischen Ausmaßen. Das Personal, das im Kampf gegen die Krankheit im Einsatz ist, erklärt, dass auf der Insel viele Menschen an Hexerei glauben. In abgelegenen Dörfern werden infizierte Personen manchmal in Flüsse oder Gräber geworfen, während Aids-Kranke in der Hauptstadt in Krankenhäusern zurückgelassen oder auf der Straße ausgesetzt werden.

David Gray

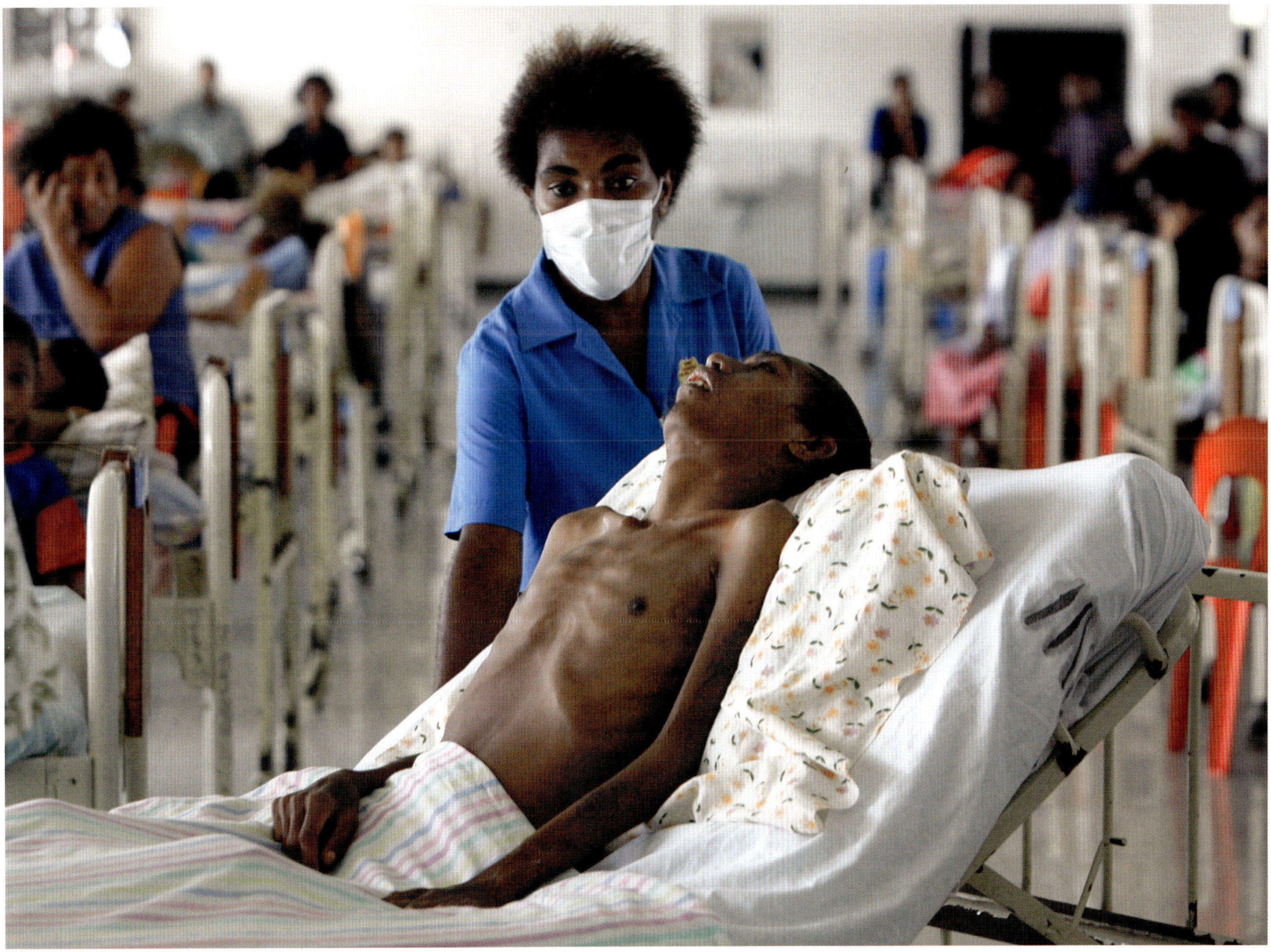

29. Juni 2005, MARADI, NIGER

Ein unterernährtes Kind liegt in der Ortschaft Maradi im Süden des Niger auf dem Boden eines therapeutischen Ernährungszentrums der Hilfsorganisation Médecins Sans Frontières. Infolge der schlimmsten Dürre seit Jahren sind im Jahr 2005 mehr als 3 Millionen Menschen in dem westafrikanischen Land von der Nahrungsmittelknappheit betroffen. Finbarr O'Reilly

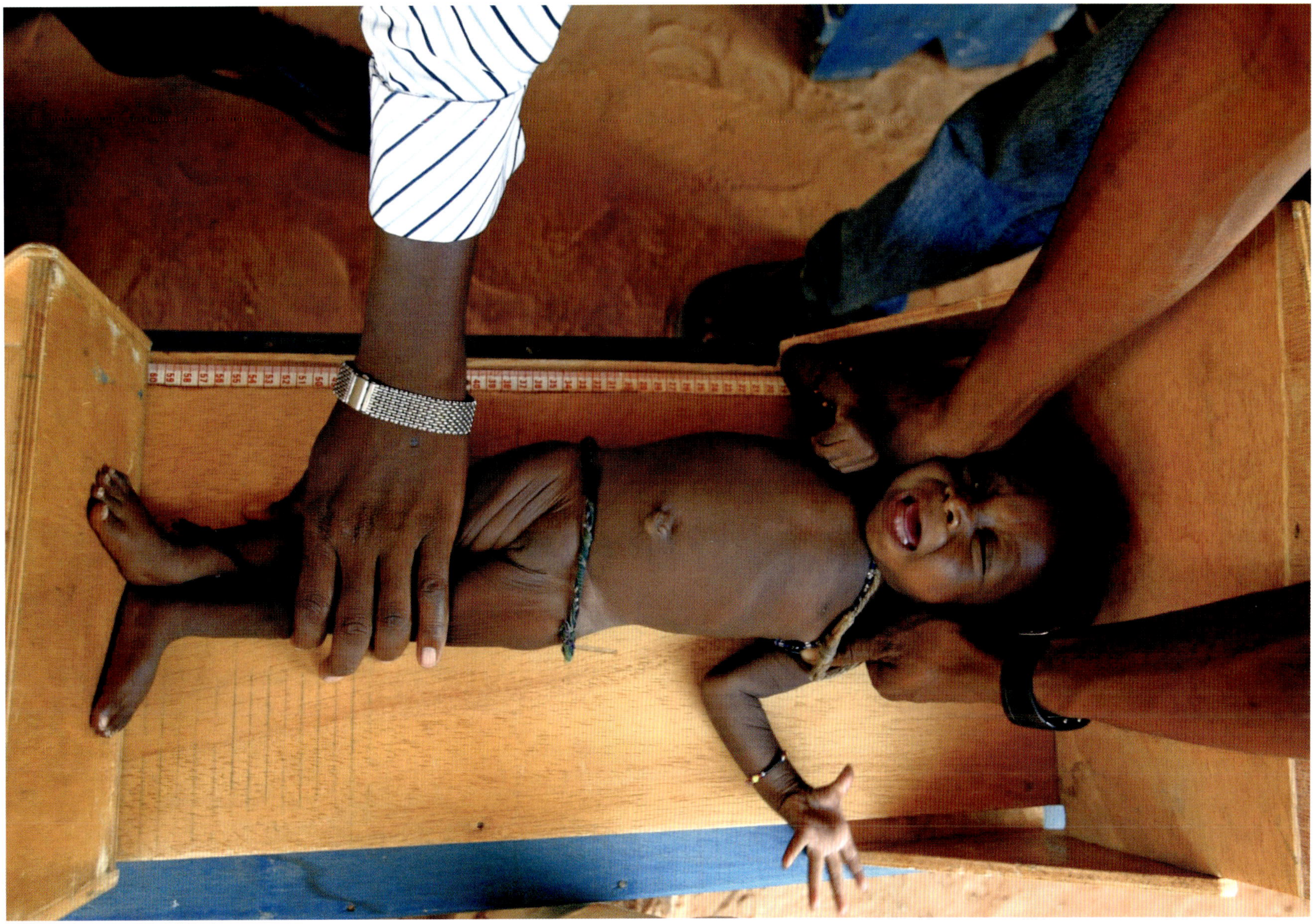

30. Juni 2005, GUIDAN ROUMDJI, NIGER

Ein unterernährtes Kind wird in einer Notfallklinik in der Ortschaft Guidan Roumdji im Südosten des Niger vom Pflegepersonal abgemessen.
Finbarr O'Reilly

12. Oktober 2005, OUJDA, MAROKKO

Ein verletzter Afrikaner, der versucht hat, nach Spanien zu gelangen, wird von marokkanischen Beamten in ein Flugzeug gebracht, das ihn nach Mali zurückbringen wird. Getrieben von Armut, Krieg und mangelnden Zukunftsaussichten brechen jedes Jahr tausende junge Westafrikaner zu einer entbehrungsreichen Wanderung auf, um in Europa ein besseres Leben zu finden. Andrea Comas

3. Oktober 2005, MELILLA, SPANIEN

Im Stacheldrahtzaun, der die spanische Enklave Melilla von Marokko trennt, hängen Schuhe und Kleidungsstücke afrikanischer Einwanderer. Hunderte Immigranten haben versucht, den Zaun im Sturm zu überwinden, um sich ihren Weg nach Europa zu bahnen. Im Oktober 2005 werden an den Grenzzäunen der spanischen Enklaven Ceuta und Melilla mindestens 11 illegale Einwanderer getötet. Rafael Marchante

11. Oktober 2005, MELILLA, SPANIEN

Afrikaner, die versucht haben, nach Europa einzuwandern, warten in der Nähe des Auffanglagers in der spanischen Enklave Melilla. Andrea Comas

2002 – 2004, KANARISCHE INSELN, SPANIEN

Diese Seite, gegenüberliegende Seite und Seiten 64–65 Illegale Einwanderer werden von der spanischen Küstenwache geborgen. Jedes Jahr versammeln sich an den Küsten nordafrikanischer Länder wie Libyen und Marokko tausende Afrikaner, die von Menschenschmugglern in Boote gepfercht und an die Küsten Spaniens und Italiens gebracht werden, von wo aus sie Städte in ganz Europa zu erreichen versuchen. Die meisten fliehen vor Armut und Dürrekatastrophen, andere vor Krieg oder politischer Verfolgung. In den letzten zehn Jahren sind offiziellen Schätzungen zufolge mindestens 10 000 Menschen bei diesen Überfahrten ertrunken, die tatsächliche Zahl dürfte jedoch sehr viel höher sein. Oft werden in Fischerbooten, die für sechs bis zehn Besatzungsmitglieder gebaut sind, 50 Menschen zusammengepfercht. Bis zu 40 Prozent dieser Boote geraten in Seenot und kentern oder müssen umkehren. Viele der Immigranten müssen beschwerliche Reisen über Land hinter sich bringen, bevor sie in See stechen können, und die Hilfsorganisationen berichten, dass sie üblicherweise dehydriert, ausgehungert und unterkühlt eintreffen. Juan Medina

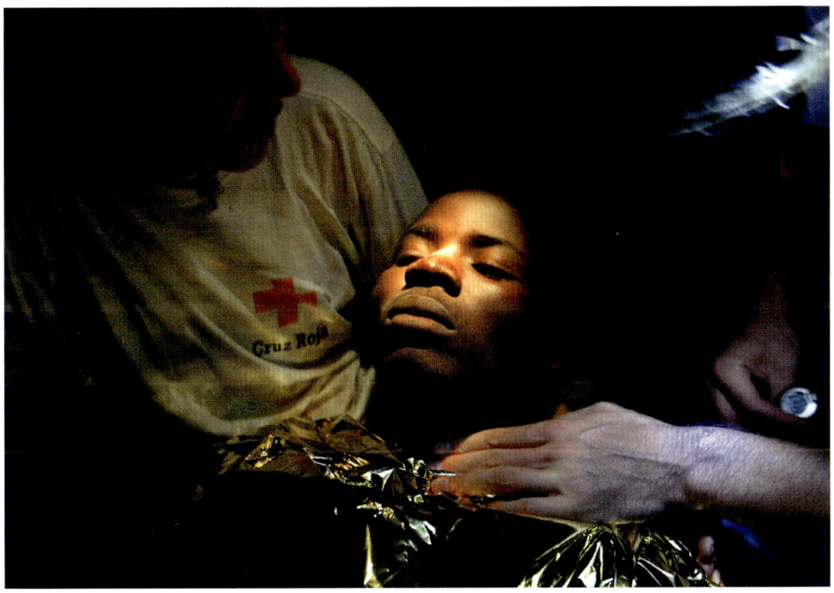

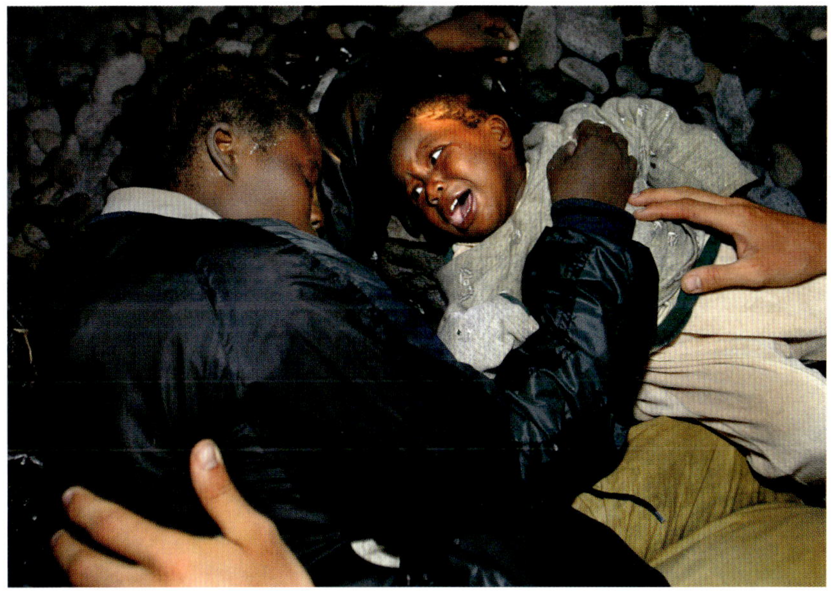

25. September 2005, MALTA

Seiten 66 – 67 Maltesische Marinesoldaten werfen einer Gruppe von etwa 180 illegalen Einwanderern Wasserflaschen zu. Etwa 30 km südwestlich von Malta ist ein Rettungseinsatz nötig geworden, da das Schiff, das die Immigranten transportiert, einen Motorschaden erlitten hat. In Malta, einem der kleinsten Länder der Welt, trafen im Jahr 2005 nach Angaben der Behörden rund 1800 illegale Einwanderer aus Afrika ein, die fast alle an der langen Küste Libyens aufgebrochen waren.
Darrin Zammit Lupi

P-52
AFM

Die Wissenschaft strebt unaufhaltsam voran und bringt neue Behandlungen für alte Krankheiten, revolutionäre Materialien, eine unaufhörlich an Geschwindigkeit gewinnende Kommunikation und immer einfallsreichere Technik hervor. Auf vielen Forschungsgebieten tobt eine erbitterte Kontroverse über das Mögliche und das Wünschenswerte. Doch die größten Herausforderungen in den kommenden Jahren werden wohl globale Probleme wie die Bevölkerungsexplosion, der Klimawandel und die Erschöpfung der Energiereserven sein.

Wissenschaft und Technologie

von Ben Hirschler

Medizin / Biotechnologie / Robotik / Computer / Energie / Verkehr / Kommunikation / Raumfahrt

Wissenschaft und Technologie

Kleiner, schneller, besser, billiger: Auch zu Beginn des neuen Jahrhunderts beten Verbraucher und Forscher das Mantra des technologischen Fortschritts nach, obwohl dieser nur selten reibungslos vonstatten geht. So kommen die Pendler in London, der Metropole mit der umfangreichsten Innenstadtmaut, in ihren modernen Autos und in den mit Wasserstoff betankten Bussen nicht schneller voran als ihre Großeltern in der Straßenbahn. Und dank der Luftfahrt rücken weit entfernte Punkte auf dem Erdball zusammen, und der Jetset ist um viele Millionen Mitglieder gewachsen, doch der Preis dafür ist, dass Lärmbelästigung und Umweltverschmutzung zunehmen und die letzten unberührten Flecken auf dem Planeten erschlossen werden. In den kommenden Jahren wird uns auch der beschleunigte technologische Fortschritt in Medizin, Transportwesen, Energie und Computern mit wachsenden wirtschaftlichen, umweltbezogenen und ethischen Herausforderungen konfrontieren. Besonders große Hoffnungen weckt die Entwicklung in der Medizin, die uns jedoch auch vor große Dilemmata stellt. Die ersten Angehörigen der geburtenstarken Jahrgänge nach dem Zweiten Weltkrieg nähern sich dem Rentenalter, während die Chirurgen und Pharmaunternehmen daran arbeiten, das Alter neu zu definieren. Eine Generation von Joggern kann dank neuer Knie weiter laufen und sich mit einem Cocktail aus Medikamenten zur Senkung von Blutdruck und Cholesterinspiegel vor einem Herzinfarkt schützen. Im Kampf gegen den Krebs beginnen Früherkennung und bessere Behandlungsmethoden das Bild der Krankheit zu verändern: Gezielte Therapien ermöglichen den Patienten ein längeres Leben mit weniger Belastungen durch Nebenwirkungen. Einige Experten wagen mittlerweile sogar die Prognose, dass der Krebs eines Tages den Status einer chronischen Krankheit haben wird, die mit einer täglichen medikamentösen Behandlung in Schach gehalten werden kann.

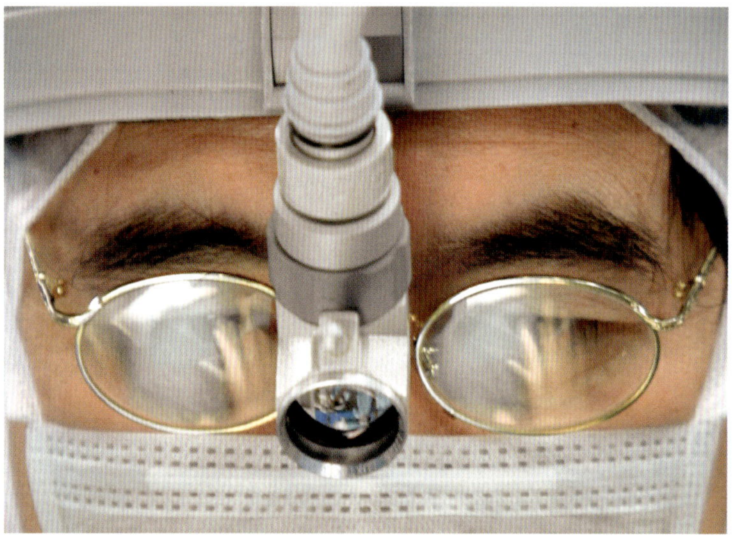

Ein thailändischer Arzt am Bangkok Heart Hospital führt ein experimentelles Verfahren mit Stammzellen durch, bei dem einem Patienten aus seinem eigenen Blut gewonnene Zellen ins Herz injiziert werden. 19. Dezember 2005, Chaiwat Subprasom

Die Entschlüsselung des menschlichen Genoms – jener drei Milliarden chemischer Kombinationen, die unsere DNA bilden – verändert das Bild, das sich die Wissenschaft von den genetischen Ursachen vieler Krankheiten einschließlich des Krebses bislang macht. Dies könnte irgendwann die Ära einer neuen Medizin einleiten, die auf das individuelle genetische Profil des Patienten zugeschnitten sein wird. Allerdings wird es länger als ursprünglich erhofft dauern, bis die Kenntnis des Genoms zur Behandlung von Krankheiten genutzt werden kann. So hat sich beispielsweise gezeigt, dass die Gentherapie, bei der ein Virus eingesetzt wird, um ein therapeutisches Gen in die Zellen des Patienten zu schleusen, in der Praxis problematisch ist. Die größten Fortschritte überhaupt könnte eine aus der Stammzellenforschung hervorgehende, wirklich regenerative Medizin bringen. Aus den Stammzellen kann sich jedes Gewebe entwickeln, womit Krankheiten von Diabetes bis zu Alzheimer, aber auch Wirbelsäulenverletzungen geheilt werden könnten. Doch diese neuen Einsatzgebiete der Biomedizin sind umstritten: Kritiker sind der Meinung, mit dem Einsatz embryonaler Stammzellen – sie werden oft aus den bei der künstlichen Befruchtung übrig bleibenden Embryonen gewonnen und besitzen das größte Potenzial, zerstöre man ein Menschenleben.

Langlebigkeit ist zunehmend ein Privileg der wohlhabenden Nationen. Deren Volkswirtschaften werden dadurch allerdings erheblich belastet.

Die Langlebigkeit, die mit dem Fortschritt in der Medizin greifbar wird, ist allerdings ein Privileg der Reichen, das die westlichen Volkswirtschaften erheblich belastet. Zu Beginn des 21. Jahrhunderts verursacht die Krankenversicherung für die Belegschaft den amerikanischen Automobilherstellern höhere Kosten pro Fahrzeug als das für die Karosserie benötigte

Stahlblech. In den Entwicklungsländern sterben dagegen jedes Jahr schon Millionen Menschen an leicht zu heilenden Infektionen. Alle 30 Sekunden erliegt ein afrikanisches Kind der Malaria, nur weil ein einfaches Netz fehlt, das es im Schlaf vor den Mücken schützen könnte, die die Krankheit übertragen. Es wird noch lange dauern, bis die Ärmsten in den Genuss einer akzeptablen medizinischen Versorgung kommen werden – obwohl die entsprechenden Bemühungen durch die Fortschritte in der Kommunikationstechnologie vorangetrieben werden dürften, die eine bessere Überwachung und Versorgung verstreut lebender Menschen ermöglichen.

Der rasch sinkende Preis der Computerprozessoren, die Deregulierung, die größeren Übertragungsbandbreiten und die weltweit sinkenden Kosten für Telefonverbindungen machen den Computer und das Mobiltelefon für Milliarden Menschen erschwinglich. In der Mobiltelefonie weist Afrika mittlerweile die höchste Wachstumsrate aller Kontinente auf, wobei dieser Zuwachs allerdings von einem niedrigen Basiswert ausgeht. Die Möglichkeit, über das Internet Telefongespräche zu führen, für die lediglich die Verbindung zum Netz zu zahlen ist, bringt Menschen und Unternehmen über die Ländergrenzen hinweg einander näher. In der industrialisierten Welt ist das Mobiltelefon längst kein Gerät mehr, in das man einfach nur hineinspricht. Mittlerweile beinhalten diese Telefone Kameras, Radios, Spiele sowie Abspielgeräte für Video und digitale Musik. Man kann über das Mobiltelefon ins Internet einsteigen und E-Mails verschicken. Die Mobilfunknetze wachsen, WiFi und Breitband stehen überall zur Verfügung, – die Verbraucher verlangen ununterbrochenen Netzzugang, um zu Hause, im Büro und auf der Straße mit aller Welt kommunizieren zu können.

Aus der Asche der Dotcom-Katastrophe im Jahr 2000 hat sich eine neue Generation von Internetunternehmern erhoben. An der Spitze der neuen Bewegung steht Google, ein junges Unternehmen, das eine Suchmaschine entwickelt und sich mit dem Einstieg bei AOL Time Warner im Jahr 2005 in das wertvollste Medienunternehmen der Welt verwandelt hat. Die Bestrebungen dieses Unternehmens scheinen keine Grenzen zu haben und reichen von der Kartierung des Planeten bis zum Scannen der Bibliotheken der Welt. Es sieht so aus, als könne sich der elektronische Geschäftsverkehr im zweiten Anlauf endgültig durchsetzen. Der virtuelle Markt bedroht die traditionellen Handelsplätze, und niemand bezweifelt mehr, dass Amazon, eBay und iTunes das Zeug haben, den Einzelhandel vollkommen zu verändern.

Die Computertechnologie beginnt auch, die Struktur der Zivilgesellschaft zu verändern. Das zeigen Experimente mit der elektronischen Stimmabgabe oder der kometenhafte Aufstieg der Weblogs oder Blogs, die die traditionellen Grenzen zwischen Öffentlichkeit, Medien und Politik überbrücken. Viele staatliche Verwaltungen nutzen das Internet mit Freuden, um die Aktenberge abzubauen und die Bürger zu kontrollieren. Doch während der Nutzen einiger Elemente des E-Government auf der Hand liegt – es erleichtert das Leben, wenn man den neuen Führerschein online beantragen oder die Steuererklärung über das Internet einreichen kann –, sind andere Anwendungen sehr umstritten. Hacker und Betrüger können beträchtliche Schäden anrichten. Auch ruft die wachsende Menge an Daten, die Behörden und Unternehmen über die Bürger sammeln, Bürgerrechtsgruppen auf den Plan und hat eine neue Front in der weltweiten Debatte über den Schutz der Privatsphäre eröffnet. Sicherheitsdienste müssen sich den neuen Spielregeln anpassen: Bei der Überwachung von Kriminellen und Terroristen müssen sie sich mit dem Roaming von Mobiltelefonaten, mit rund um den Globus flitzenden E-Mails und dem Internet auseinandersetzen.

Es sind bereits mehr als eine Milliarde Menschen online, und täglich kommen hunderttausende Internetnutzer hinzu. Daher dürfte die Nachfrage nach besseren und billigeren Computern noch steigen. Vor 40 Jahren prognostizierte Gordon Moore, einer der Gründer von Intel, dass sich die Rechenleistung der Mikrochips etwa alle 18 Monate verdoppeln werde. Moores Gesetz hat immer noch Gültigkeit, da aber die Mikrochips immer kleiner werden, rückt der Punkt näher, an dem die Wissenschaftler an die physikalischen Grenzen des Silikons stoßen werden. Die Elektronik zählt zu den Sektoren, die vom nächsten „big thing“ profitieren dürften, vom Durchbruch in der ultrakleinen Technologie: Die Nanotechnologie, das heißt die Manipulation von Materialien auf molekularer Ebene, hat bereits bessere Sonnencremes, selbstreinigende Fenster und nicht verschmutzende Kleidung hervorgebracht. Und die besonderen Eigenschaften der Nanomaterialien – darunter ihre außergewöhnliche Festigkeit – lassen erwarten,

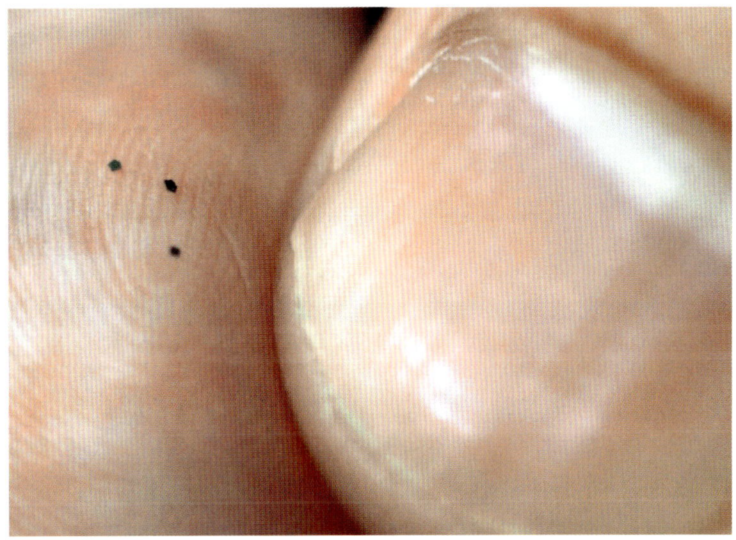

Prototypen superkleiner drahtloser automatischer IC-Chips oder „Mu-Chips“, die von Hitachi entwickelt wurden. Für diese winzigen Mikrochips gibt es zahlreiche Anwendungsgebiete, darunter die Medizin, die Datenverwaltung und die Kontrolle von Raubkopien. Tokio, Japan, 20. Mai 2003, Eriko Sugita

dass die Nanotechnologie neuartige industrielle Materialien hervorbringen und wesentliche Fortschritte in der Medizin und in der Computertechnologie ermöglichen wird.

Doch die Nanotechnologie weckt nicht nur Hoffnungen, sondern auch Befürchtungen. Die Horrorgeschichten über sich selbst reproduzierende Nanoroboter, die außer Kontrolle geraten könnten, entbehren möglicherweise einer realen Grundlage, aber es gibt ernst zu nehmende Bedenken bezüglich der möglichen Auswirkungen einer Freisetzung von Nanopartikeln auf die Umwelt und den menschlichen Körper. Ähnliche Besorgnisse werden von der Biotechnologie geweckt, die der Menschheit ebenfalls Werkzeuge in die Hand gibt, mit denen einige grundlegende Eigenschaften der physikalischen Welt verändert werden können – zum Guten, aber auch zum Schlechten. Gentechnisch veränderte Nutzpflanzen ermöglichen höhere Erträge und sind gegen Schädlinge und Krankheiten resistent, womit sie nach Ansicht ihrer Befürworter eine wachsende Weltbevölkerung mit Nahrung versorgen können. Viele Umweltschützer fürchten wiederum, dass derart manipulierte Pflanzen die Biodiversität untergraben und die Bauern rund um den Erdball auf Gedeih und Verderb der Gnade einiger mächtiger multinationaler Konzerne ausliefern werden.

Die Energiekonzerne, die mit dem Rückgang der fossilen Brennstoffreserven konfrontiert sind und unter wachsendem Druck stehen, neue Energieformen zu entwickeln, die nicht zur globalen Erwärmung beitragen, könnten zu den ersten zählen, die auf den Nanotechnologiezug aufspringen werden. Neue Nanomaterialien könnten die Grundlage für bessere Methoden zur Energieerzeugung und -nutzung schaffen – Beispiele sind Solarzellen und Brennstoffzellen mit höherem Wirkungsgrad sowie neue Systeme zur Speicherung von Wasserstoff. Viele sehen in diesem Energielieferanten, bei dessen Verbrennung lediglich Wasserdampf entsteht, den idealen Brennstoff der Zukunft; doch auch andere alternative Energien sind rund um den Erdball auf dem Vormarsch. Die Erzeuger von Windenergie erklären, diese Energie könne bis zum Jahr 2020 12 Prozent des weltweiten Strombedarfs decken, obwohl sich viele Gemeinden gegen den Bau von Windkraftwerken in ihrer Nachbarschaft sträuben. Eine erhitzte Debatte wird über die Atomenergie geführt, deren Anhänger genau 20 Jahre nach der Katastrophe von Tschernobyl das Gefühl haben, wieder Oberwasser zu bekommen, da die Welt verzweifelt auf der Suche nach Energien ist, die keine Treibhausgase freisetzen. Gegenwärtig wird in Frankreich der weltweit erste Prototyp eines Kernfusionsreaktors gebaut. Dort soll Meerwasser in Brennstoff umgewandelt werden, indem die Abläufe nachgeahmt werden, die bei der Energieerzeugung in der Sonne stattfinden. Das Verfahren unterscheidet sich grundlegend von der Kernspaltung, doch es muss sich noch weisen, ob die Kernfusion wirtschaftlich nutzbar ist.

Nach einer Reihe von Fehlstarts bringen die Autohersteller endlich Alternativen zum mit Benzin angetriebenen Verbrennungsmotor heraus. Die Hybridautos, die zum Teil mit herkömmlichem Treibstoff und zum Teil mit Elektrizität angetrieben werden, sind die Vorläufer der sauberen Fahrzeuge der Zukunft. Das eigentliche Ziel der Puristen ist jedoch der mit Wasserstoff betriebene Brennstoffzellenmotor. Der Wasserstoff soll unter Einsatz erneuerbarer Energien gewonnen werden: ein Ziel, das nicht leicht zu erreichen sein wird, denn die Autohersteller und Energieerzeuger müssen erst noch eine funktionierende Infrastruktur für die Versorgung mit Wasserstoff sowie einen Weg finden, um bei der Erzeugung dieses Gases ohne fossile Brennstoffe auszukommen.

Die Raumfahrt für die Massen, ein bei den Zukunftsforschern des 20. Jahrhunderts besonders beliebtes Hightech-Thema, dürfte auch in der absehbaren Zukunft Science-fiction bleiben. Die menschliche Kenntnis des Kosmos mag so rasch wachsen wie das Universum selbst, doch die praktischen Probleme, die gelöst werden müssen, bevor wir zu fernen Sternen reisen können, sind immer noch gewaltig. Die Superreichen werden möglicherweise bis zum Ende des Jahrzehnts zu ersten Ausflügen in den Weltraum aufbrechen können. Und es ist bereits der Start des ersten kommerziellen Passagierflugs ins All geplant – allerdings werden sich die Reisenden nur kurz im Weltraum aufhalten – bevor sie um 200 000 Dollar ärmer zur Erde zurückkehren werden. Reisen zu anderen Welten sind ohnehin ein ganz besonderes Thema. Zu Beginn des 21. Jahrhunderts kündigte Präsident George W. Bush das kühne Vorhaben eines bemannten Flugs zum Mars an. Doch der erste Schritt zur Verwirklichung dieses Plans – eine Rückkehr zum Mond – dürfte nicht vor dem Jahr 2020 möglich werden, mehr als 50 Jahre später, nachdem Neil Armstrong als erster Mensch einen Fuß auf diesen nächstgelegenen Himmelskörper setzte.

Als Armstrong und sein Gefährte Edwin „Buzz“ Aldrin an jenem Julitag des Jahres 1969 im Mondstaub standen, wären sie überrascht gewesen, hätte man ihnen gesagt, dass bis zur Einstellung des Mondlandungsprogramms im Jahr 1972 lediglich zehn weitere Astronauten in ihre Fußstapfen treten würden. Tatsächlich kommt die Macht der Wissenschaft weniger in den gewaltigsten Vorhaben der Menschheit zum Ausdruck als in den alltäglichen Dingen unseres Lebens. Es ist die Demokratisierung der Technologie, die das „global village“, das „Weltdorf“ vielleicht endlich zu einer Realität werden lässt.

22. August 2000, KAPSTADT, SÜDAFRIKA

Die achtjährige Jenni-Lee Mason sitzt zum ersten Mal in ihrem Leben vor einem Computer. In einem von der niederländischen Regierung finanzierten bahnbrechenden Projekt werden südafrikanische Kinder in Township-Schulen in Kapstadt Kenntnisse in den Bereichen Informationstechnologie, Sprachen und Mathematik vermittelt. Mike Hutchings

27. Januar 2003, SEOUL, SÜDKOREA

Ein Mann steht telefonierend vor einer Anzeige, die für das Internet wirbt. Südkorea, das Land mit der größten Vernetzungsdichte weltweit, wurde am 25. Januar 2003 besonders schwer vom Computerwurm SQL-Slammer getroffen. Das Internet brach zusammen, Netzzugänge waren blockiert, Chaos regierte – die Schäden waren enorm. Kim Kyung-Hoon

8. März 2002, PROVINZ GUANGDONG, CHINA

In einer baufälligen Hütte in der südchinesischen Ortschaft Yaocuowei sind neben einem Kalender, auf dem der ehemalige chinesische Staats- und Parteichef Mao Tse-tung abgebildet ist, Computerabfälle angehäuft. Obwohl der Export gefährlicher Abfälle aus reichen in arme Länder – unabhängig vom Verwendungszweck (einschließlich der Wiederverwertung) durch die Baseler Konvention von 1994 – verboten ist, enden weiterhin Elektronikabfälle aus den Vereinigten Staaten von Amerika und in geringerem Maß aus Europa, Südkorea und Japan in China. Bobby Yip

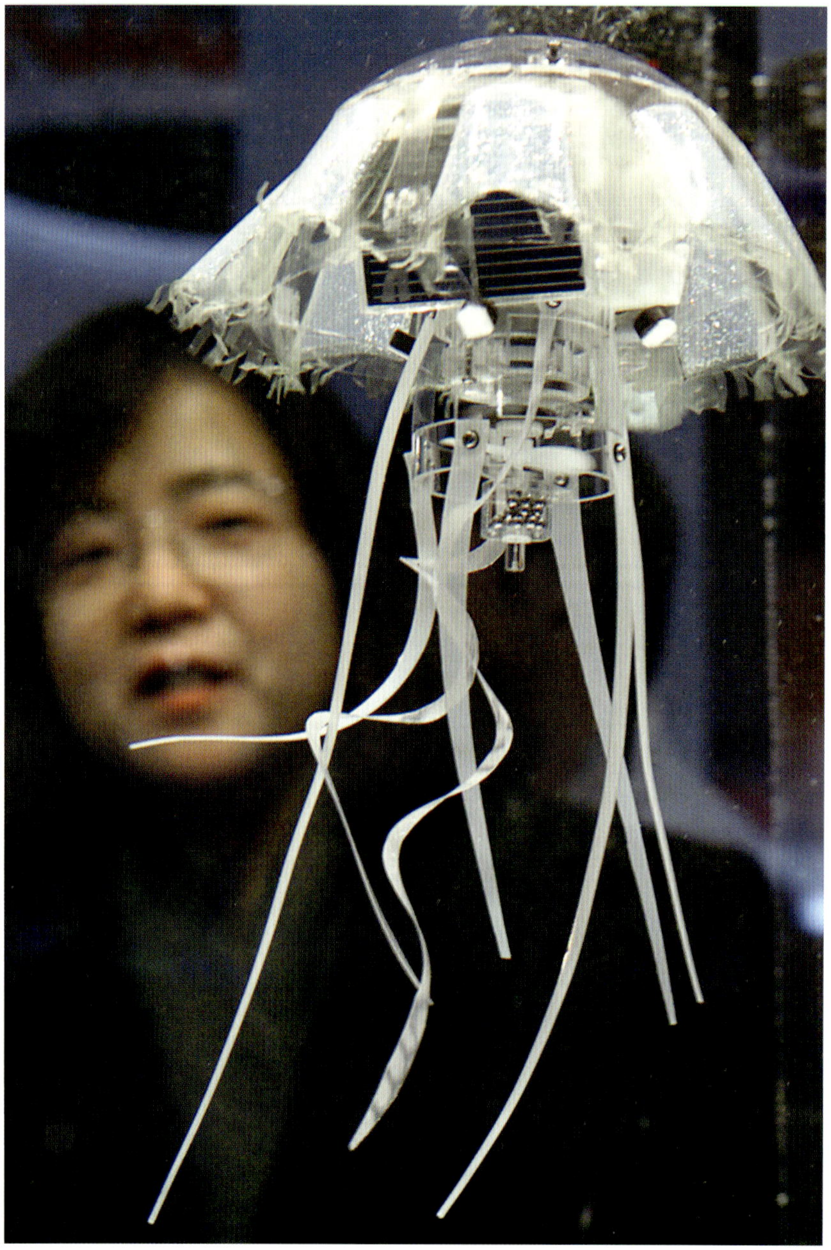

16. März 2000, TOKIO, JAPAN

Ein „Aquaroid" in Gestalt einer Qualle schwebt in einem Wassertank am Stand von Japans führendem Spielzeughersteller Takara auf der Tokioter Spielzeugmesse 2000. Der Medusenroboter wird von einem mit Solarenergie gespeisten Motor angetrieben. Toshiyuki Aizawa

19. November 2003, TOKIO, JAPAN

Bei der Internationalen Roboterausstellung 2003 in Tokio wird der „Mikroflugroboter" vorgestellt. Der von Seiko Epson hergestellte Prototyp eines Mikroroboters wiegt 8,9 Gramm und wird von kontrarotierenden Propellern, die von einem ultradünnen Ultraschallmotor angetrieben werden, in der Luft gehalten. Issei Kato

20. November 2005, PALMDALE, VEREINIGTE STAATEN

Ein Spieler sitzt während des Countdowns zur Einführung von Microsofts neuer Videospielkonsole bei einer Party in der Mojave-Wüste vor einer XBox 360. Die XBox 360 ist der erste Vertreter einer neuen Generation von Unterhaltungssystemen, die eine nahezu fotorealistische Grafikkapazität aufweisen, Musik und Video abspielen können und die Vernetzung von Spielern über das Internet ermöglichen. Chris Pizzello

8. März 2005, DELFT, NIEDERLANDE

Martijn Wisse, Biorobotik-Forscher an der Universität für Technologie in Delft, geht mit dem zweibeinigen Roboter Denise („The Knees“) durch die Korridore des Universitätskomplexes. Denise gehört einer neuen Generation von energieeffizienten „passiv-dynamischen“ Robotern an, die die menschliche Motorik nachahmen. Ähnliche Modelle haben auch Forscherteams am Massachusetts Institute of Technology und an der Cornell University in den Vereinigten Staaten von Amerika entwickelt. Jerry Lampen

Gegenüberliegende Seite oben Schüler der Overton Grange-Schule nehmen im Science Museum am „Giant Jump“-Experiment teil. Über eine Million Kinder in ganz Großbritannien hüpften eine Minute lang gleichzeitig auf und ab, um einen registrierbaren seismischen Schock zu erzeugen. Die Organisatoren schätzen, dass die Erschütterung etwa einem Hundertstel eines Erdbebens entsprach. Dan Chung

4. September 2002, LONDON, GROSSBRITANNIEN

Gegenüberliegende Seite unten Eine digitalisierte Version des 700 Jahre alten Korans von Sultan Baibar, ausgestellt in der British Library. Die einzigartige „Umblättertechnologie“ ermöglicht es Besuchern, in dem digitalen Buch zu blättern, indem sie ihre Hand über den großen Bildschirm bewegen. Stephen Hird

RETURN
RECITATION
ZOOM
AUDIO

8. Januar 2004, MOJAVE-WÜSTE, VEREINIGTE STAATEN

Der Vollmond steigt hinter einem Windkraftwerk in der kalifornischen Mojave-Wüste auf. Der Energieplan Kaliforniens verpflichtet die Energieerzeuger, bis zum Jahr 2010 20 Prozent der Elektrizität aus erneuerbaren Energien zu gewinnen. Obwohl die Windenergie gratis ist und Windkraftwerke die Umwelt nicht verschmutzen, ist dies nicht immer die billigste Methode der Energiegewinnung.
Toby Melville

21. Juni 2004, GÖTTELBORN, DEUTSCHLAND

Arbeiter montieren fotovoltaische Paneele für das Sonnenkraftprojekt in Göttelborn bei Saarbrücken. Die erste Bauphase des Parks, der auf dem Gelände eines stillgelegten Kohlebergwerks entsteht, wurde im August 2004 abgeschlossen. Nach seiner Fertigstellung wird der Park das größte Sonnenkraftwerk der Welt sein. Die Gesamtfläche seiner 50 000 Paneele wird jener von 20 Fußballfeldern entsprechen. Göttelborn wird jährlich 8 Megawatt Strom liefern. Vincent Kessler

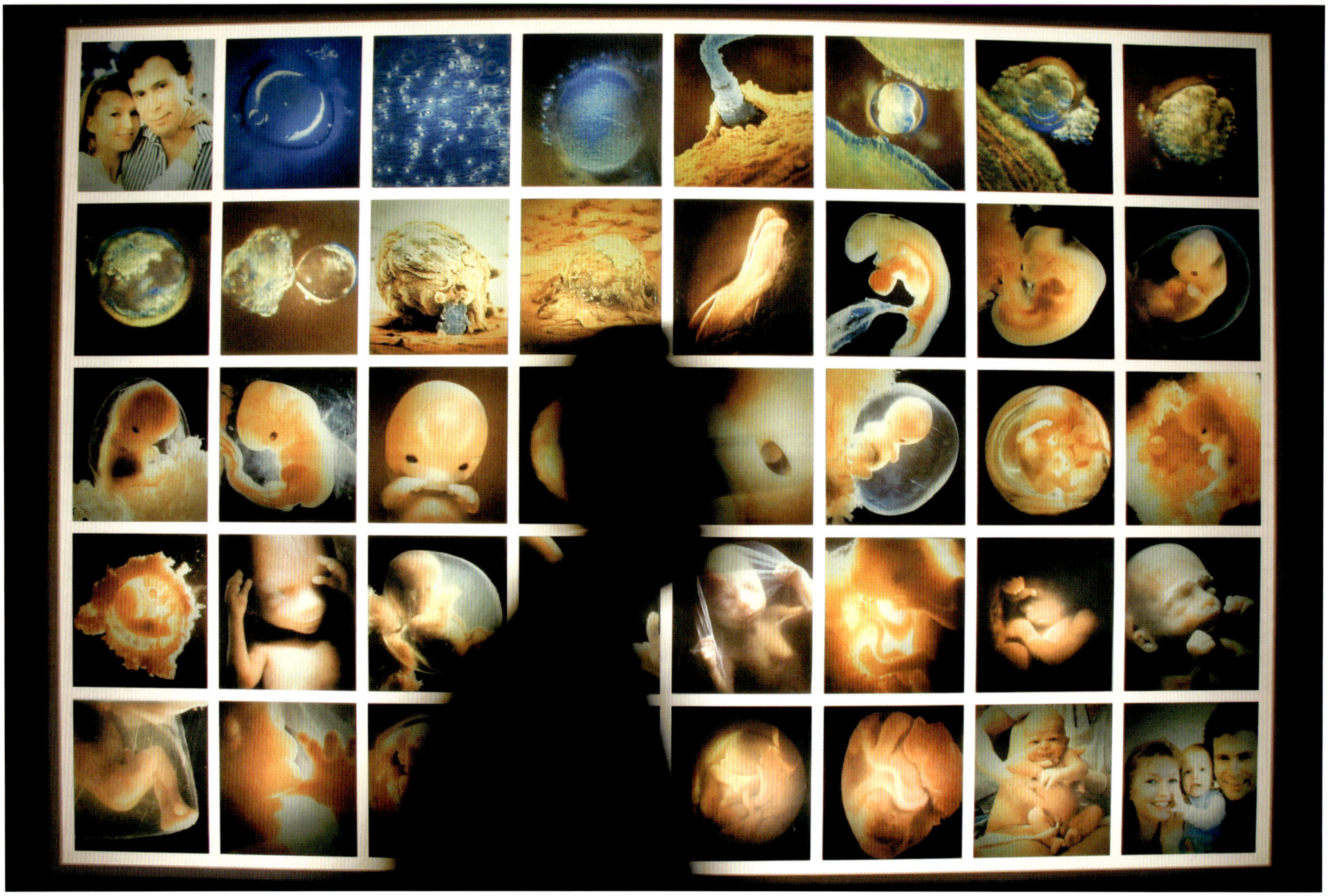

6. Juni 2005, ROM, ITALIEN

In der Privatklinik des umstrittenen Reproduktionsmediziners Severino Antinori zeichnet sich die Silhouette einer Person vor einem Schaubild ab, auf dem Bilder von der Entwicklung eines menschlichen Fötus zu sehen sind (fotografiert von Lennart Nilsson für das Buch *A Child is Born*). Antinori machte im Jahr 1994 Schlagzeilen, als eine 62 Jahre alte Frau nach einer von ihm vorgenommenen Fruchtbarkeitsbehandlung ein Kind zur Welt brachte. Im Jahr 2004 wurde in Italien ein neues Gesetz verabschiedet, das sehr viel strengere Bestimmungen für die unterstützte Empfängnis enthält. Alessia Pierdomenico

22. November 2000, GARCHING, DEUTSCHLAND

Gegenüberliegende Seite oben Petra Albrecht, Angestellte von Eurofins Scientific, prüft Gehirngewebeproben von Kühen, die auf Rinderwahnsinn (Bovine Spongiforme Enzephalopathie, BSE) getestet werden sollen. BSE kann über die Nahrungskette auf den Menschen übertragen werden und die tödliche Creutzfeldt-Jacob-Krankheit hervorrufen. Michael Dalder

19. Mai 2004, HERTFORDSHIRE, GROSSBRITANNIEN

Gegenüberliegende Seite unten Diese Ampullen der ersten embryonalen Stammzellenbank enthalten ein Medium zur Aufbewahrung von Stammzellen. Diese haben die Fähigkeit, jede Zelle und jedes Gewebe auszubilden. Die Forscher glauben, dass sie eines Tages die Reparatur kranker und beschädigter Körpergewebe ermöglichen werden. Die Gegner halten dies für unethisch, weil die Gewinnung aus menschlichen Embryonen die Rechte des ungeborenen Lebens verletzt. Peter Macdiarmid

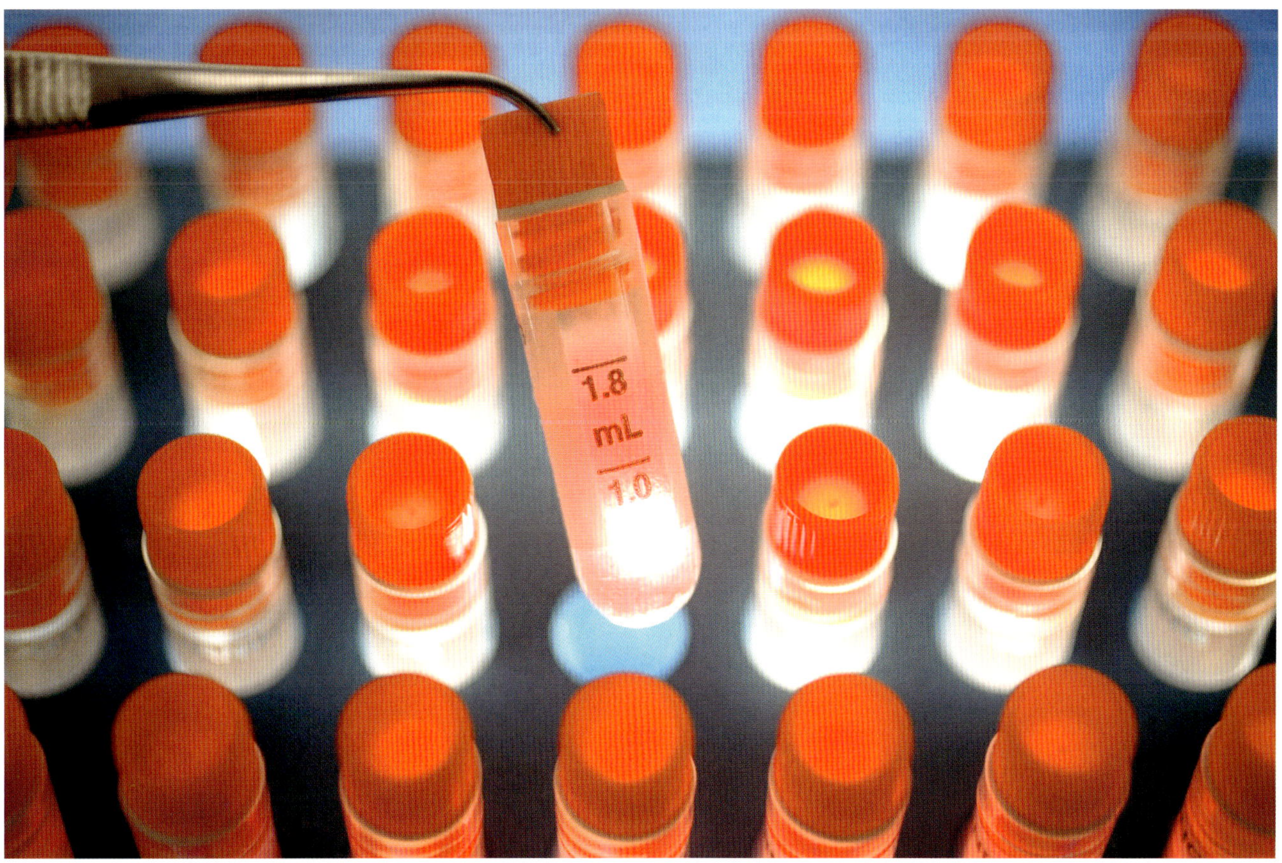
1.8
mL
1.0

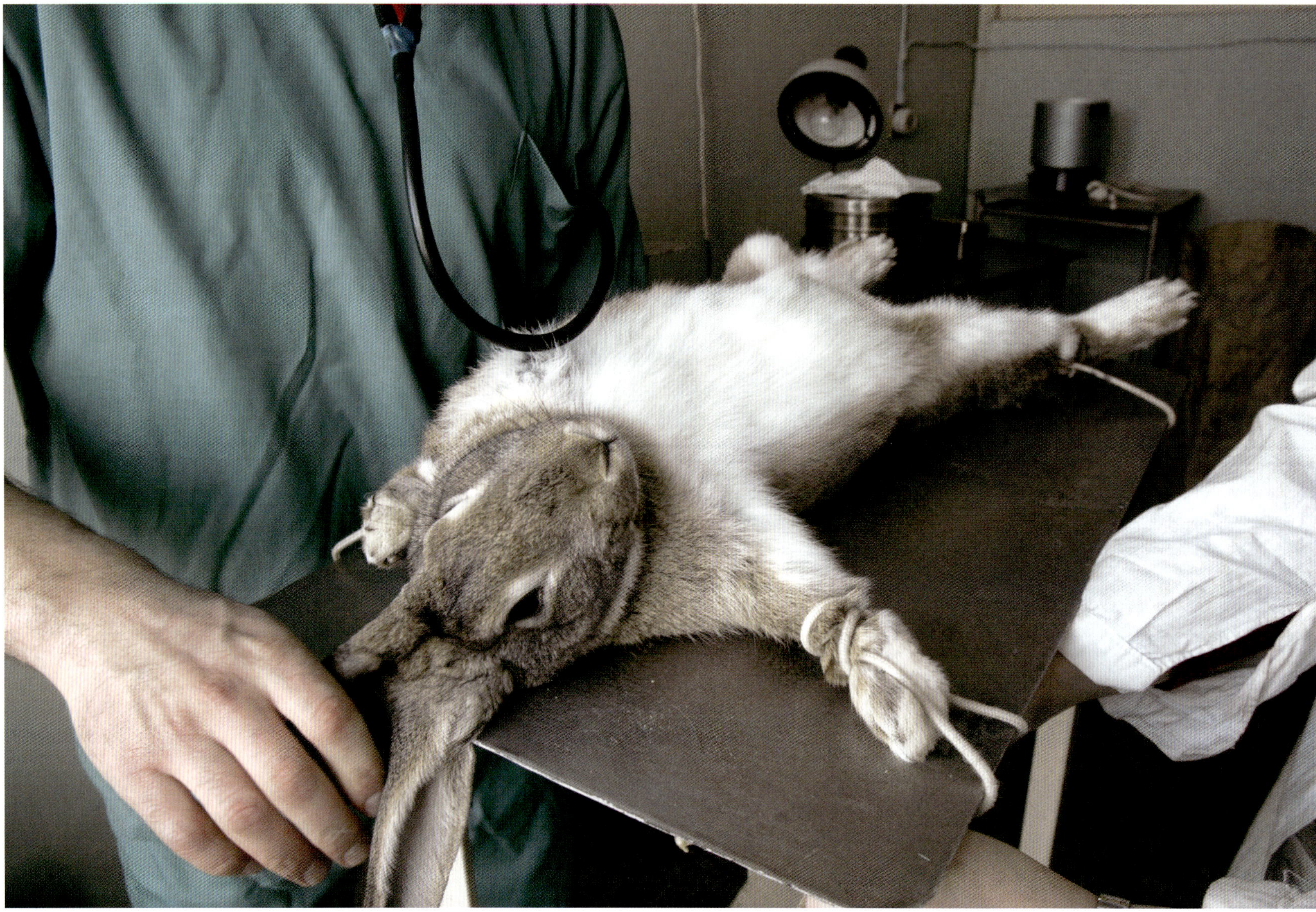

8. Februar 2005, MOSKAU, RUSSLAND

Ein geklonter Hase wird in einem Biotechnologiezentrum außerhalb Moskaus für Tests vorbereitet. Viele der in diesem Zentrum für Forschungszwecke verwendeten Tiere sind Klone gentechnisch veränderter Hasen, deren Genom um menschliche Gene erweitert wurde. Die Wissenschaftler erklären, die Milch dieser Hasen enthalte Proteine, die zur Behandlung von Krebs beim Menschen eingesetzt werden können. Viktor Korotajew

12. Januar 2006, TAIPEH, TAIWAN

Ein transgenes grünes fluoreszierendes Schwein steht zwischen normalen Schweinen. Die taiwanischen Forscher hoffen, dass die Züchtung dieser Schweine, die erzeugt wurden, indem Schweineembryonen ein fluoreszierendes grünes Protein injiziert wurde, einen wichtigen Fortschritt in der Stammzellenforschung ermöglichen wird. Jay Cheng

5. März 2003, CAPE CANAVERAL, VEREINIGTE STAATEN

Techniker im Kennedy Space Center in Cape Canaveral (Florida) untersuchen Reste des Hitzeschilds der Raumfähre Columbia, die am 1. Februar 2003 über Texas explodiert ist. Bei der Katastrophe sind alle sieben Astronauten an Bord ums Leben gekommen. Joe Skipper

22. November 2000, PEKING, CHINA

Ein Roboter hat einen Auftritt vor einem Modell eines chinesischen Raumschiffs. Im November 2000 gab die chinesische Regierung ehrgeizige Ziele für bemannte Raumflüge, für die kommerzielle Nutzung von Satelliten und die Industrialisierung des Weltraums bekannt. China will sich in den kommenden Jahren eine Führungsrolle in der Erkundung des Weltalls und im Weltraumhandel sichern. Andrew Wong

24. April 2003, BAIKONUR, KASACHSTAN

Die russische Sojus TMA-2 wird zur Startrampe in Baikonur gebracht, um den US-Astronauten Edward Lu und den Russen Juri Malentschenko zur Internationalen Weltraumstation zu bringen, wo sie sechs Monate verbringen werden. Baikonur, das größte Kosmodrom der Welt, wurde Mitte der 1950er-Jahre gebaut und war das streng geheime Zentrum des sowjetischen Weltraumprogramms. Sergej Karpukhin

1. Oktober 2005, BAIKONUR, KASACHSTAN

Die Sojus TMA-7 kurz vor dem Start. An Bord sind der amerikanische Astronaut William McArthur, sein russischer Kollege Valerij Tokarev und der amerikanische Weltraumtourist Gregory Olsen, der zehn Tage später zur Erde zurückkehren wird. Der Ausflug hat ihn angeblich 20 Millionen Dollar gekostet. Schamil Zhumatov

26. Juli 2005, CAPE CANAVERAL, VEREINIGTE STAATEN

Die Raumfähre Discovery hebt von der Startrampe 39B im Kennedy Space Center ab. An Bord sind sieben Astronauten, deren Ziel die Internationale Weltraumstation ist. Dies ist zweieinhalb Jahre, nachdem die Columbia bei der Rückkehr von einer 16-tägigen Mission auseinander brach, die erste von zwei erfolgreichen „Return to Flight"-Missionen der NASA. In Cocoa Beach wird der Start von John DeBruyn und seinen Enkeln Mark und Michael aus Cheyenne (Wyoming) verfolgt, die gerade mit ihren Surfbrettern im Wasser sind. Marc Serota

23. März 2001, WELTRAUM

Die legendäre russische Raumstation MIR wird im März 2001 nach 15 Jahren im Weltraum zur Erde zurückgeholt. Ein Großteil der Konstruktion verglüht beim Eintritt in die Erdatmosphäre, der Rest landet sicher im Pazifik. Die MIR war die erste bewohnte Forschungsstation im All, die im Lauf ihres Einsatzes von 104 Astronauten besucht wurde. Auf dem Foto ist sie im Juni 1998 zu sehen. NASA

22. April 2000, WELTRAUM

Zur Feier des „Tags der Erde" am 22. April 2000 veröffentlichen Wissenschaftler der NASA dieses neue Bild der Erde, mit dem das berühmte Foto mit dem Titel „Blue Marble", das von den Astronauten der „Apollo" aufgenommen wurde, aktualisiert wird. Das digitale Bild beruht auf Daten, die im Jahr 1997 von mehreren Satelliten gesammelt wurden, und zeigt annähernd, was ein Mensch aus dem All sehen könnte, wobei sich die Gestalter die künstlerische Freiheit genommen haben, den Mond im Hintergrund etwas abzuwandeln. Der riesige Wirbelsturm, der vor der Westküste des nordamerikanischen Kontinents tobt, ist der Hurrikan „Linda". Die Größe des Monds wurde etwa verdoppelt. NASA

3. August 2005, WELTRAUM

Der Astronaut Stephen Robinson unternimmt im Verlauf der historischen „Return to Flight" Mission STS-114 den letzten von drei Spaziergängen im Weltall außerhalb der Internationalen Weltraumstation. Am Roboterarm der Raumstation befestigt, führt Robinson mit Erfolg eine Reparatur an der Unterseite der Raumfähre „Discovery" durch – etwas, was nie zuvor im Weltraum versucht worden ist. NASA

15. März 2005, RAISTING, DEUTSCHLAND

Folgende Seiten Eine von Satellitenschüsseln umgebene Kirche in dem bayrischen Dorf Raisting 40 km südlich von München. Michaela Rehle

Die Rationalisten des frühen 20. Jahrhunderts glaubten, die Religion werde im Lauf der Zeit einfach verschwinden. Sie wären überrascht zu sehen, wie in der Welt der Gegenwart nach wie vor zahlreiche Glaubensbekenntnisse das Leben und die Identität von Millionen Menschen prägen und erbitterte Konflikte zwischen Staaten und innerhalb von Gesellschaften schüren. Die Religion in ihren vielfältigen Ausdrucksformen und Stimmungen ist auch heute rund um den Erdball ein grundlegender Bestandteil des menschlichen Lebens.

Glaubensmuster

von Tom Heneghan

Glaubensbekenntnisse der Welt / Spiritualität / Rituale / Identität / Erinnerung / Tradition / Modernität / Inbrunst / Feste / Pilgerfahrten

Glaubensmuster

„Das 21. Jahrhundert wird religiös sein, oder es wird nicht sein." Als der französische Dichter André Malraux diese Prognose Anfang der 1970er-Jahre abgab, wirkte sie befremdlich. In der reichen, entwickelten Welt schien der Tag nahe, an dem die Vernunft und der menschliche Fortschritt triumphieren und der religiöse Glaube schwinden würde, wie die Intellektuellen seit mehr als einem Jahrhundert verkündeten. Im Jahr 1966 prangte vom Titelblatt des Magazins *Time* auf schwarzem Untergrund die Frage: „Ist Gott tot?" Mit jeder wissenschaftlichen Entdeckung weitete der Mensch seine Kontrolle auf weitere Lebensbereiche aus, und der Allmächtige schien zum endgültigen Rückzug verurteilt. Man rechnete damit, dass er auch aus den Entwicklungsländern verschwinden würde, wenn diese dem Westen auf dem Weg zum Wohlstand folgten.

In der Begräbniskirche in der Altstadt von Jerusalem liest eine äthiopische Frau in der Bibel. 8. April 2004, Jerry Lampen

Drei Jahrzehnte später ist die Religion keineswegs verschwunden; sie ist vielmehr mit neuer Kraft zurückgekehrt. Jedes Jahr pilgern Millionen Moslems nach Mekka. Ähnlich große Anziehungskraft üben die katholischen Weltjugendtage oder das hinduistische Khumb Mela aus, religiöse Feste, bei denen die Menschen in Massen ihren Glauben bezeugen. In vielen Ländern werden erbitterte Debatten über ethische Fragen wie die Abtreibung, das Klonen oder die Zurschaustellung religiöser Symbole geführt. Religiöse Superstars wie der 2005 verstorbene Papst Johannes Paul II. und der Dalai Lama, beides Symbole der Integrität, wecken die Bewunderung der Menschen. Die religiöse Freiheit steht als eine wichtige globale Frage auf der Agenda der Vereinten Nationen. Die neue religiöse Inbrunst hat rund um den Erdball verschiedenste Formen angenommen. Viele Afrikaner haben sich von ihren traditionellen animistischen Kulten abgewandt, was die Tore für eine aggressive Missionierungsarbeit der beiden großen monotheistischen Religionen geöffnet hat. Islam und Christentum führen ein Wettrennen um neue Seelen und geraten dabei immer wieder aneinander. In Lateinamerika kommt es wiederum zu internen Auseinandersetzungen in der Christenheit, denn dynamische evangeliumsgläubige Gruppen haben der traditionsbewussteren katholischen Kirche mit feurigen Gottesdiensten und auf die Bedürfnisse der verarmten Landflüchtigen zugeschnittenen Selbsthilfeprogrammen Anhänger abspenstig gemacht. Nach dem Ende der siebzigjährigen kommunistischen Herrschaft hat die russische orthodoxe Kirche wieder ihre Gotteshäuser geöffnet und lockt neue Anhänger an. Im kommunistischen China geht der rasante wirtschaftliche Wandel mit einem wachsenden Zustrom zu Buddhismus, Taoismus, Islam und Christentum einher, die vom Staat innerhalb strikter Grenzen toleriert werden. Hingegen werden nicht offizielle spirituelle Bewegungen wie Falun Gong mit großer Härte unterdrückt.

Am 11. September 2001 kehrte die Religion mit schockierender Gewalt auf die Weltbühne zurück, als die von Osama bin Ladens al-Qaida-Netzwerk entsandten Fanatiker im Namen Gottes vier Passagierflugzeuge entführten und zwei davon ins World Trade Center in New York steuerten. Die Attentäter, die davon überzeugt waren, ihnen sei das Paradies sicher, hatten die im Nahen Osten herrschende Gewalt ins Herz der westlichen Welt getragen. In den folgenden Monaten und Jahren wurden Tunis, Riad, Istanbul, Bali, Madrid und London von verheerenden Bombenanschlägen erschüttert. Im von US-Truppen besetzten Irak köpfen fundamentalistische Aufständische mit dem Ruf „Allah ist groß!" westliche Geiseln wie Opferlämmer.

Der Begriff „Fundamentalist" wird mittlerweile mit einer gewaltbereiten Minderheit unter den 1,3 Milliarden Moslems der Welt gleichgesetzt. Wobei der Islam keineswegs die einzige Religion ist, in der er eine Renaissance erlebt. Die mit 2,1 Milliarden Angehörigen größte Glaubensgemeinschaft der Welt, die Christenheit, hat gesehen, wie Evangelikale wesentlich zum Erfolg von George W. Bush in den US-Präsidentschaftswahlen der Jahre 2000 und 2004 beigetragen haben. Diese konservativen Protestanten legen die Bibel wörtlich aus und kämpfen lautstark gegen Abtreibung, Homosexuellenehe und den Evolutionsunterricht in den Schulen. Die israelische Siedlerbewegung liest ihre Schriften wie eine Karte, die sie berechtigt, das biblische Land von den Palästinensern zurückzufordern. Im offiziell säkularen Indien sind hinduistische Nationalisten, die die Vorrechte der beherrschenden Glaubensgemeinschaft des Landes geltend machen, im nationalen Parlament und in den Volksvertretungen verschiedener Bundesstaaten auf dem Vormarsch. Sogar der friedfertige Buddhismus hat sich mit dem militanten Nationalismus in Sri Lanka verbündet.

Der oft mit Rückständigkeit gleichgesetzte Fundamentalismus ist in Wahrheit ein modernes Phänomen, das dort auftritt, wo die vom rasanten gesellschaftlichen Wandel verunsicherten Gläubigen Sicherheit in uralten religiösen Lehren suchen. Die Fundamentalisten sind modernitätsfeindlich und lehnen die säkuläre Weltsicht ab, die Gott aus dem öffentlichen Leben verbannt. Gleichwohl haben sie nichts dagegen, die Segnungen der modernen Gesellschaft zu nutzen: Sie bedienen sich gerne des Mobiltelefons, des Internets und des Satellitenfernsehens, um mit deren Hilfe hartnäckig jene traditionellen moralischen Werte zu verteidigen, in denen sie Lebenssinn, Gewissheit und Geborgenheit finden, die ihnen das moderne Alltagsleben offenbart. Es ist bemerkenswert, dass sich unter den religiösen Extremisten der Gegenwart viele Stadtmenschen befinden. Ein Teil dieser Menschen zieht sich in Gemeinschaften mit strengen Regeln zurück, während andere politisch aktiv werden, um ihre Interessen und Überzeugungen zu verfechten.

> Die Religion ist im neuen Jahrtausend keineswegs verschwunden – sie ist vielmehr mit neuer Kraft zurückgekehrt.

Seit den 1980er-Jahren entwickelt sich ein „globalisierter Islam", der einem reineren Glauben zum Sieg verhelfen will. Die zugleich sehr konservativen und sehr modernen neuen Gläubigen in aller Welt besuchen islamische Websites, holen sich per E-Mail religiöse Anleitung und betonen ihre islamische Identität. Die große Mehrheit dieser Gläubigen ist friedlich, doch am radikalen Rand dieser Gemeinschaft tarnen gewaltbereite Militante ihren Kampf gegen die westliche Welt als heiligen Krieg, und Selbstmordattentäter berufen sich auf den Islam, so wie sich bei anderen Konflikten Generäle nationalistischer Slogans bedienen, um die Soldaten zum Marsch an die Front anzuspornen. Die westliche Welt reagiert auf diese Entwicklung ratlos, insbesondere Europa, wo sich die großartigen Kathedralen hauptsächlich mit Touristen füllen. Das westliche Denken verbindet den Fortschritt der Menschheit seit mehr als zwei Jahrhunderten mit dem Rückzug der Religion. Spätestens seit der französischen Revolution im Jahr 1789 hat eine Reihe säkularer Ideologien neue Konzepte zum Verständnis der Welt angeboten. Wissenschaftliche Entdeckungen, Sozialwissenschaften und die moderne Betriebsführung schienen die geeigneten Werkzeuge zur Verbesserung des menschlichen Schicksals zu liefern und erweckten den Eindruck, als sei eine fortgesetzte Säkularisierung unvermeidlich.

Der Fortschritt hatte aber auch eine Schattenseite. Nationalismus und Imperialismus im 19. sowie Faschismus und Kommunismus im 20. Jahrhundert trieben ganze Völker in Kriege mit rivalisierenden Staaten und lösten religiöse und ethnische Verfolgung aus. Die Schrecken gerade des Zweiten Weltkriegs mit seinen 50 Millionen Toten, darunter sechs Millionen ermordete Juden, weckten bei vielen Menschen die bittere Überzeugung, Gott habe die Menschheit im Stich gelassen. In der Nachkriegszeit versprachen die wieder aufgebauten Volkswirtschaften erneut

Ein Mann hält brennendes Räucherwerk vor sich, während er im buddhistischen Longhua-Tempel in Schanghai (China) betet. 1. Januar 2003, Guang Niu

eine strahlende Zukunft, in der die Menschen länger und gesünder leben und stets Zugang zu ausreichenden Gütern haben würden. In den Entwicklungsländern traten nationale Führer an die Stelle der Kolonialherren, und die „grüne Revolution" versprach eine bessere Nahrungsversorgung der Menschheit. Doch bereits in den 1960er-Jahren begann sich das Paradigma zu verschieben. Im Westen revoltierten die Studenten gegen die Obrigkeit und die Aussicht auf ein seelenloses Arbeitsleben. Die Ostblockländer fielen wirtschaftlich weiter hinter den Westen zurück, bis das sowjetische Imperium in den Jahren 1990 und 1991 endgültig zusammenbrach und die kommunistische Ideologie ihren Einfluss verlor. Die israelischen Siege über die moslemischen Armeen erschütterten die nationalistischen arabischen Regierungen und ermöglichten den Aufstieg des politischen Islam. Korruption, Kriege und unfaire Handelsbeziehungen behinderten den

Fortschritt der armen Länder. Die ersten Globalisierungswellen überfluteten die traditionellen, armen Gesellschaften mit westlichen Gütern und Übeln. In der islamischen Welt war der Iran jenes Land, in dem die modernitätsfeindliche Reaktion am heftigsten ausfiel: Im Jahr 1979 stürzte der schwarz gewandete schiitische Klerus den prowestlichen Schah Resa Pahlewi, der versucht hatte, sein Land zu modernisieren. Damit rückte die islamische Frage endgültig in den Blickpunkt der internationalen Politik. Der Ajatollah Ruhollah Chomeini forderte die Moslems im Mittleren Osten auf, dem iranischen Beispiel zu folgen. Um dieser Herausforderung zu begegnen, begann Saudi-Arabien, auf dessen Territorium sich die bedeutendste heilige Stätte des Islam befindet, seine eigene strikte Koranauslegung, den Wahhabismus, in der moslemischen Welt zu verbreiten.

Eine Demonstrantin vor dem Woodside Hospice in Pinellas Park (Florida). Kurz zuvor wurde bekannt, dass Terri Schiavo, deren künstliche Ernährung vor 13 Tagen auf gerichtliche Anordnung eingestellt wurde, gestorben ist. Das Schicksal der Frau, die mit Hirnschäden im Koma lag, hat in den USA eine erbitterte Auseinandersetzung ausgelöst. 31. März 2005, Carlos Barria

So schufen eben jene Faktoren, von denen angenommen worden war, sie würden der Religion den Garaus machen, letzten Endes einen neuen Raum für das Heilige in der modernen Welt. Die moderne Zivilisation hat den Lebensstandard der Menschen deutlich erhöht, aber die Freiheit, die uns diese Zivilisation bietet, kann beängstigend sein. Viele Menschen vermissen bei der täglichen Jagd nach noch mehr Geld, Sex und Vergnügen einen tieferen Sinn. Menschen, die auf der Suche nach Arbeit vom Land in die Stadt ziehen oder in andere Länder auswandern, werden aus einem sozialen Gefüge herausgerissen, das ihnen eine Identität gab. Anstatt hinter religiösen Bannern oder Nationalfahnen einherzumarschieren, strömen die Massen heute in die Einkaufszentren. Die postmodernen wirtschaftlichen und politischen Systeme dienen keinem höheren Zweck. So konnte die Religion zurückkehren, um die Lücke im Leben vieler zu füllen.

Die Wiederbelebung der Religion bedeutet aber nicht zwangsläufig, dass die etablierten Kirchen ihre verlorenen Schäfchen zurückgewinnen. Die Furcht vor einem zornigen Gott hat in der postmodernen Ära kaum noch Platz. Der Relativismus regiert: Es gibt keine unerschütterliche Autorität, das freie Individuum entscheidet selbst, welche Werte es hochhalten oder ignorieren will. Viele Menschen bezeichnen sich als „spirituell, aber nicht religiös", eine Einstellung, die die Methode hervorgebracht hat, „zu glauben, ohne dazuzugehören". Junge Katholiken verzichten auf den Besuch der Sonntagsmesse, nehmen jedoch an den Weltjugendtagen teil, einer sehr erfolgreichen Schöpfung Johannes Paul II. Sein Tod wurde zu einem

Viele Menschen vermissen bei der täglichen Jagd nach noch mehr Geld, Sex und Vergnügen einen tieferen Sinn.

globalen Medienereignis, das sehr viel mehr Menschen als die 1,1 Milliarden Katholiken der Welt berührte.

Das Internet zählt zu den Kräften, die gleiche Bedingungen für alle schaffen. Die Websites zu den Themen Glaube und Spiritualität erfreuen sich ebenso großer Beliebtheit wie jene, auf denen Pornografie, Glücksspiele oder die Möglichkeit zum Aktienhandel angeboten werden. Das tägliche Gebet irischer Jesuiten, „Frage deinen Rabbi"-Chatrooms und Online-Fatwas aus Mekka sind nur einen Mausklick entfernt. Als die methodistische Kirche in Großbritannien 2004 eine interaktive Website in Betrieb nahm, fanden sich an einem einzigen Tag 41 000 Besucher ein. Zudem sind in den letzten Jahrzehnten religiöse Kulte, Sekten und New Age-Gemeinschaften aus dem Boden geschossen, die die Bedürfnisse von Menschen erfüllen, die sich in den etablierten Kirchen nicht mehr zu Hause fühlen. Einige charismatische Kirchenführer haben eine große Gefolgschaft für Bewegungen wie die Transzendentale Meditation oder die scientologische

Kirche gewonnen. Westentaschengurus verführen die Leichtgläubigen, mystische Traditionen wie der islamische Sufismus oder die jüdische Kabbala lösen Modeerscheinungen aus. Gleichzeitig verliert der militante Atheismus, einst eine kühne Alternative zum Glauben, an Einfluss, da die Macht der von ihm bekämpften etablierten Kirchen geschwunden ist. Eine Galionsfigur des Atheismus, der britische Philosoph Anthony Flew, verblüffte seine Anhänger 2004 mit der Erklärung, er schließe die Existenz einer transzendentalen Macht nicht länger aus.

Inmitten all dieser ungebundenen Spiritualität ist Religion zu einem identitätsbildenden Element geworden, das angesichts der Globalisierung die Bindungen zwischen Personen und Gemeinschaften festigen kann. So erhält die Religion eine politische Bedeutung, die in Anbetracht der demografischen Entwicklung weiter wachsen dürfte. In ausgesprochen säkularisierten Gesellschaften sind die Geburtenraten niedrig, während die südliche Hemisphäre, in der die Religion ein fester Bestandteil des Lebens ist, eine rasch wachsende Mehrheit der Weltbevölkerung stellt. Die in reiche Länder auswandernden Arbeitskräfte nehmen oft konservative Auslegungen des Glaubens mit, die das religiöse Gleichgewicht im Aufnahmeland verändern können. In einigen Fällen werden auch Konflikte importiert. So verübten in Frankreich moslemische Jugendliche, die über die israelische Palästinenserpolitik erbost waren, Racheakte an französischen Juden.

Die postmoderne Gesellschaft betrachtet die Ausübung von Religion nur als eine von vielen Möglichkeiten, das persönliche Leben zu gestalten.

Die anglikanische Kirche wiederum steht kurz vor einem Schisma, weil die konservative Mehrheit in der Dritten Welt die liberale Politik der Kirchen in den USA, Großbritannien und Kanada ablehnt. Da mittlerweile zwei Drittel der Katholiken in Entwicklungsländern leben, hat auch der Vatikan wenig Grund, die liberalen Reformen durchzuführen, die von seinen Kritikern gefordert werden. Tatsächlich hat sich Benedikt XVI. schon gegen künstliche Befruchtung, Abtreibung und Homosexuellenehe ausgesprochen. Die Auseinandersetzungen können Gegensätze zwischen den Kirchen und den säkularen Gesellschaften heraufbeschwören – insbesonders, da davon auszugehen ist, dass die Säkularisierung in den reichen Ländern voranschreiten wird. Denn die postmoderne Fixierung auf die individuelle Freiheit passt gut zum Modell der globalisierten Konsumgesellschaft. Dass dieses Modell eine Gegenbewegung auslöst, widerspricht dem Trend nicht. Denn Religion ist nur eine von vielen Möglichkeiten, sein Leben zu gestalten.

Im Islam ist ein anderer Trend zu beobachten. Heute leben nur noch 20 Prozent der Moslems im Nahen Osten, dem unterentwickelten Kernland. Die gemäßigten indonesischen und malayischen Moslems definieren ebenso wie die Einwandererkinder in Europa und den USA ihren Glauben neu. Das Leben in freieren Gesellschaften gibt ihnen die Möglichkeit, sich mit Vorstellungen auseinander zu setzen, die im Nahen Osten tabu sind. Die interne Debatte könnte den Islam von innen heraus verändern, wenn die Schriften aus Sicht des Individuums neu ausgelegt werden. Es gibt jedoch keine Gewähr dafür, dass der Islam die Entwicklung des Christentums der beiden vergangenen Jahrhunderte nachvollziehen wird.

Ein Paar umarmt sich, nachdem es am 2. April 2005 während einer Nachtwache auf dem Petersplatz im Vatikan erfahren hat, dass Papst Johannes Paul II. gestorben ist. In den folgenden Tagen strömen Millionen Pilger nach Rom, um sich vom verstorbenen Pontifex zu verabschieden und dem Begräbnis beizuwohnen. Dylan Martinez

Es ist riskant, Voraussagen anzustellen, weshalb Malraux seine Prognose wohl nur im privaten Kreis aussprach. Das Fehlen eines schriftlichen Nachweises hat unter den Gelehrten eine Debatte darüber ausgelöst, ob er ein religiöses, spirituelles oder mystisches 21. Jahrhundert vorausgesagt hat. So wie es derzeit aussieht, könnten sich am Ende alle drei Prognosen bewahrheiten.

13. März 2003, AL-KASIMIDSCHA, IRAK

Schiitische Frauen berühren am Tag des Aschura-Fests das Tor des Schreins des Imams al-Kasim in al-Kasimidscha, einer antiken Stadt, die heute ein Vorort von Bagdad ist. Zu Aschura gedenken die Schiiten des Tages im Jahr 680, an dem der Imam Hussein, der Enkel des Propheten Mohammed, im Kampf mit einer rivalisierenden islamischen Fraktion den Tod fand. Goran Tomasevic

5. Juni 2001, JERUSALEM, ISRAEL

Orthodoxe Juden beten an der Klagemauer, ihrem heiligsten Ort in der Altstadt von Jerusalem. Natalie Behring

9. April 2005, BOMBAY, INDIEN

Eine Hinduistin betet in einem Neujahrsritual in Bombay im westlichen Bundesstaat Maharaschtra zur Mutter Erde. Adeel Halim

2. Juni 2005, LHASA, TIBET

Gegenüberliegende Seite Ein Buddhist betet vor dem Jokhang-Tempel in Lhasa. Jeden Tag umkreisen Pilger auf der Barkhor-Straße den Tempel im Uhrzeigersinn, wobei sie entweder gehen oder sich zu Boden werfen und sich immer nur eine Körperlänge weiterbewegen. China Newsphoto

2. Juli 2005, BUDSLAW, WEISSRUSSLAND

Weißrussen legen während des Festes zu Ehren der Ikone der Mutter Gottes in Budslaw im Garten einer katholischen Kirche die Beichte ab. Jedes Jahr nehmen tausende Katholiken aus Weißrussland und seinen Nachbarländern an diesem religiösen Fest in dem etwa 150 km nördlich von Minsk gelegenen Ort teil.
Vasily Fedosenko

25. Dezember 2002, BETHLEHEM, WESTJORDANLAND

Ein christlicher Pilger betet am Weihnachtstag in der Geburtskirche in Bethlehem, die an der Stelle errichtet wurde, an der die Jungfrau Maria Jesus zur Welt gebracht haben soll. Im April und Mai 2002 wurde die Kirche 38 Tage lang von israelischen Truppen belagert, nachdem sich palästinensische Milizionäre dorthin geflüchtet hatten. Yannis Behrakis

1. April 2005, VATIKAN

Eine Katholikin betet im Petersdom im Herzen der Vatikanstadt in Rom.

Stefano Rellandini

24. Mai 2001, TEHERAN, IRAN

Ein Junge sitzt während des Morgengebets in einer Moschee in Teheran zwischen Frauen. Damir Sagolj

29. Mai 2005, ZAHARA DE LA SIERRA, SPANIEN

Eine Frau betritt ihr Haus in Zahara de la Sierra (Cadiz), dessen Bewohner das Fest Corpus Christi feiern, indem sie die Straßen und die Fassaden der Häuser mit Zweigen und Gras schmücken. Marcelo del Pozo

7. Juni 2005, TEHERAN, IRAN

Gemälde, die im Basar von Teheran zum Verkauf stehen. Damir Sagolj

30. November 2001, KABUL, AFGHANISTAN

Das Freitagsgebet in der Pul-i-Khischti-Moschee in Kabul. Damir Sagolj

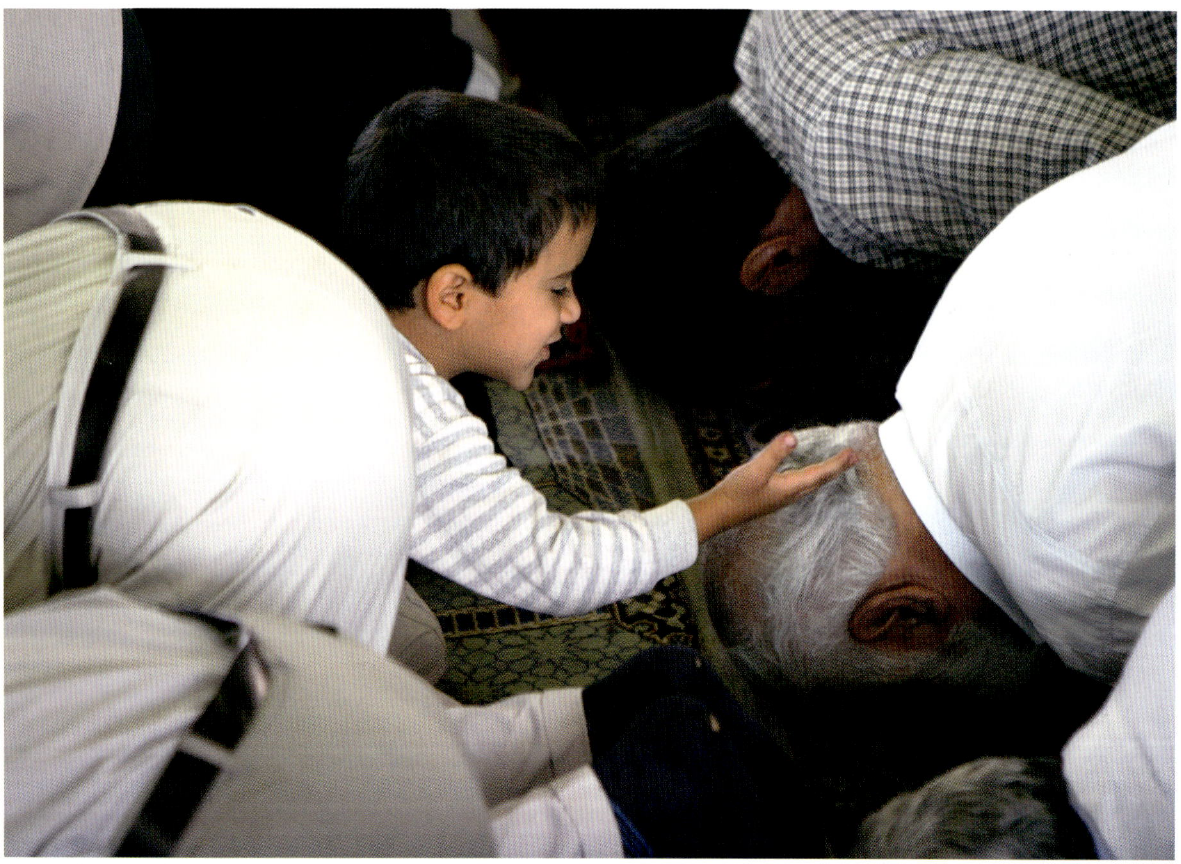

14. Oktober 2005, TEHERAN, IRAN

Ein kleiner Junge zwischen Gläubigen beim Freitagsgebet in Teheran. Morteza Nikoubazl

6. September 2002, BAGDAD, IRAK

Die al-Hanifa-Moschee in Bagdad kurz vor dem Freitagsgebet. Damir Sagolj

12. Februar 2003, MENA, SAUDI-ARABIEN

Gegenüberliegende Seite oben Moslemische Pilger bei der „Steinigung des Teufels" in Mena außerhalb von Mekka. Jeder Gläubige wirft anlässlich des Opferfests Eid al-Adha zum Abschluss der Pilgerfahrt sieben Steine nach den Säulen, die den Satan symbolisieren. Shamil Zhumatov

2. März 2001, MEKKA, SAUDI-ARABIEN

Gegenüberliegende Seite unten Hunderttausende moslemische Pilger umkreisen siebenmal die heilige Kaaba gegen den Uhrzeigersinn. Adrees Latif

14. Januar 2006, MEKKA, SAUDI-ARABIEN

Pilger nehmen während der Hadsch in Mekka am Gebet teil. Ali Jarekji

14. Januar 2001, ALLAHABAD, INDIEN

Sadhu, Hindu-Asketen, die als heilige Männer gelten, stürmen während des Maha Kumbh Mela in der nordindischen Stadt Allahabad in den Ganges. Der Tag des „königlichen Bads" beginnt etwa eine Stunde vor Sonnenaufgang. Die Sadhu baden sich abwechselnd an den als sangam bezeichneten Sammelpunkten. Die Organisatoren des sechswöchigen Festes, das alle 12 Jahre stattfindet, erklären, dass in diesem Jahr fast 100 Millionen Menschen daran teilgenommen haben.
Pawel Kopczynski

25. August 2003, LHASA, TIBET

Gegenüberliegende Seite oben Im Kloster Sera, einem der drei wichtigsten Klöster in Lhasa, debattieren tibetische Mönche über buddhistische Philosophie. Guang Niu

1. März 2004, TEHERAN, IRAN

Gegenüberliegende Seite unten Iranische Schiiten begehen im Basar von Teheran das Aschura-Fest, indem sie singen und sich mit Eisenketten geißeln. Das Fest findet anlässlich des Todestags des Imams Hussein statt, des Enkels des Propheten Mohammed und „Führers der Märtyrer". Damir Sagolj

24. September 2005, NEW YORK, VEREINIGTE STAATEN

Frauen bei der elften Maafa-Gedenkfeier am Atlantischen Ozean in New York. Maafa ist Suaheli und bedeutet so viel wie „großes Sterben". Das Konzept wurde von Dr. Marimba Ani in die zeitgenössische afroamerikanische Geschichtsdeutung eingeführt, um den transatlantischen Sklavenhandel und das jahrhundertelange Leiden der aus Afrika verschleppten Menschen zu beschreiben.
Shannon Stapleton

17. Oktober 2005,
AM JORDAN, ISRAEL

Brasilianische Christen werden in der Nähe des See Genezareth im Wasser des Jordan getauft. Dies ist eine von mehreren Stellen auf israelischem und jordanischem Territorium, an denen Jesus Christus Johannes den Täufer im Fluss getauft haben soll.

Gil Cohen Magen

27. März 2005,
SOUVENANCE, HAITI

Anhänger des Voodoo fallen während eines Rituals beim Souvenance-Tempel in der Nähe von Gonaives an einem heiligen Teich in Trance. An der jährlichen Pilgerfahrt nach Souvenance, die mit der christlichen Osterwoche zusammenfällt, nehmen Voodoo-Anhänger aus ganz Haiti sowie aus den Vereinigten Staaten von Amerika und Kanada teil. Die Rituale umfassen Tänze, Gesänge, Tieropfer und Spenden an die lwa (Geister). Daniel Morel

14. Juni 2005, SANUR, WESTJORDANLAND

Ein Israeli betet in der Synagoge der Siedlung Sanur nahe dem Ort Dschenin im Westjordanland. Sanur ist eine der vier Siedlungen im Westjordanland, die im August 2005 von der israelischen Armee geräumt und abgerissen werden.

Gil Cohen Magen

14. August 2005, KFAR DAROM, GAZASTREIFEN

Ein israelischer Siedler liest in der Synagoge der Siedlung Kfar Darom im Gazastreifen. Kfar Darom gehört zu dem Siedlungsblock Gusch Katif, der im Spätsommer 2005 auf Anordnung der israelischen Regierung geräumt wird.

Nir Elias

17. Januar 2004, GAZA-STADT, GAZASTREIFEN

Eine Anhängerin der Hamas hält bei einer Demonstration in Gaza-Stadt einen Koran in die Höhe. Die Demonstranten protestierten gegen die umstrittenen Pläne der französischen Regierung, den islamischen Schleier aus den Schulen zu verbannen. In ganz Frankreich, im Nahen Osten und in London gehen Moslems auf die Straße. Am 10. Februar 2004 verabschiedet die französische Nationalversammlung ein Gesetz, das islamische Schleier, jüdische Käppis und große christliche Kreuze aus den öffentlichen Schulen verbannt. Mohammed Salem

25. August 2002, LONDON, GROSSBRITANNIEN

Ein Teilnehmer an der sechsten jährlichen „Ralley for Islam" hält auf dem Trafalgar Square in London ein Exemplar des Koran in die Höhe. Ian Waldie

11. Februar 2003, GAZA-STADT, GAZASTREIFEN

Ein Junge sieht palästinensischen Metzgern zu, die während des Opferfestes Eid al-Adha eine Kuh schlachten. Bei diesem Fest wird Abrahams gedacht, der bereit war, auf Gottes Befehl seinen eigenen Sohn zu opfern. Ein Drittel des Fleisches wird unter den Armen und ein Drittel unter Nachbarn und Freunden verteilt. Das übrige Fleisch erhält die Familie der Person, die das Opfertier gespendet hat. Radu Sigheti

25. Juni 2004, MEDJUGORJE, BOSNIEN

Eine barfüßige Pilgerin hat sich in der kleinen bosnischen Ortschaft Medjugorje an dem Ort, an dem im Jahr 1981 sechs jungen Leuten die Jungfrau Maria erschienen sein soll, zum Gebet niedergekniet. Millionen Pilger aus aller Welt haben seit der Marienerscheinung diesen 120 km südlich von Sarajevo gelegenen Ort besucht. Damir Sagolj

7. Oktober 2005, KALKUTTA, INDIEN

Ein indischer Arbeiter geht in Kalkutta an einer Pfütze vorbei, in der sich eine Statue Durgas, der Göttin der Vollkommenheit widerspiegelt. Das jährlich stattfindende Fest Durga Puja ist eines der beliebtesten im religiösen Kalender der Hindus. Parth Sanyal

16. April 2003, SEVILLA, SPANIEN

Büßer auf dem Weg zu einer Kirche in der andalusischen Hauptstadt Sevilla, wo die Prozession der Bruderschaft El Baratillo bevorsteht. In der Osterwoche finden in ganz Spanien große Prozessionen statt, die tausende Besucher anlocken. Marcelo del Pozo

19. Mai 2005, ST. PETERSBURG, RUSSLAND

In einer Wasserlache vor der berühmten Auferstehungskirche in St. Petersburg ist das Spiegelbild einer Prozession orthodoxer Gläubiger zu sehen. Die Prozession findet anlässlich des Geburtstags des letzten Zaren Nikolaus II. statt, der im Jahr 1868 geboren und im Jahr 1918 von den Bolschewiken mitsamt seiner Familie hingerichtet wurde. Alexander Demiantschuk

29. Mai 2003, BAGDAD, IRAK

Ein Derwisch betet während einer Versammlung in Bagdad. Die Derwische gehören mystischen sufistischen Ordensgemeinschaften an und glauben, dass ihr Körper während des Gebets die Energie Gottes aufnimmt. Ihre von monotonen Gesängen begleiteten Bewegungen sind erst ruhig und gehen im Lauf der Zeit in eine Ekstase über. Damir Sagolj

16. Mai 2005, BAD KÖTZTING, DEUTSCHLAND

Ein Mann in bayrischer Tracht trägt am Pfingstmontag bei einer Pferdewallfahrt in der süddeutschen Ortschaft Kötzting ein Kreuz. Der jährliche Pfingstritt in Kötzting, der auf das Jahr 1412 zurückgeht, ist eine der größten derartigen Prozessionen in Europa. Alexandra Winkler

25. März 2005, CAMDEN, VEREINIGTE STAATEN

Ein Christus am Kreuz bei der Inszenierung von Kreuzweg und Kreuzigung Christi am Karfreitag in Camden, New Jersey. Shannon Stapleton

11. November 2004, TSCHANDIGARH, INDIEN

Kinder zünden am Vorabend des hinduistischen Lichterfests Diwali zu einem Hakenkreuz angeordnete Kerzen an. In der hinduistischen Tradition ist dies ein heiliges Symbol für eine glückliche Zukunft und Wohlstand. Ajay Verma

13. April 2001, ROM, ITALIEN

Auf dieser Seite Papst Johannes Paul II. hält im Kolosseum von Rom während der traditionellen Via Crucis-Zeremonie am Karfreitag ein Kreuz. Dylan Martinez

16. Oktober 2003, VATIKAN

Gegenüberliegende Seite oben links Papst Johannes Paul II. winkt während der feierlichen Unterzeichnung eines Dokuments über die Rolle der Bischöfe, das anlässlich seines silbernen Amtsjubiläums ausgegeben wird, den Gläubigen in der Paul-VI.-Halle im Vatikan zu. Max Rossi

30. Januar 2005, VATIKAN

Gegenüberliegende Seite oben rechts Papst Johannes Paul II. mit einer weißen Taube, die Kinder am Fenster seiner Privatwohnung im Vatikan freigelassen haben. Max Rossi

19. Oktober 2003, VATIKAN

Gegenüberliegende Seite Mitte links In einer Pfütze spiegeln sich Priester wider, die vor dem Petersdom während der feierlichen Seligsprechung von Mutter Teresa die heilige Kommunion erteilen. Katholische Pilger, Touristen und Angehörige anderer Religionsgemeinschaften sind in den Vatikan geströmt, um Zeugen zu sein, wie Papst Johannes Paul II. Mutter Teresa von Kalkutta den Weg zur Heiligsprechung ebnet. Alessandro Bianchi

18. August 2002, KRAKAU, POLEN

Gegenüberliegende Seite Mitte rechts Nonnen begrüßen Papst Johannes Paul II. bei seiner Ankunft im Blonie-Park bei Krakau, wo er zu der größten Menschenmenge sprechen wird, die sich je in Polen versammelt hat. Jerry Lampen

13. März 2005, VATIKAN

Gegenüberliegende Seite unten links 18 Tage, nachdem er wegen schwerer Atemprobleme in der Gemelli-Klinik an der Luftröhre operiert worden ist, kehrt Papst Johannes Paul II. in den Vatikan zurück und trifft auf dem Petersplatz ein. Alessandro Bianchi

7. April 2005, VATIKAN

Gegenüberliegende Seite unten rechts Trauernde stehen auf dem Petersplatz Schlange, um vom im Petersdom aufgebahrten Papst, der am 2. April gestorben ist, Abschied nehmen zu können. Alessia Pierdomenico

8. April 2005, VATIKAN

Die Roben der Kardinäle, die zur Totenmesse für Papst Johannes Paul II. im Petersdom eintreffen, werden von einer Windböe erfasst. Ungezählte Menschen aus aller Welt sind nach Rom gekommen, um sich gemeinsam mit den Mächtigen dieser Erde vom verstorbenen Pontifex zu verabschieden. Max Rossi

7. Mai 2005, ROM, ITALIEN

Papst Benedikt XVI., der Nachfolger von Johannes Paul II., winkt bei seiner Ankunft in der Basilika St. Johannes im Lateran den Gläubigen zu. Max Rossi

19. April 2005, VATIKAN

Der neu gewählte Papst Benedikt XVI. grüßt vom Balkon des Petersdoms tausende Pilger, die sich im Vatikan versammelt haben. Kai Pfaffenbach

Im Kalten Krieg hing der Status der Supermächte von den Atomwaffen und von der Fähigkeit ab, neue und bessere Arsenale aufzubauen. Seit dem Ende dieser Ära sind die Vereinigten Staaten von Amerika die einzige, unangefochtene Supermacht der Welt. Wovon wird der weltpolitische Einfluss im 21. Jahrhundert abhängen? Von den Atomwaffen? Von der Entwicklung einer Demokratie westlicher Prägung? Von einer anderen Ideologie, die Millionen Anhänger finden wird? Oder einfach vom Geld?

Machtpolitik

von Patrick Worsnip

Demokratie / Diktatur / Diplomatie / Wahlen / Wahlkämpfe / Verhandlungen / Rechte / Widerstand / Revolution

Machtpolitik

Als Ende der 1980er-Jahre das sowjetische Imperium zusammenbrach, verkündete der amerikanische Strategieforscher Francis Fukuyama das „Ende der Geschichte“: Da der Kommunismus diskreditiert sei, so Fukuyama, seien die ideologischen Auseinandersetzungen beendet, weshalb alle Länder früher oder später die im Westen entwickelte freiheitliche Demokratie und die Marktwirtschaft übernehmen würden. Einige Jahre später modifizierte Fukuyama angesichts andauernder Konflikte in aller Welt seine Einschätzung – aber es gab durchaus einige Entwicklungen, die seine Theorie bestätigten. So befreiten sich in den 1990er-Jahren die Ostblockstaaten vom kommunistischen System, das ihnen Moskau nach dem Zweiten Weltkrieg aufgezwungen hatte, und drängten in westliche Institutionen wie die NATO und die Europäische Union. Russland selbst verwandelte sich in eine Art parlamentarische Demokratie. Lateinamerika bewegt sich zögernd in dieselbe Richtung: In Kolumbien und Peru sind zwar weiterhin links gerichtete Rebellenbewegungen aktiv, und die Probleme der Armut und der unausgewogenen Landverteilung konnten bisher auch nicht gelöst werden, aber die Militärdiktaturen des 20. Jahrhunderts waren zum Untergang verurteilt, als sie nach dem Ende des Kalten Krieges die Unterstützung der Supermächte verloren. Auch in Afrika sind die demokratischen Prinzipien von Mali bis Mosambik auf dem Vormarsch, obwohl der Kontinent weiter unter Korruption, fest verankerten Stammessystemen und der beherrschenden politischen Stellung der „starken Männer“ leidet. Selbst die verbliebenen kommunistischen Regime in China und Vietnam sehen sich zum Machterhalt zu Zugeständnissen an die einst verabscheute Marktwirtschaft gezwungen. Lediglich die arabische Welt, in der sich die Herrschaftseliten an autoritäre Strukturen klammern, ist von der Entwicklung bisher relativ unberührt geblieben.

Der russische Präsident unterstützt seinen amerikanischen Amtskollegen George W. Bush am Steuer von Putins 1956er-Wolga, nachdem sich die beiden Präsidenten in Putins Residenz in Nowo-Ogarewo außerhalb Moskaus getroffen haben. 8. Mai 2005, Kevin Lamarque

Das Ende des Kalten Krieges hinterließ nur eine unangefochtene Supermacht: die Vereinigten Staaten von Amerika.

Das wichtigste geopolitische Ergebnis des Endes des Kalten Krieges war, dass die Vereinigten Staaten von Amerika als einzige, unangefochtene Supermacht verblieben. Russland hat sich in eine zweitrangige Macht verwandelt, deren einst gefürchteter Militärapparat sich als kaum einsatzfähig erwiesen hat und deren gewaltiges Atomwaffenarsenal mittlerweile bis zu einem gewissen Grad irrelevant ist. Es besteht generell Einigkeit darüber, dass die Sowjetunion den technologischen Krieg mit den Vereinigten Staaten aufgrund ihrer wirtschaftlichen Schwäche verloren hat, woraus geschlossen wird, dass wirtschaftliche Macht die Grundlage für politische Macht ist. Der amerikanische Präsident Bill Clinton notierte sich im Wahlkampf den Satz: „Es ist die Wirtschaft, Dummkopf“, um sich daran zu erinnern, dass das Abstimmungsverhalten der Bürger in erster Linie von ihrer wirtschaftlichen Situation abhängt.

Aber war diese Einschätzung tatsächlich richtig? Unter der Regierung des Demokraten Clinton blühte die amerikanische Wirtschaft auf, unter seinem republikanischen Amtsnachfolger George W. Bush verschlechterte sich die ökonomische Lage. Dennoch gaben die amerikanischen Wähler im Jahr 2004 Bush den Vorzug vor seinem demokratischen Herausforderer John Kerry. Viele Wähler, die noch unter dem Eindruck der Katastrophe vom 11. September 2001 standen, machten ihre Entscheidung von Fragen der nationalen Sicherheit sowie von moralischen Werten abhängig. Die Stimmung des Wahlvolks deckte sich mit den Vorhaben einer religiösen Rechten, die konservative Vorstellungen in Bezug auf gesellschaftliche Fragen, Familie und Sexualität mit einem Laissez-faire-Zugang zur Wirtschaft und der

Forderung verbindet, die Außenpolitik ausschließlich an amerikanischen Interessen auszurichten. Eine Entwicklung, die bei einigen traditionellen Verbündeten der USA, insbesondere den säkularen europäischen Staaten, Befremden auslöst. Denn viele Regierungen, darunter auch einige, die wenig für den sowjetischen Kommunismus übrig hatten, sind alles andere als glücklich darüber, dass es in der Weltpolitik kein echtes Gegengewicht zu den USA mehr gibt. Insbesondere die arabischen Regime fürchten, die amerikanische Vorherrschaft könne Washingtons Verbündeten Israel in die Lage versetzen, nach dem Scheitern der Friedensverhandlungen mit den Palästinensern im Jahr 2000 eine Lösung seiner Wahl durchzusetzen. Israels einseitige Entscheidung, sich im August 2005 aus dem Gazastreifen zurückzuziehen, gleichzeitig jedoch die Besetzung des Westjordanlands aufrechtzuerhalten und die meisten jüdischen Siedlungen auf diesem Territorium nicht anzutasten, hat wenig dazu beigetragen, die Befürchtungen der Araber zu zerstreuen.

Vor dem Hintergrund dieser Entwicklungen rückte die radikalislamische al-Qaida ab Mitte der 1990er-Jahre ins Rampenlicht. Den Kern dieser Organisation bildet eine Gruppe hoch motivierter Männer, die ihre Ausbildung im Krieg gegen die sowjetischen Besatzer Afghanistans erhalten hatten und glaubten, der Westen strebe mit Duldung der meisten arabischen Regierungen die Beherrschung der islamischen Welt an. An der Spitze steht Osama bin Laden, ein reicher Saudi, der asketisch lebt und die Stationierung amerikanischer Truppen auf arabischem Boden ablehnt. Die bevorzugte Waffe dieser Terrororganisation ist der Selbstmordattentäter; der spektakulärste Schlag gelang ihr mit den Anschlägen am 11. September 2001, als vier Passagierflugzeuge entführt und in das World Trade Center in New York und in das Pentagon außerhalb Washingtons gesteuert wurden. Den Anschlägen fielen fast 3000 Menschen zum Opfer. Ableger von al-Qaida haben seitdem auch im Herzen Europas zugeschlagen. Im März 2004 wurden bei mehreren Anschlägen auf Pendlerzüge in Madrid fast 200 Menschen getötet, und im Juli 2005 waren mehr als 50 Todesopfer in Londoner U-Bahnen und Bussen zu beklagen.

Die Führung von al-Qaida hat die Bedeutung der Ideologie für die Verwirklichung ihrer Ziele erkannt: Wer den Glauben eines Menschen lenken und ihn davon überzeugen kann, dass ein Selbstmordattentäter dem Islam dient und direkt ins Paradies aufgenommen werden wird, hat eine verheerende Waffe in der Hand. Ob sie nun die mittelalterlichen Kreuzzüge erneut ausfechten oder nicht, diese Islamisten glauben offensichtlich, dass genau dies das Vorhaben des christlichen Westens ist. Nur ein Bruchteil der 1,6 Milliarden Moslems in aller Welt unterstützt die Aktionen von al-Qaida, wenngleich der Anteil jener, die bis zu einem gewissen Grad mit den Beweggründen der Gruppe sympathisieren, relativ groß ist. Doch das unbestimmte Wesen von al-Qaida trägt wesentlich zu ihrer Gefährlichkeit bei, die in keinem Verhältnis zu den tatsächlichen Mitteln der Organisation steht. Dennoch verstand Präsident Bush die Anschläge vom 11. September als kriegerischen Akt und antwortete entsprechend. Wer sich gefragt hatte, wer die USA und ihre Militärmacht nach der Auflösung des Warschauer Pakts herausfordern könnte, erhielt nun die Antwort: der Terror.

Mit militärischer Unterstützung der USA stürzte der afghanische Widerstand innerhalb weniger Wochen das Taliban-Regime in Afghanistan, das der al-Qaida-Führung Zuflucht gewährt und ihr Trainingslager zur Verfügung gestellt hatte. Eine Erweiterung des Konzepts vom Krieg gegen den Terror bewegte Präsident Bush und seinen britischen Verbündeten Tony Blair dazu, im März 2003 den Irak anzugreifen und zu besetzen. Zur Rechtfertigung der Invasion wurden in erster Linie die Massenvernichtungswaffen des Irak ins Feld geführt; als man nach dem Krieg keine fand, griff man auf andere Gründe zurück. Die Architekten des Krieges waren neben Präsident Bush eine Reihe von Männern, die in der Welt nach dem Kalten Krieg neue Ideale austesteten. Die USA hatten die Macht, ihre Vorstellung von der neuen Weltordnung durchzusetzen – warum sollte man diese Macht also nicht anwenden? Erst wenn die Demokratie in der Region Fuß fasse, so ihr Argument, werde es möglich sein, den Nahen Osten zu befrieden und die lebenswichtigen Erdölreserven zu sichern. Und: Konnte es ein besseres Ziel für einen ersten Eingriff geben als den Irak, der keine Freunde mehr hatte und von einem brutalen Diktator regiert wurde, der bereits zwei Nachbarländer überfallen und tausende Bürger seines eigenen Landes hatte ermorden lassen? Die Eliminierung des von der Baath-Partei getragenen Regimes Saddam Husseins, so meinten die Verfechter eines

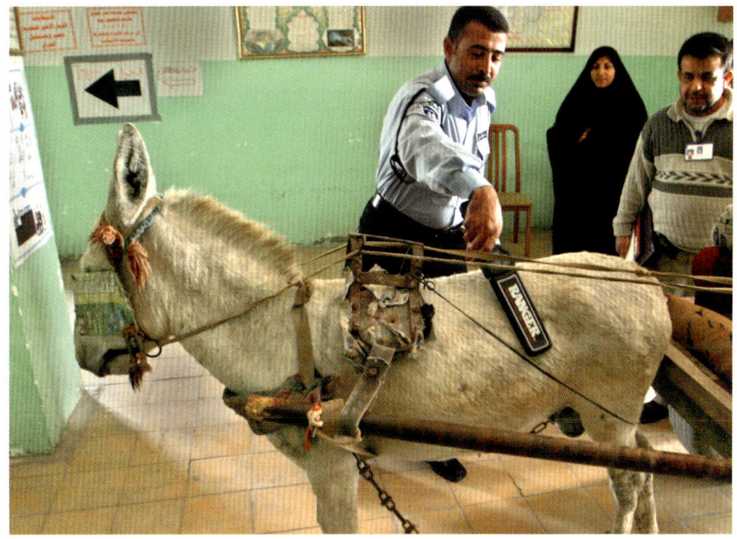

Ein Behinderter auf einem Eselskarren wird in einem Wahllokal in Basra von einem irakischen Polizisten kontrolliert. Am historischen Wahltag sterben mindestens 35 Menschen bei Anschlägen. Dennoch setzen sich bis zu 8 Millionen Iraker über die Drohungen hinweg, um ihre Stimme abzugeben. Die Wahlbeteiligung liegt bei etwa 60 Prozent. 30. Januar 2005, Atef Hassan

Militärschlags, werde eine unmissverständliche Botschaft an den Iran und Syrien senden, die beiden anderen problematischen Staaten in der Region.

Kein Ereignis hat die Weltgemeinschaft in den letzten Jahren tiefer gespalten als die Invasion des Irak, die von Italien, Spanien, Portugal und mehreren osteuropäischen Ländern unterstützt wurde, während sie von Frankreich, Deutschland, Russland und den meisten bündnisfreien Staaten abgelehnt wurde. In weiten Teilen Europas kann die Öffentlichkeit kaum nachvollziehen, dass die Gräueltaten von al-Qaida mit der früheren Bedrohung der nuklearen Vernichtung gleichgesetzt werden. Länder wie Frankreich sehen aufgrund der Irakkrise die dringende Notwendigkeit, den „multipolaren" Charakter der Welt im 21. Jahrhundert anzuerkennen. Und der blutige Widerstand gegen die amerikanischen Bemühungen, im Irak eine funktionierende Demokratie zu errichten – bisher sind mehr als 2000 amerikanische Soldaten getötet worden –, hat gezeigt, dass sich zumindest eines seit dem Vietnamkrieg nicht geändert hat: Der stärksten Armee der Welt ist kein Sieg über eine rücksichtslose Guerilla sicher, die mit dem Terrain vertraut ist und den Tod nicht fürchtet. Dazu kommt, dass die Staaten, die den USA feindlich gegenüberstehen, aus den Erfahrungen in Afghanistan und dem Irak keineswegs den Schluss gezogen haben, eine Konfrontation mit Amerika sei gleichbedeutend mit dem eigenen Untergang. Sowohl Nordkorea, das behauptet, Atomwaffen zu besitzen, als auch der Iran, der nach Ansicht des Westens auf dem besten Weg ist, solche Waffen zu entwickeln, setzen dies als Druckmittel ein, um dem Westen wirtschaftliche und politische Zugeständnisse abzuringen. Diese Art von „Verhandlungen" sind an die Stelle der geheimen Zählung der Atomsprengköpfe in den Abrüstungsverhandlungen zwischen den USA und der Sowjetunion im vergangenen Jahrhundert getreten.

Die Einmischung in die inneren Angelegenheiten anderer Länder, die im Kalten Krieg als schwerste außenpolitische Sünde galt, wird von einer neuen Generation westlicher Politiker zur Tugend erhoben.

Die „Schurkenstaaten" haben allerdings erkennen müssen, dass in der Weltpolitik ein neuer Wind weht. Die Einmischung in die inneren Angelegenheiten anderer Länder, die im Kalten Krieg als schwerste außenpolitische Sünde galt, wird von einer neuen Generation westlicher Politiker in jenen Fällen zur Tugend erhoben, in denen eine Regierung Verbrechen an der eigenen Bevölkerung begeht. Die Schwierigkeit besteht nur darin, eine internationale Organisation zu finden, die eine solche Einmischung legitimiert. Die Vereinten Nationen, die Ende des Zweiten Weltkriegs als „Weltpolizei" ins Leben gerufen wurden, konnten diese Rolle viele Jahre lang nur in Krisenregionen wie Westafrika und dem Kongo spielen, wo ihr Eingreifen die Interessen der großen Mächte nicht wirklich berührte. Dass die UNO die Invasion des Irak nicht ausdrücklich absegnete, sicherte ihr den Zorn vieler Mitglieder des amerikanischen Kongresses, die in der Organisation seit langem eine korrupte, mit den Diktaturen in der Dritten Welt verbündete Bürokratie sehen. Die NATO wiederum, das westliche Bündnis, das in Europa ein halbes Jahrhundert lang den Frieden gesichert hat, intervenierte in Bosnien und im Kosovo und beteiligt sich an der Friedenssicherung in Afghanistan. Doch auch die NATO konnte sich in der Frage des Sturzes von Saddam Hussein nicht einigen, und nun, da sein ursprünglicher Daseinszweck nicht mehr existiert, bestehen Zweifel bezüglich seines langfristigen Nutzens. Nachdem die USA mit allen anderen Bemühungen um Unterstützung gescheitert waren, mussten sie eine improvisierte „Koalition der Willigen" schmieden, um eine Isolierung zu vermeiden.

Bei aller offenkundigen Vorherrschaft der USA leben wir in mancher Hinsicht im Zeitalter der Kleinstaaten. Die Zahl der Mitgliedsländer der UN ist in den letzten Jahrzehnten stetig gestiegen, da viele Menschen angesichts der bitteren Erfahrungen im 20. Jahrhundert zu der Überzeugung gelangten, die Regierung könne nur Politikern aus der eigenen Volksgruppe und Religionsgemeinschaft anvertraut werden. Die Sowjetunion zerfiel in 15 Staaten, Jugoslawien in sechs und die Tschechoslowakei in zwei. Indonesien musste Osttimor in die Unabhängigkeit entlassen. Der Kosovo läuft an der langen Leine. Auf dem Gebiet der ehemaligen Sowjetunion haben friedliche demokratische Revolutionen in Georgien und der Ukraine nationalistische Regierungen an die Macht gebracht, die wenig Lust haben, sich Russland zu unterwerfen. Und im Nahen Osten versucht der winzige Libanon mit Rückendeckung der USA, sich nach Jahrzehnten vom Gängelband des großen syrischen Nachbarn zu befreien. Dieselbe Zentrifugalkraft wirkt in den Vereinten Nationen, wo es Bestrebungen gibt, die Zahl der ständigen Sitze im Sicherheitsrat über die fünf ursprünglichen Atommächte hinaus zu erhöhen. Selbst in der EU sind die Hoffnungen auf eine weitere Integration enttäuscht worden, da die Wähler zweier Mitgliedstaaten Einspruch gegen die Idee einer gemeinsamen Verfassung für die nunmehr 25 Staaten umfassende Union erhoben haben. Bei den tragenden Mitgliedsstaaten hat die Desillusionierung mit der Einführung des Euro noch zugenommen. Und

die neuen Demokratien Osteuropas, die sich so nach der Aufnahme in den Klub der Reichen sehnten, sind nicht begeistert, sich dem neuen Herrn in Brüssel zu unterwerfen, nachdem sie sich gerade des alten in Moskau entledigt haben. Ein Rückgang der Wahlbeteiligung in den reichen Ländern deutet ebenfalls auf eine wachsende Distanz zwischen Regierenden und Regierten und darauf hin, dass die Grenzen der Demokratie zutage treten.

Während die Etablierten ihre Kräfte messen, ist der kometenhafte Aufstieg der Atommächte China und Indien zu beobachten. Haben sich die Vereinigten Staaten von Amerika gar wirtschaftlich übernommen, um sich im Kalten Krieg gegen die Sowjetunion durchzusetzen? In den kommenden Jahrzehnten wird sich zeigen, ob der Schlüssel zu einer globalen Vormachtstellung in einer politischen Kultur westlicher Prägung liegt, oder ob letzten Endes doch alles von der Wirtschaft abhängt, Dummkopf.

23. Mai 2005, CAMBRAI, FRANKREICH

Im nordfranzösischen Cambrai steht ein Bürger vor Wahlplakaten, auf denen die Franzosen aufgefordert werden, für oder gegen die europäische Verfassung zu stimmen. Die Verfassung, die es nach der Osterweiterung der Union ermöglichen soll, die EU-Führung zu straffen und die Entscheidungsprozesse effizienter zu gestalten, wird am 29. Mai von 55 Prozent der Wähler abgelehnt. Frankreichs „Nein“ und die Ablehnung durch die Niederlande drei Tage später stürzen die Europäische Union in ihre tiefste Krise seit mehr als einem Jahrzehnt und leiten eine Phase der Ungewissheit und Nachdenklichkeit ein. Es droht eine politische Lähmung.

Pascal Rossignol

25. Mai 2004, WASHINGTON D.C., VEREINIGTE STAATEN

Präsident George W. Bush wird auf dem Luftwaffenstützpunkt Andrews außerhalb Washingtons von einer Zikade verfolgt. Im Frühjahr 2004 wird die amerikanische Hauptstadt von Millionen der rotäugigen Insekten heimgesucht, die als Brood X bezeichnet werden. Die Weibchen kommen alle 17 Jahre im Osten der Vereinigten Staaten von Amerika in Massen aus dem Erdreich hervor, um sich zu paaren, ihre Eier zu legen und zu sterben. Larry Downing

15. September 2005, NEW ORLEANS, VEREINIGTE STAATEN

Präsident George W. Bush betritt das Präsidentenflugzeug, nachdem er sich vom Jackson Square in New Orleans in einer Fernsehansprache an die Nation gewandt hat, um über die vom Hurrikan „Katrina“ verursachten Schäden zu sprechen. Bush musste harsche Kritik für die chaotischen Rettungsmaßnahmen in den ersten Tagen nach dem Wüten von „Katrina“ an der Golfküste einstecken. Die schwerste Naturkatastrophe in der Geschichte der USA kostete rund 1300 Personen das Leben und erzwang die Evakuierung von einer Million Menschen.

Larry Downing

26. Mai 2002, PARIS, FRANKREICH

Die nationale Sicherheitsberaterin Condoleezza Rice, Präsident George W. Bush und der französische Staatspräsident Jacques Chirac hören sich bei einer gemeinsamen Pressekonferenz im Élysée-Palast in Paris die Fragen der Journalisten an. Larry Downing

31. Dezember 2000, BAGDAD, IRAK

Gegenüberliegende Seite Der irakische Präsident Saddam Hussein feuert bei einer Militärparade in die Luft. Bei der Parade werden modernste Raketen, Geschütze und über tausend Panzer russischer Herkunft vorgeführt. Im April 2003 wird seine Regierung von einer Invasionsstreitmacht unter amerikanischer Führung gestürzt. Faleh Kheiber

I think I
MAY NEED
A BATHROOM
break?

14. September 2005, VEREINTE NATIONEN

Gegenüberliegende Seite US-Präsident George W. Bush schreibt während einer Sitzung des Sicherheitsrats beim Weltgipfel 2005 und bei der 60. Vollversammlung der Vereinten Nationen in New York eine Notiz an Außenministerin Condoleezza Rice. Rick Wilking

20. Juli 2005, DAKAR, SENEGAL

Condoleezza Rice lauscht während der Abschlusszeremonie einer internationalen Handelskonferenz im Senegal über Kopfhörer einer Übersetzung. Finbarr O'Reilly

28. Oktober 2005, WASHINGTON D.C., VEREINIGTE STAATEN

Vorhergehende Seiten (links) Lewis „Scooter“ Libby an dem Tag, an dem er als Stabschef von Vizepräsident Dick Cheney zurücktritt, weil er nach einer zweijährigen Untersuchung der Preisgabe der Identität einer CIA-Geheimagentin an Journalisten wegen Behinderung der Justiz, Meineids und Falschaussage angeklagt worden ist. Bei einer Verurteilung drohen ihm bis zu 30 Jahre Gefängnis. Jason Reed

19. Januar 2005, WASHINGTON D.C., VEREINIGTE STAATEN

Vorhergehende Seiten (rechts) Präsident George W. Bush erscheint beim „Black Tie and Boots Inaugural Ball“ in Washington D.C. Der Ball ist Teil der Feiern anlässlich seiner Amtseinführung nach der Wiederwahl zum amerikanischen Präsidenten. Brian Snyder

3. Mai 2003, CRAWFORD, VEREINIGTE STAATEN

Oben Präsident George W. Bush sieht während einer gemeinsamen Pressekonferenz mit dem australischen Premierminister John Howard auf der Ranch der Familie Bush im texanischen Crawford auf seinen Hund Barney herab. Kevin Lamarque

11. Februar 2005, GATESHEAD, GROSSBRITANNIEN

Gegenüberliegene Seite Premierminister Tony Blair spricht auf der Frühjahrskonferenz der Labour Party in Gateshead, nachdem er das erste von sechs Versprechen abgegeben hat, die im Mittelpunkt des Wahlprogramms seiner Partei für die bevorstehenden Wahlen stehen werden. Am 5. Mai feiert Blair einen historischen Erfolg und wird für eine dritte Amtszeit gewählt, wenn auch mit einer deutlich geschmolzenen Mehrheit. Jeff J. Mitchell

15. Oktober 2005, PJÖNGJANG, NORDKOREA

Ein nordkoreanischer Sicherheitsbeamter mit einem Metalldetektor vor einer riesigen Statue des ehemaligen Staatschefs Kim Il-sung im Zentrum Pjöngjangs. Die Vereinigten Staaten beschuldigen Nordkorea, das ihrer Meinung nach gemeinsam mit dem Iran die „Achse des Bösen" bildet (zu der bis zum Sturz Saddam Husseins auch der Irak gezählt wurde), internationale Vereinbarungen zu verletzen und insgeheim Atomwaffen zu entwickeln. Reinhard Krause

19. Oktober 2005, PEKING, CHINA

US-Verteidigungsminister Donald Rumsfeld und sein chinesischer Amtskollege Cao Gangchuan nehmen an einer Begrüßungsfeier im Verteidigungsministerium in Peking teil. Bei seinem ersten China-Besuch seit seinem Amtsantritt im Jahr 2001 fordert Rumsfeld die Chinesen zu militärischer Transparenz und zu einer politischen Öffnung auf, um Befürchtungen bezüglich ihrer Absichten zu zerstreuen und den zukünftigen Wohlstand des Landes zu sichern. Bei einer gemeinsamen Pressekonferenz mit Rumsfeld bestreitet Cao die amerikanische Anschuldigung, China untertreibe seine Militärausgaben. Er erklärt, der veröffentlichte Verteidigungshaushalt von 30,2 Milliarden Dollar für das Jahr 2005 entspreche der Wahrheit und die Priorität Chinas sei der wirtschaftliche Aufbau, um 30 Millionen Menschen aus der Armut zu befreien. Jason Lee

6. Juni 2004, CAEN, FRANKREICH

Gegenüberliegende Seite Der deutsche Bundeskanzler Gerhard Schröder *(links)* umarmt den französischen Staatspräsidenten Jacques Chirac nach dessen Rede bei einer Zeremonie am Friedensdenkmal in Caen in der Normandie, die Teil der Gedenkfeiern anlässlich des 60. Jahrestags der alliierten Landung im Zweiten Weltkrieg ist. Zum ersten Mal gesellen sich deutsche Regierungsvertreter zu den früheren Feinden, um der Gefallenen auf beiden Seiten zu gedenken.

Vincent Kessler

10. November 2005, PARIS, FRANKREICH

Staatspräsident Jacques Chirac *(rechts)* spricht während eines französisch-spanischen Gipfeltreffens im Élysée-Palast mit Innenminister Nicolas Sarkozy.

Philippe Wojazer

7. November 2005, TOKIO, JAPAN

Der jemenitische Präsident Ali Abdullah Saleh *(links)* sieht zu, wie der japanische Ministerpräsident Junichiro Koizumi einen arabischen Khanjar-Dolch aus der Scheide zieht, den Saleh als Gastgeschenk zu einem Treffen im Amtssitz seines Gastgebers mitgebracht hat. Yuriko Nakao

1. Dezember 2005, ROM, ITALIEN

Der spanische Ministerpräsident José Luis Rodriguez Zapatero *(rechts)* und sein italienischer Amtskollege Silvio Berlusconi hören sich bei einem bilateralen Gipfeltreffen in der Villa Madama in Rom die Nationalhymnen der beiden Länder an. Max Rossi

31. August 2005, BERLIN, DEUTSCHLAND

Bundeskanzler Gerhard Schröder singt zum Abschluss eines eintägigen Sonderparteitags der SPD in Berlin mit einem Bergmannschor. Die hohen Arbeitslosenzahlen und der Niedergang des Kohlenbergbaus und der Schwerindustrie im industriellen Kernland Deutschlands bewegen im Jahr 2005 viele traditionelle SPD-Wähler aus der Arbeiterschicht dazu, der Partei den Rücken zu kehren, obwohl sich Schröder im Wahlkampf auf diese Wählergruppe konzentriert.
Arnd Wiegmann

18. September 2005, BERLIN, DEUTSCHLAND

Angela Merkel, Parteivorsitzende der CDU, betritt die Bühne, um sich an ihre Anhänger zu wenden, nachdem die Prognosen auf ihren Wahlsieg hindeuten. Der Sieg fällt schließlich so knapp aus, dass Merkel und ihre reformorientierten Verbündeten von der FDP keine Regierung bilden können. Das politische Patt endet schließlich am 10. Oktober, nachdem die SPD den Sieg der Union anerkennt. Merkel wird an der Spitze einer großen Koalition erste Bundeskanzlerin Deutschlands. Kai Pfaffenbach

23. November 2004, LONDON, GROSSBRITANNIEN

Königin Elizabeth trägt während der zeremoniellen Parlamentseröffnung auf dem Weg durch die Royal Gallery im House of Lords im Westminster-Palast (dem Parlamentsgebäude) die Staatskrone. Russell Boyce

13. November 2003, LONDON, GROSSBRITANNIEN

Prinz Charles stellt in der Royal Academy of Arts in London einen Ratgeber vor, der kleinen Lebensmittelproduzenten dabei helfen soll, Geschäftsbeziehungen zu Supermärkten und anderen großen Unternehmen zu knüpfen. Peter Macdiarmid

7. Januar 2003, TEL AVIV, ISRAEL

Ministerpräsident Ariel Scharon besucht im Rahmen des Wahlkampfs für die Wahlen am 28. Januar 2003 ein Militärlager in der Nähe von Tel Aviv, in dem Scharfschützen ausgebildet werden. Scharons Likud-Partei gewinnt bei dieser Wahl die meisten Sitze in der Knesset, erringt jedoch keine absolute Mehrheit und muss eine Koalitionsregierung mit rechten Minderheitsparteien bilden.
Nir Elias

29. Oktober 2004, RAMALLAH, WESTJORDANLAND

Nach mehr als zweieinhalbjähriger Blockade durch die israelische Armee besteigt der kranke und gebrechliche palästinensische Präsident Jassir Arafat einen Hubschrauber, um den Sitz der Autonomiebehörde in Ramallah zu verlassen und nach Frankreich auszureisen, wo er am 11. November 2004 im Krankenhaus stirbt. Er stand 40 Jahre lang an der Spitze der Palästinenserbewegung, stirbt jedoch, ohne seinen Traum von einem palästinensischen Staat verwirklicht zu haben. Sein Nachfolger an der Spitze der PLO ist Machmud Abbas. Ammar Awad

19. Oktober 2005, BAGDAD, IRAK

In herausforderndem Ton wendet sich Saddam Hussein in einem stark befestigten Gerichtsgebäude in der Grünen Zone von Bagdad an den Vorsitzenden Richter. Fast zwei Jahre, nachdem Saddam nahe seiner Heimatstadt Tikrit in seinem Versteck in einem Erdloch aufgespürt wurde, nehmen er und sieben führende Mitglieder seiner aufgelösten Baath-Partei auf der Anklagebank Platz. Der Vorwurf lautet: Verbrechen gegen die Menschlichkeit in Zusammenhang mit der Folterung und Ermordung von mehr als 140 Schiiten im Dorf Dujail nach einem fehlgeschlagenen Attentat auf Saddam Hussein. Bob Strong

22. September 2005, TEHERAN, IRAN

Gegenüberliegende Seite oben Bei einer Militärparade anlässlich des Jahrestags des Beginns des iranisch-irakischen Krieges (1980 – 1988) wird eine iranische Schahab-3-Rakete vorgeführt. Zu dem Ruf „Gott ist groß“ zeigt das islamische Regime seine Militärmacht und warnt potenzielle Aggressoren, es werde jeden Angriff mit aller Härte zurückschlagen. Raheb Homavandi

24. Juni 2005, TEHERAN, IRAN

Gegenüberliegende Seite unten Der von Leibwächtern umringte Präsidentschaftskandidat Mahmoud Achmadinedschad winkt vor einem Wahllokal in Teheran seinen Anhängern zu. Der ultrakonservative Bürgermeister der iranischen Hauptstadt erringt bei den Wahlen einen Erdrutschsieg über den gemäßigten Kleriker und früheren Präsidenten Akbar Haschemi Rafsandschani. Damir Sagolj

TK3.0013

11. Dezember 2005, SANTIAGO, CHILE

Anhänger von Michelle Bachelet von der Sozialistischen Partei feiern den Sieg der links gerichteten Kandidatin in der ersten Runde der chilenischen Präsidentschaftswahlen. Am 15. Januar 2006 setzt sich Bachelet in der Stichwahl gegen den konservativen Kandidaten Sebastian Pinera durch. Die erste Frau an der Spitze der chilenischen Regierung ist eine Ärztin und ehemalige Ministerin, die zu Beginn von Augusto Pinochets Militärdiktatur (1973 – 1990) kurze Zeit inhaftiert und gefoltert wurde. Ivan Alvarado

20. Oktober 2005, BUENOS AIRES, ARGENTINIEN

Präsident Nestor Kirchner versucht, in der abschließenden Wahlveranstaltung für die First Lady und Senatskandidatin Cristina Fernandez de Kirchner einen Luftballon zu fangen. Am 23. Oktober 2005 wählen die Argentinier die Hälfte des Unterhauses und ein Drittel des Senats neu. Cristina Kirchner erringt im Rennen um den Senatssitz für die Provinz Buenos Aires eine der einflussreichsten Positionen des Landes, einen klaren Sieg über ihre Widersacherin Hilda „Chiche" Gonzales de Duhalde, die Frau des ehemaligen Präsidenten Eduardo Duhalde. Insgesamt ist die Wahl ein Erfolg für Präsident Kirchner, der den Urnengang zwei Jahre, nachdem er mit nur 22 Prozent der Stimmen die Macht errungen hat, zu einem Plebiszit über seine Regierung erklärt hatte. Marcos Brindicci

3. Februar 2006, HAVANNA, KUBA

Der kubanische Präsident Fidel Castro *(links)* und sein venezolanischer Amtskollege Hugo Chávez umarmen sich, nachdem Chávez in Havanna eine internationale UNESCO-Auszeichnung erhalten hat. Chávez, ein mit Kuba verbündeter selbst ernannter sozialistischer Revolutionär in einem Land, das der fünftgrößte Erdölproduzent der Welt ist, ist wiederholt mit den USA aneinander geraten, die er beschuldigt, seine Regierung stürzen zu wollen.
Claudia Daut

3. Januar 2006, CARACAS, VENEZUELA

Gegenüberliegende Seite Der designierte bolivianische Präsident Evo Morales *(links)* nimmt vom venezolanischen Präsidenten Hugo Chávez eine Replik des Schwerts des südamerikanischen Unabhängigkeitskämpfers Simón Bolívar entgegen. Morales und seine „Bewegung zum Sozialismus" (MAS) haben bei den Wahlen am 18. Dezember 2005 54 Prozent der Stimmen erhalten. Morales ist der erste bolivianische Präsident, der sich seit der Rückkehr des Landes zur Demokratie im Jahr 1982 im ersten Wahlgang durchsetzt. Der Indianer vom Stamm der Aymara hütete als Junge Lamas und begann seinen politischen Aufstieg als Führer der Kokabauern, die sich der von den USA finanzierten Zerstörung der Pflanzungen widersetzen. Jorge Silva

22. Dezember 2005, WARSCHAU, POLEN

Ein Visagist schminkt den scheidenden polnischen Präsidenten Alexander Kwasniewski im Warschauer Präsidentenpalast vor dessen letzter Fernsehansprache. Nach zwei Amtszeiten macht Kwasniewski dem ehemaligen antikommunistischen Aktivisten Lech Kaczynski Platz, der konservative gesellschaftliche Vorstellungen mit einer sozialistischen Wirtschaftspolitik verbindet und sich im Wahlkampf als Verteidiger der nationalen Interessen Polens präsentiert hat, der Brüssel, dem großen Nachbarn Deutschland und Frankreich die Stirn bieten will. Kaczynski hat zu einer „moralischen Revolution“, zu einem deutlichen Bruch mit der postkommunistischen jüngeren Vergangenheit des Landes und zur Durchforstung einer trägen und ineffizienten Verwaltung aufgerufen. Peter Andrews

16. September 2003, STOCKHOLM, SCHWEDEN

Eine Frau geht an einem Foto der ermordeten schwedischen Außenministerin Anna Lindh vorbei, das in dem Stockholmer Kaufhaus ausgestellt ist, in dem die Politikerin am 10. September 2003 erstochen wurde, als sie ohne Leibwächter einkaufen gegangen war. Die 46-jährige Lindh, die als aussichtsreiche Kandidatin für das Amt des Ministerpräsidenten galt, starb wenige Tage, bevor die Schweden die Übernahme der europäischen Gemeinschaftswährung in einem Referendum ablehnten. Ihr Mörder, Mijailo Mijailovic, erklärt die Wahnsinnstat damit, dass er „Stimmen" im Kopf gehört habe. Er wird wegen Mordes zu einer lebenslangen Haftstrafe verurteilt. Alexander Demianchuk

29. November 2004, KIEW, UKRAINE

Der Oppositionsführer und Präsidentschaftskandidat Viktor Juschtschenko spricht bei einer Wahlkundgebung in Kiew mit seiner Stellvertreterin Julia Timoschenko. Nachdem in der ersten Runde der Präsidentenwahlen keine Entscheidung fällt, wird nach dem zweiten Wahlgang dem Kandidat der Regierung, Ministerpräsident Viktor Janukowitsch, ein deutlicher Vorsprung zugesprochen. Die Opposition spricht von Wahlbetrug und legt die Hauptstadt mit Protestkundgebungen lahm. Timoschenko fordert den scheidenden Präsidenten Leonid Kutschma zur Entlassung Janukowitschs und zur Einsetzung einer Koalitionsregierung auf. Vasily Fedosenko

24. November 2004, KIEW, UKRAINE

Eine Frau steckt vor dem Präsidentensitz in Kiew Nelken in die Schilder der Sonderpolizisten, die den Demonstranten gegenüberstehen. Die historischen Ereignisse in diesen Wochen am Jahresende 2004 werden in Anlehnung an die beherrschende Farbe der Oppositionsbewegung bald als „orangene Revolution" bezeichnet. Vasily Fedosenko

1. Dezember 2004, KIEW, UKRAINE

Anhänger von Viktor Juschtschenko, die orangene Helme tragen, nehmen an einer Kundgebung vor dem Regierungssitz in Kiew teil. Am 3. Dezember erklärt der Oberste Gerichtshof der Ukraine das Ergebnis der Präsidentenwahl für ungültig und ordnet Neuwahlen an, die am 26. Dezember stattfinden. Diesmal wird Juschtschenko mit fast 52 Prozent der Stimmen zum Sieger erklärt.
Gleb Garanich

23. Oktober 2005, GLUCHOW, POLEN

Frauen in einer traditionellen Tracht füllen bei der Präsidentenwahl im zentralpolnischen Ort Gluchow ihre Wahlzettel aus. Wahlsieger ist der ehemalige antikommunistische Aktivist Lech Kaczynski. Einen Monat zuvor hat sich die von seinem Zwillingsbruder Jaroslaw geführte „Partei für Recht und Gerechtigkeit" (PiS) bei den Parlamentswahlen durchgesetzt. Allerdings hat Jaroslaw Kaczynski das Amt des Ministerpräsidenten mit dem Argument abgelehnt, die Polen seien noch nicht bereit dafür, einem Brüderpaar die beiden höchsten Ämter im Staat zu übertragen. So wollte er seinem Bruder größere Chancen auf das Präsidentenamt eröffnen. Katarina Stoltz

18. September 2005, GUTACH, DEUTSCHLAND

Eine Frau in einer traditionellen Schwarzwäldertracht gibt im süddeutschen Gutach ihre Stimme für die Bundestagswahl ab. Da jedoch weder die von Angela Merkel geführte Union noch Bundeskanzler Gerhard Schröders SPD eine ausreichende Mehrheit erringen, müssen die beiden rivalisierenden Parteien eine große Koalition bilden.

Pascal Lauener

18. September 2005, KANDAHAR, AFGHANISTAN

Hadschi Kher Muhammed, ein afghanischer Nomade vom Stamm der Kutschi, begutachtet seinen mit Tinte verschmierten Finger, bevor er seine Stimme für die Nationalversammlung und den Provinzrat abgibt. Jedem Wähler wird ein Zeigefinger in nicht abwaschbare Tinte getaucht, um eine mehrfache Stimmabgabe zu verhindern. Die Taliban haben zum Boykott der Wahlen aufgerufen. Obwohl am Wahltag mindestens 14 Menschen Gewaltakten zum Opfer fallen, verläuft der Urnengang überwiegend friedlich, und die Taliban können die Wahlen nicht aus der Bahn werfen.

Adrees Latif

13. Oktober 2005, STRASSBURG, FRANKREICH

Links Merve Safa Kavakçi wartet im Saal des Europäischen Gerichtshofs für Menschenrechte auf die Anhörung zu ihrer Klage gegen die türkischen Parlamentsbehörden. Kavakçi, ein Mitglied der Fazilet Partisi (Tugendpartei), wurde im April 1999 als Abgeordnete in die türkische Nationalversammlung gewählt, durfte jedoch den Eid nicht ablegen, da sie bei der Vereidigungszeremonie ein Kopftuch trug. Im Jahr 2001 löste der türkische Verfassungsgerichtshof die Tugendpartei mit der Begründung auf, sie sei ein „Brennpunkt von Aktivitäten gegen das Prinzip der Säkularisierung“. Kavakçi wurde für fünf Jahre jede politische Aktivität untersagt. Vincent Kessler

26. September 2005, WASHINGTON D.C., VEREINIGTE STAATEN

Links unten Die Anti-Kriegsaktivistin Cindy Sheehan steht mit einem Porträt ihres im Irakkrieg gefallenen Sohns Casey vor dem Tor des Weißen Hauses, um ein Treffen mit US-Präsident George W. Bush zu verlangen. Gemeinsam mit mehreren dutzend Demonstranten wird sie von der Polizei in Gewahrsam genommen, als sie der Aufforderung, sich zu entfernen, nicht Folge leistet. Sheehans Mahnwache vor der Bush-Ranch in Texas im August 2005 hat die Aufmerksamkeit der Öffentlichkeit auf die Anti-Kriegsbewegung in den Vereinigten Staaten von Amerika gelenkt. Jason Reed

11. Februar 2004, ZAANDIJK, NIEDERLANDE

Gegenüberliegende Seite Um gegen eine Vorlage für ein neues Asylgesetz zu protestieren, hat sich der iranische Immigrant Mechdi Kavousi die Lippen und Augenlider zusammengenäht. Trotz der Proteste und der Androhung von Hungerstreiks beschließt das niederländische Parlament am 17. Februar 2004 die Ausweisung von 26 000 Personen, deren Asylanträge abgelehnt worden sind. Paul Vreeker

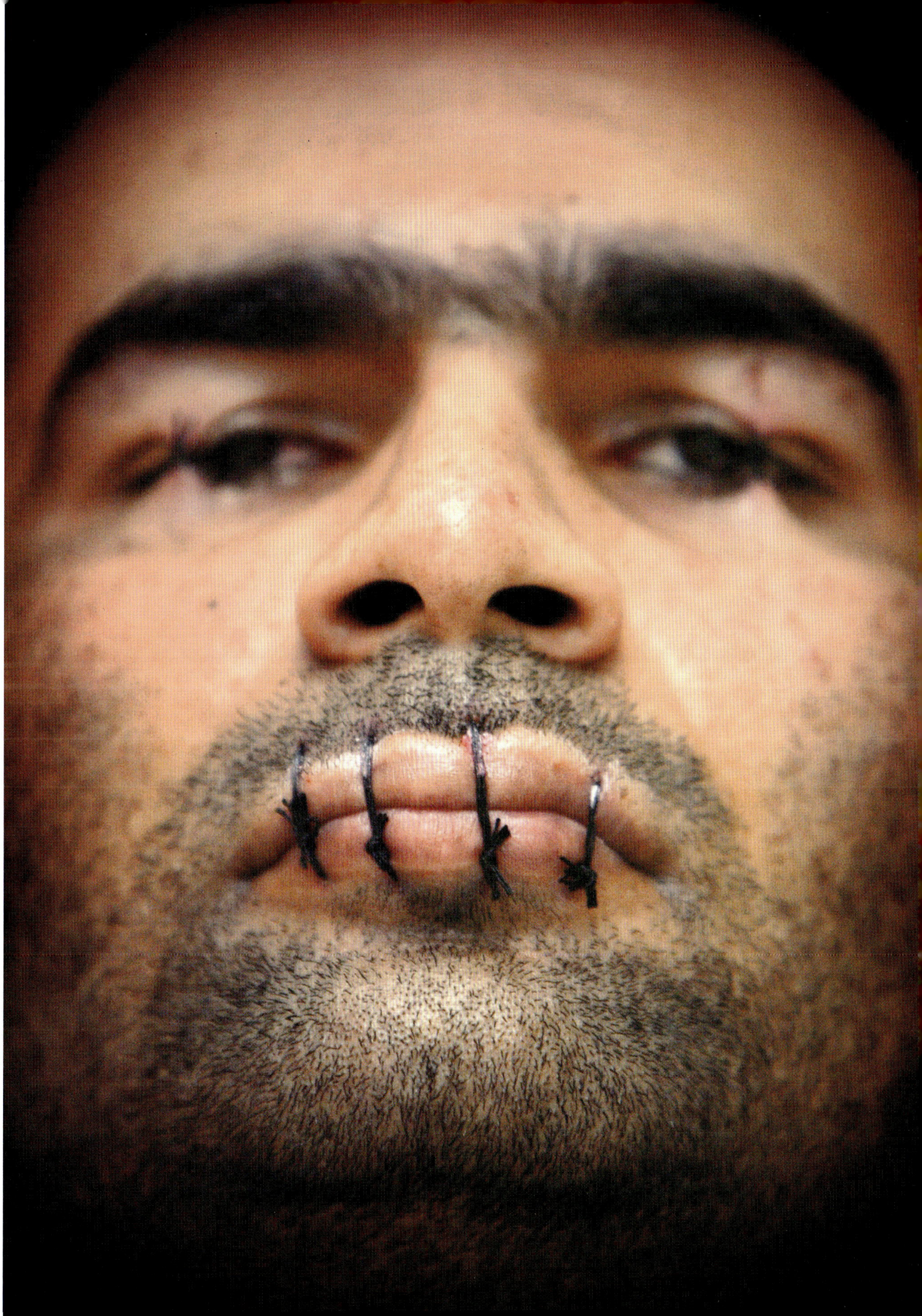

Im Krieg des 21. Jahrhunderts sind wir alle potenzielle Ziele. Dieser Krieg wird oft mit technisch anspruchslosen Waffen ausgefochten, die in den Händen entschlossener Fanatiker selbst die größten Militärmächte erschüttern können. Die tödlichste dieser Waffen ist der Selbstmordattentäter. Im vergangenen Jahrhundert hat die Welt den atomaren Holocaust vermieden, doch die Lust auf Kriege um Bodenschätze, nationale Rechte und Glaubensbekenntnisse scheint ihr nicht vergangen zu sein.

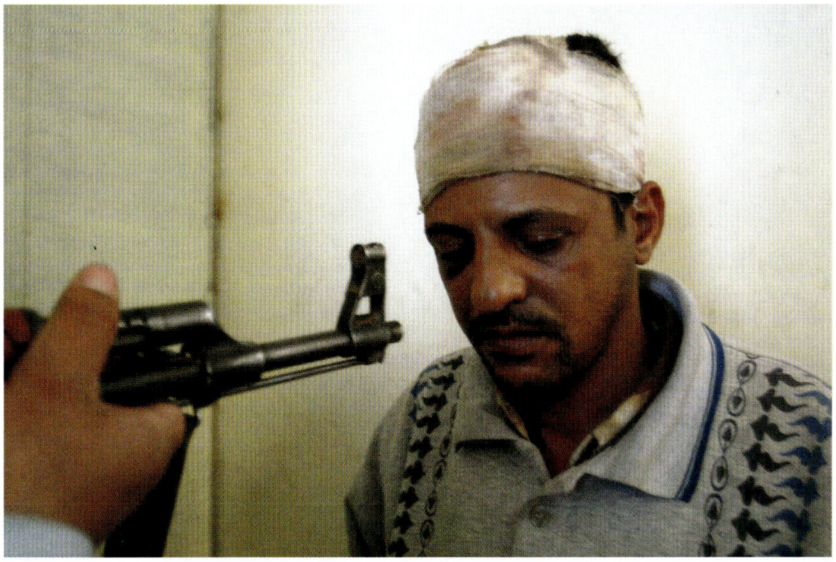

Krieg und Konflikte

von Andrew Marshall

Moderne Kriegführung / Alte Konflikte / Ressourcen / Identität / Loyalität / Widerstand / Zerstörung / Leid / Befreiung / Hoffnung

„Wir sind im Krieg, und ich bin ein Soldat", erklärte Mohammad Sidique Khan, ein 30 Jahre alter Hilfslehrer an einer Schule in Leeds, in einer Videobotschaft. Kurze Zeit später stieg er in eine mit Pendlern gefüllte U-Bahn in London und zündete den Sprengsatz, den er in einem Rucksack bei sich trug. Khan war einer von vier Selbstmordattentätern, die am 7. Juli 2005 das Verkehrssystem der britischen Hauptstadt attackierten und 52 Menschen töteten. Am selben Tag trauerten amerikanische Soldaten in der amerikanischen Stadt Savannah um 16 Angehörige der Special Forces, die einem Raketenangriff afghanischer Rebellen auf ihren Hubschrauber zum Opfer gefallen waren. Und in den Bergen Afghanistans suchten amerikanische Einheiten nach dem verschollenen 29-jährigen Maat Matthew Axelson, dessen Navy SEALS-Kommandoeinheit in einen Hinterhalt der Taliban

Ein US-Soldat sucht am Fluss Diala bei Bakuba nach irakischen Bewaffneten, die sich in der dichten Vegetation versteckt haben. 13. November 2003, Damir Sagolj

geraten war. Er wurde später tot aufgefunden. In der nordirakischen Stadt Mossul feuerten zur selben Zeit Aufständische mehr als ein Dutzend Mörsersalven auf ein Gebäude der Lokalregierung, sie trafen jedoch einen bevölkerten Marktplatz. Drei Zivilisten wurden getötet und mehr als 50 verletzt. Der irakische Zweig von al-Qaida gab bekannt, den einige Tage zuvor entführten ägyptischen Gesandten in Bagdad, Ihab el-Scherif, getötet zu haben. In der 2004 vom Tsunami verwüsteten indonesischen Provinz Aceh, in der eine separatistische Bewegung seit Jahrzehnten einen Guerillakrieg gegen die Zentralregierung führt, wurde die 24 Jahre alte niederländische Mitarbeiterin einer Hilfsorganisation, Mirije, Mellegers verletzt, als Bewaffnete ihr Fahrzeug unter Beschuss nahmen. In Bosnien verhafteten die NATO-Truppen den 24-jährigen Sohn des bosnischen Serbenführers Radovan Karadzic, in der Hoffnung, er werde sie zu seinem Vater führen, der wegen der Organisation des ein Jahrzehnt zurückliegenden Massakers an 8000 moslemischen Männern und Jungen in Srebrenica als Kriegsverbrecher gesucht wurde. Und in der Umgebung von Nablus im Westjordanland töteten israelische Truppen einen militanten Palästinenser, der eine Gruppe von Juden, die sich zum Gebet versammelt hatten, angreifen wollte.

Der 7. Juli 2005 war ein typischer Tag im Krieg des 21. Jahrhunderts. Die meisten Menschen, die an diesem Tag starben, hatten keine Ahnung, dass sie in dieser Auseinandersetzung an vorderster Front standen. Aber im modernen Krieg stehen wir alle in der Schusslinie. Die Zivilbevölkerung leidet seit jeher im Krieg: Sie wird von marodierenden Truppen ausgeraubt, vergewaltigt und vertrieben, von Plünderern massakriert oder von Belagerern in den Hungertod getrieben. Doch die Entwicklung des Luftkriegs im 20. Jahrhundert hatte zur Folge, dass die Opferzahlen unter der Zivilbevölkerung dramatisch stiegen. Im Zweiten Weltkrieg wurden ganze Städte durch Flächenbombardements verwüstet, die gewaltige Infernos auslösten, die den Sauerstoff aus der Luft saugten. Dann kamen die Atombombenabwürfe auf Hiroshima und Nagasaki. Viele der Toten verbrannten fast vollständig und hinterließen lediglich Schatten. Andere starben Jahre später an den Spätfolgen der radioaktiven Strahlung. Für all diese Menschen war die Unterscheidung zwischen Kämpfenden und nicht Kämpfenden irrelevant.

Auch wenn sich die Welt beständig wandelt, ist sie doch gefangen in einem Kreislauf der Gewalt, dessen Wurzeln oft in der Vergangenheit liegen.

Die bisherigen Opfer im Krieg des 21. Jahrhunderts waren ebenfalls in ihrer großen Mehrheit Zivilisten: Angestellte, die an einem strahlend schönen New Yorker Septembermorgen im World Trade Center an ihren Schreibtischen saßen. Urlauber und einheimische Arbeitskräfte auf der Tropeninsel Bali oder im ägyptischen Ferienort Scharm el Scheich, die beim Tanzen in einem Nachtklub oder beim Essen auf der Strandterrasse von einem Selbstmordattentäter mit in den Tod gerissen wurden. Ausländische

Fachkräfte, die sich in Bagdad ein Zubrot zur Rente verdienen wollten, jedoch entführt und einer nach dem anderen von einem maskierten Terroristen mit einem Messer geköpft wurden. Afghanische Dorfbewohner, die von einer verirrten amerikanischen Bombe getötet wurden. Tausende irakische Zivilisten, die Selbstmordattentätern zum Opfer fielen, die die schiitische Bevölkerung attackierten, um einen Bürgerkrieg zu provozieren; die von Aufständischen getroffen wurden, die in Siedlungsgebieten Angriffe mit Mörsern oder Landminen starteten; und die von amerikanischen Truppen und ihren Alliierten getötet wurden, die zwischen Freund und Feind nicht unterscheiden konnten, und sofort das Feuer eröffneten, wenn sie sich bedroht fühlten. Das amerikanische Militär veröffentlicht keine Daten über die „Kollateralschäden" im Irak, aber die meisten Beobachter schätzen, dass die amerikanischen Streitkräfte tausende irakische Zivilisten getötet haben: Sie wurden an Checkpoints erschossen, weil sie nicht rechtzeitig anhielten, starben in chaotischen Feuergefechten nach Bombenanschlägen auf Militärkonvois oder wurden unter den Trümmern von Gebäuden begraben, die bei „chirurgischen Angriffen" von „Präzisionsbomben" getroffen wurden. Im Krieg des 21. Jahrhunderts ist jeder ein Ziel, gleichgültig, ob er sich am Kampf beteiligen will oder nicht.

Mag sein, dass sich die Welt verändert, aber wie zu allen Zeiten wird sie weiterhin von zyklisch aufflammender Gewalt heimgesucht. Die Kriege, die das neue Jahrhundert prägen, haben ihren Ursprung allesamt in Konflikten zwischen Christen, Moslems und Juden, die mehr als ein Jahrtausend alt sind. Viele Moslems sehen im amerikanischen „Krieg gegen den Terror" und in den Militärinterventionen in Afghanistan und im Irak eine Fortsetzung der Kreuzzüge. Osama bin Laden, der Führer von al-Qaida, und sein Stellvertreter im Irak, Abu Mussab al-Sarkaui, versuchen ihren Kampf als einen heiligen Krieg gegen die „Kreuzfahrer und Zionisten" darzustellen. Washington erklärt, sein Ziel seien nicht die Moslems, sondern nur die Terroristen. Im Irak hält die Auseinandersetzung, die vor 14 Jahrhunderten zur Spaltung des Islam in die schiitische und sunnitische Glaubensrichtung führte, noch heute an. Die Gewalt zwischen den Konfessionen droht zu einem Bürgerkrieg zu eskalieren. Und in Israel und den Palästinensergebieten schmälern konkurrierende Ansprüche auf die heiligen Stätten die Hoffnung auf Frieden im Nahen Osten. Die Gewalt wird dort nicht nur durch religiöse, ethnische und ideologische Konflikte angeheizt, sondern auch durch unvereinbare Ansprüche auf das Land. Ungeachtet der Ankündigung, die Globalisierung und die Technologie würden die nationalen Gegensätze im Lauf der Zeit beseitigen, lösen territoriale Streitigkeiten auch im 21. Jahrhundert bewaffnete Konflikte aus.

Im Südosten der Türkei etwa kämpfen die Kurden, ein weiteres Volk ohne eigenes Land, seit mehr als einem Jahrzehnt für ihre Unabhängigkeit. Auf der anderen Seite der Grenze könnten die ethnischen und religiösen Spannungen, die den Irak zu zerreißen drohen, den Kurden den ersehnten eigenen Staat verschaffen. Weiter im Norden hat der Kampf der Tschetschenen für die Unabhängigkeit von Russland die Hauptstadt Grosny in eine Trümmerlandschaft verwandelt und auf beiden Seiten tausende Menschen das Leben gekostet. Ein weiterer territorialer Konflikt hat sogar das Potenzial, einen Atomkrieg auszulösen: Kaschmir am Fuß des Himalaja wird sowohl von Indien als auch von Pakistan beansprucht. Die beiden Atommächte beäugen einander argwöhnisch über die gemeinsame Grenze hinweg und stehen seit Jahren am Rand eines bewaffneten Konflikts.

In anderen Weltregionen schwelen militärische Konflikte oder brechen aus, ohne dass die Medien viel Notiz davon nehmen würden. In Birma (Myanmar) bekämpfen isolierte bewaffnete Einheiten verschiedener Volksgruppen seit Jahrzehnten die Militärdiktatur. In Kolumbien töten rivalisierende Drogenkartelle und marxistische Rebellen jedes Jahr hunderte. Die

Ein israelischer Soldat rastet an einem Strand vor seinem Einsatz in der Siedlung Gusch Katif, wo Protestkundgebungen gegen die von Ministerpräsident Ariel Scharon angeordnete Evakuierung der jüdischen Siedler aus dem Gazastreifen stattfinden. 27. April 2005, Goran Tomasevic

schlimmsten der vergessenen Kriege aber werden in Afrika geführt: Im Norden von Uganda hat die Rebellengruppe LRA (Lord's Resistance Army), die von einem früheren Messdiener angeführt wird, der seine Befehle angeblich von Engeln erhält, in einem zwei Jahrzehnte währenden Konflikt Zivilisten massakriert, Überlebende verstümmelt und mehr als 20 000 Kinder verschleppt. Eine nicht bekannte Zahl von Frauen und Mädchen ist vergewaltigt worden. Und in der Demokratischen Republik Kongo haben seit 1998 Schätzungen zufolge 3,8 Millionen Menschen das Leben in einem brutalen Bürgerkrieg verloren. Nach Angaben von Hilfsorganisationen sterben im Kongo jeden Tag etwa tausend Menschen infolge von Gewalt, Krankheiten und Unterernährung. Dieser gewaltige Blutzoll stellt sogar das schockierende Blutvergießen im Irak in den Schatten.

Kein Land kann sich mit der militärischen Macht der USA messen. Trotz seines Furcht einflößenden Arsenals an Hochtechnologiewaffen, trotz seiner Tarnkappenbomber, seiner „Predator"-Drohnen und seiner lasergesteuerten Raketen wurde das amerikanische Militär aber wiederholt von entschlossenen Guerilla-Kämpfern gedemütigt, die nur über rudimentäre Waffen verfügten. Unschlagbar in einem konventionellen Krieg, müssen die amerikanischen Streitkräfte die asymmetrische Kriegführung erst noch erlernen: Guerillas besiegten das amerikanische Militär in Vietnam, fügten ihm im Libanon und in Somalia traumatische Verluste zu und haben ihm im Irak ein gewalttätiges Patt aufgezwungen. Die Aufständischen schlagen überraschend zu und ziehen sich rasch wieder zurück. Sie setzen mit beträchtlichem Einfallsreichtum technologisch anspruchslose Waffen ein, insbesondere am Straßenrand eingegrabene Bomben, die oft aus alten Artilleriegeschossen zusammengebastelt sind. So haben sie seit dem Sturz Saddam Husseins tausende amerikanische Soldaten getötet oder verwundet. Im November 2003 wurde das im Hotel Sheraton in Bagdad stationierte Reuters-Team von Explosionen geweckt, die das Gebäude erbeben ließen. Aufständische hatten das Hotel von einem Eselskarren aus mit russischen Katjuscha-Raketen unter Beschuss genommen. Später wurde bekannt, dass an diesem Tag bei weiteren Angriffen in Bagdad Esel eingesetzt worden waren – von anderen Karren waren Artillerieraketen auf das Ölministerium und auf das Hauptquartier einer kurdischen Partei abgefeuert worden, und an einem Baum war ein „Selbstmordesel" angebunden worden, der einen mit Sprengstoff verbundenen Propangastank trug. „Könnten Sie uns etwas über den Einsatz von Eseln sagen?", fragte ein amerikanischer Reporter bei einer Pressekonferenz des amerikanischen Generalstabs. „Werden Sie sich von nun an mit solchen Attacken beschäftigen?" „Selbstverständlich", antwortete Brigadegeneral Mark Kimmitt, der Sprecher der US-Streitkräfte im Irak. „Wir haben es mit einem anpassungsfähigen Feind zu tun. Das ist uns seit langem bekannt."

Keine der im Krieg des 21. Jahrhunderts eingesetzten Waffen ist wirkungsvoller als der Selbstmordattentäter. Wenn ein Mensch nicht nur die Angst vor dem Tod verliert, sondern sich sogar wünscht, bei der Durchführung eines Angriffs zu sterben, ist es fast unmöglich, ihn aufzuhalten. Und es mangelt nicht an Rekruten. „Nun steht ihr Menschen gegenüber, die den Tod so sehr lieben wie ihr das Leben", sagte Sarkaui während der auf Video aufgezeichneten Enthauptung der amerikanischen Geisel Eugene Armstrong, um Präsident George W. Bush zu verhöhnen. „Im Dienst Gottes zu töten, ist ihr größter Wunsch, eurer Soldaten und Verbündeten habhaft zu werden, ist ihre größte Freude, und den kriminellen Ungläubigen die Köpfe abzuschneiden, ist der Befehl unseres Herrn."

Die Arbeit der Journalisten, die über Konflikte berichten und die Bilder auf diesen Seiten aufgenommen haben, ist nie gefährlicher gewesen als heute. Der Irakkrieg ist mittlerweile der Krieg der Moderne, der die meisten Berichterstatter das Leben gekostet hat, und hat damit die Konflikte in Vietnam und Algerien in dieser traurigen Klassifizierung abgelöst. Kriegsberichterstatter haben stets mit dem Risiko leben müssen, ins Kreuzfeuer zu geraten – diese Gefahr ist Teil ihrer Tätigkeit. Mittlerweile werden sie allerdings immer öfter bewusst ins Visier genommen. Ein Journalist kann nicht länger erwarten, dass ihm sein Status als nicht kämpfender Korrespondent Schutz gewähren wird. Unparteiisch über einen Krieg zu berichten, ist ungemein schwierig – in den Augen der Kämpfenden auf beiden Seiten ist die Neutralität gleichbedeutend mit Verrat, weshalb sie die Journalisten oft mit Geringschätzung betrachten. Doch ohne tapfere Korrespondenten, Fotografen und Kameraleute an der Front würde die Welt über die Wirklichkeit des Krieges weitgehend im Dunkeln bleiben.

Selbstverständlich geht jeder Krieg irgendwann zu Ende – selbst wenn der Krieg an sich ein bleibender Bestandteil der *conditio humanae* zu sein scheint. Das vergangene Jahrhundert endete damit, dass der winzige Inselstaat Osttimor nach einem jahrzehntelangen Konflikt, der mehrere hunderttausend Menschen das Leben kostete, die Unabhängigkeit von Indonesien errang. Bei einer Feier hoch in den Bergen über der Kapitale Dili brachen ausgezehrte Guerillakämpfer, die jahrelang im Dschungel gekämpft hatten, in Tränen aus und weinten über das, was sie gewonnen und verloren hatten. Keiner von ihnen hatte den geringsten Zweifel daran, dass ihr Erfolg die Opfer des Krieges wert gewesen war – so groß diese Opfer auch gewesen sein mochten. Und: Im Sudan stand am Ende des längsten Bürgerkriegs auf dem afrikanischen Kontinent eine Friedensvereinbarung, die den Grundstein für eine Machtteilung zwischen den jahrzehntelang verfeindeten Fraktionen legte. Auch Liberia löste sich langsam aus den Fesseln eines schrecklichen Bürgerkriegs. Selbst wenn die Bemühungen der internationalen Gemeinschaft, Konfliktregionen zu befrieden und die Auseinandersetzungen beizulegen, oft in einer Farce oder einer Tragödie endeten, gab es auch Erfolge. Und es ist der Welt gelungen zu verhindern, dass ein globales Wettrüsten außer Kontrolle gerät – die Verträge über die Nichtverbreitung von Atomwaffen konnten weitgehend durchgesetzt werden, obwohl der mögliche Bau der Atombombe durch Nordkorea und der Verdacht, der Iran versuche ebenfalls, in den Besitz dieser Waffe zu gelangen, in den kommenden Jahren neue Konflikte auszulösen drohen.

Die Menschheit besitzt bereits die Technologie, um sich selbst zu zerstören – während des Kalten Krieges blickte die Welt in den Abgrund eines atomaren Holocaust, und die Sicherheit des Planeten hing von der ungewissen Annahme ab, keine der beiden Atommächte werde einen Schritt wagen, der zur Auslöschung hunderttausender Menschen führen musste. Der Kalte Krieg mag Geschichte sein, doch die in jenem Konflikt entwickelte Technologie ist nicht verschwunden: Immer mehr Länder erhalten Zugang zur Atomenergie, und es ist kaum zu vermeiden, dass eines Tages auch militante Gruppen in den Besitz nuklearer Waffen gelangen

werden. Die Kriege des 21. Jahrhunderts, denen mehr als 150 Millionen Menschen und große Teile des Reichtums der Welt zum Opfer fielen, haben der Menschheit ganz und gar nicht den Appetit auf den Krieg verdorben. Während sich die Technologie weiterentwickelt, gibt es leider noch keinen Hinweis auf eine Entwicklung der menschlichen Natur.

13. Mai 2005, BETHLEHEM, WESTJORDANLAND

Die palästinensischen Flüchtlinge Mahmud Eibed und Ahmed Alaham sitzen an einer Mauer im Flüchtlingslager Dheische in der Nähe von Bethlehem.
Ammar Awad

26. Oktober 2005, HADERA, ISRAEL

Augenblicke, nachdem sich ein palästinensischer Selbstmordattentäter auf einem Markt in der israelischen Küstenstadt Hadera in die Luft gesprengt hat, eilen Passanten den Verletzten zu Hilfe. Bei dem Attentat, zu dem sich der Islamische Dschihad bekennt, werden sechs Menschen getötet und 30 verletzt.

George Ginsberg

6. März 2003, DSCHABALIA, GAZASTREIFEN

Nicht identifizierte Leichen liegen auf einer Straße im Flüchtlingslager Dschabalia im Norden des Gazastreifens. Sie sind Opfer eines israelischen Angriffs, der wenige Stunden nach einem Selbstmordanschlag stattgefunden hat, bei dem ein Palästinenser in einem mit Schülern besetzten Bus in der israelischen Hafenstadt Haifa 17 Menschen getötet hat. Im Verlauf der neunstündigen Militäraktion in Dschabalia, dem größten Flüchtlingslager im Gazastreifen, werden elf Palästinenser getötet und mehr als 140 verletzt. Ahmed Jadallah

4. Januar 2005, BEIT LAHIDSCHA, GAZASTREIFEN

Links Mohammed Kasih trägt den Leichnam seines Bruders Dschaber in der Ortschaft Beit Lahidscha im Norden von Gaza. Dschaber ist einer von sieben jungen Männern aus palästinensischen Bauernfamilien, die nach Angaben von Augenzeugen und Ärzten während der Erdbeerernte von einer israelischen Panzergranate getötet wurden. Die israelische Armee erklärt, auf Terroristen geschossen zu haben, die sich in einem Erdbeerfeld anschlichen und Mörsergranaten auf eine nahe gelegene jüdische Siedlung abfeuerten, wobei zwei Menschen verletzt wurden.
Mohammed Salem

5. April 2004, TULKAREM, WESTJORDANLAND

Gegenüberliegende Seite Ein Palästinenser fotografiert bei der Beerdigung des 20-jährigen Rami Chalili dessen Leichnam mit einem Mobiltelefon. Augenzeugen in der westjordanischen Stadt Tulkarem erklären, dass Chalili, ein Angehöriger der radikalen Hamas, von israelischen Soldaten während einer Kundgebung für einen anderen Hamas-Aktivisten erschossen wurde, der am 3. April bei einem Angriff auf eine nahe gelegene jüdische Siedlung starb. Nach Angaben der israelischen Armee eröffneten Soldaten in Tulkarem das Feuer auf ein mit bewaffneten Palästinensern besetztes Auto. Israel bestreitet Schüsse auf die Kundgebung. Abed Omar Qusini

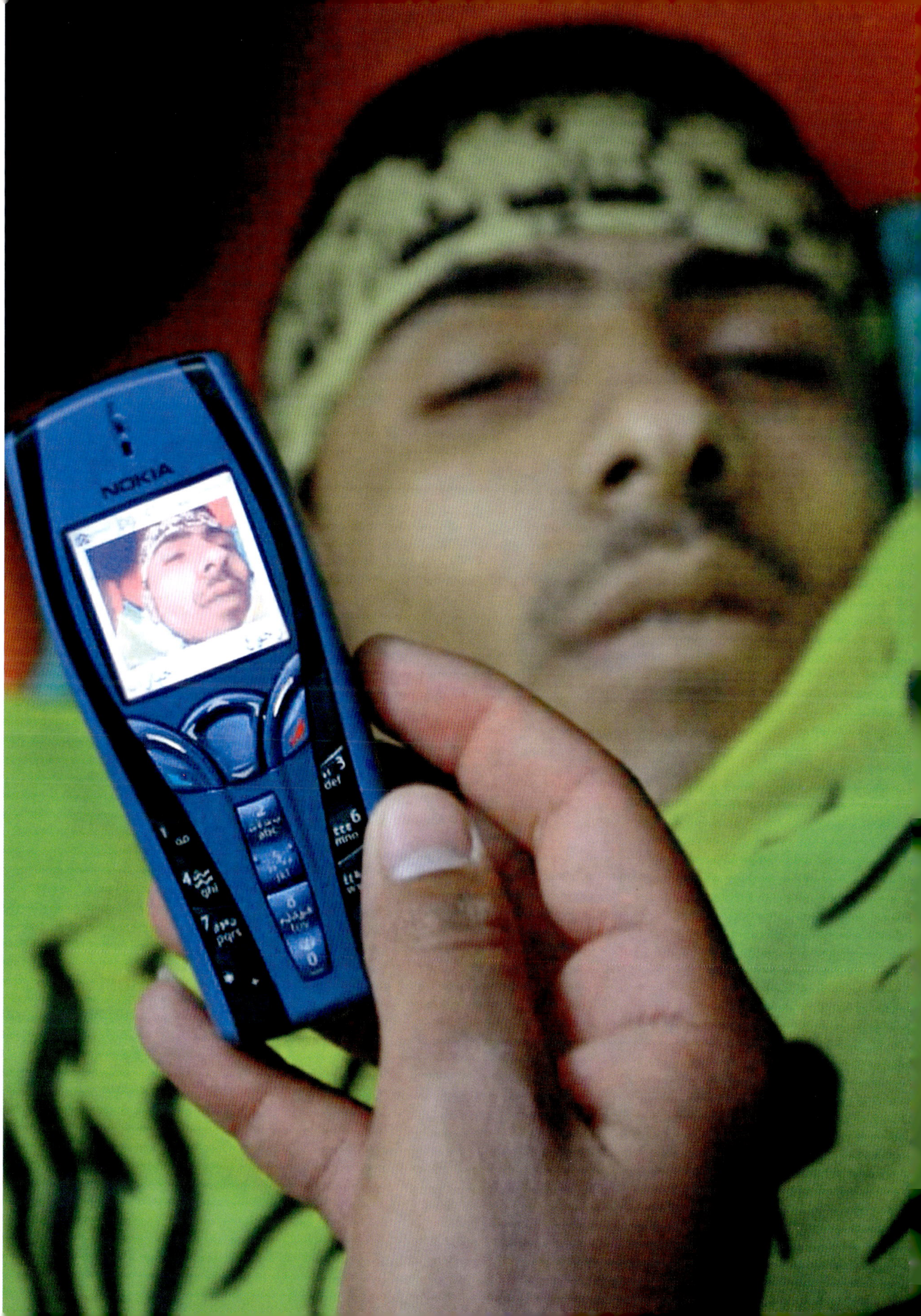
NOKIA

14. April 2005, REGAWIM, ISRAEL

Bei einer Kundgebung gegen die Entweihung alter Gräber, die verlegt werden sollen, um den Bau einer neuen Autobahn in der Nähe des Kibbutz Regawim in Nordisrael zu ermöglichen, versucht ein ultraorthodoxer jüdischer Demonstrant, einen Bulldozer wegzuschieben. Gil Cohen Magen

27. November 2005, SALEM, WESTJORDANLAND

Gegenüberliegende Seite Ein israelischer Soldat sieht einer Palästinenserin zu, die sich im Dorf Salem in der Nähe von Nablus an den Stamm eines Olivenbaums klammert. Dies ist einer von mindestens 200 Bäumen auf palästinensischen Feldern, die nach Angabe der Einwohner und der israelischen Polizei von israelischen Siedlern abgesägt oder ausgerissen wurden. Die Siedler aus den radikalsten Enklaven im besetzten Westjordanland haben seit Beginn des Palästinenseraufstands im Jahr 2000, in dessen Verlauf die Siedlungen wiederholt Ziel radikaler Palästinenser geworden sind, mehrfach Bauernhöfe angegriffen. Die Siedler erklären, die Bibel spreche ihnen das von den Palästinensern beanspruchte Land zu. Abed Omar Qusini

23. Juli 2002, GAZA-STADT, GAZASTREIFEN

Bewaffnete palästinensische Jungen beim Begräbnis von 19 Palästinensern, die am Vortag einem israelischen Raketenangriff auf einen dicht besiedelten Teil von Gaza-Stadt zum Opfer gefallen sind. Unter den Toten ist auch das Ziel des Angriffs, der Führer des militärischen Zweigs von Hamas, Scheich Salah Schehada, den Israel für zahlreiche Mordanschläge verantwortlich macht. Doch die per Laser ins Ziel gesteuerte „intelligente Bombe“ von einer Tonne Gewicht traf einen Wohnblock mit zahlreichen Bewohnern. Neun der Todesopfer sind Kinder. Weitere 145 Zivilisten wurden verletzt. Ahmed Jadallah

26. April 2005, JERUSALEM, ISRAEL

Ein schreiender ultraorthodoxer Jude bei einer Protestkundgebung in der Nähe des Amtssitzes des israelischen Ministerpräsidenten Ariel Scharon. Die Orthodoxen protestierten gegen die Exhumierung alter Gräber, die einer neuen Autobahn unweit des Kibbutz Regawim in Nordisrael Platz machen sollen.
Goran Tomasevic

29. Juni 2005, SCHIRAT HADSCHAM, GAZASTREIFEN

Ein israelischer Soldat schützt während einer gewalttätigen Auseinandersetzung zwischen jüdischen Siedlern und Palästinensern in der Nähe der Siedlung Schirat Hadscham einen verletzten Palästinenser. Die Siedlung, die Teil des Siedlungskonglomerats Gusch Katif ist, soll im August 2005 geräumt werden. Der palästinensische Jugendliche wurde bei einem Zusammenstoß mit radikalen Siedlern verletzt, die in einem Haus in einem palästinensischen Wohngebiet eine Bastion des Widerstands gegen die Räumungspläne der Regierung errichten wollten. Gadi Kabalo

11. Juni 2005, HEBRON, WESTJORDANLAND

Ein israelischer Grenzpolizist bewacht Palästinenser, die während einer Militäraktion in Hebron gefangen genommen worden sind. Nayef Hashlamoun

25. Juni 2002, GAZASTREIFEN

Ein maskierter und mit einem AK-47-Sturmgewehr bewaffneter Angehöriger des militärischen Flügels des Islamischen Dschihad geht im Gazastreifen während der Beerdigung des 18-jährigen Muhammad Abu-Marassah, der bei einem versuchten Angriff auf einen israelischen Kontrollposten getötet wurde, an der weinenden Schwester des Toten vorbei. Ahmed Jadallah

11. Oktober 2004, DSCHABALIA, GAZASTREIFEN

Ein palästinensischer Junge mit einem AK-47-Gewehr während der Beerdigung des palästinensischen Militanten Sameh al-Whade, der bei einem israelischen Luftangriff im Flüchtlingslager Dschabalia im Norden des Gazastreifens getötet wurde. Goran Tomasevic

26. Januar 2003, GAZA-STADT, GAZASTREIFEN

Lena, die Schwester von Morwan Rohmi, einem von 12 Palästinensern, die bei einem israelischen Vorstoß nach Gaza-Stadt getötet worden sind, weint, als der Leichnam ihres Bruders während der Beerdigung nach Hause gebracht wird.

Ahmed Jadallah

12. März 2002, DSCHABALIA, GAZASTREIFEN

Ein palästinensischer Junge sitzt auf einer blutverschmierten Treppe in einem Haus im Flüchtlingslager Dschabalia. Familienmitglieder erklären, der Vater des Jungen, Waled Iss al Din, und sein Großvater Abdel Rahman seien bei einem der Feuergefechte gestorben, die innerhalb von nur 24 Stunden dutzende Palästinenser und Israelis das Leben gekostet haben. Ahmed Jadallah

1. September 2005, GAZA-STADT, GAZASTREIFEN

Ein palästinensischer Junge, der ein T-Shirt mit dem Konterfei des verstorbenen Palästinenserpräsidenten Jassir Arafat sowie eine Attrappe eines Bombengürtels trägt, bei einer Feier anlässlich der Räumung der israelischen Siedlungen im Gazastreifen. Damir Sagolj

18. August 2005, KFAR DAROM, GAZASTREIFEN

Gegenüberliegende Seite oben links Wütende Gegner des israelischen Rückzugs aus dem Gazastreifen schreien einen Sonderpolizisten an, nachdem Sicherheitskräfte das Dach der Synagoge in Kfar Darom im Siedlungsblock Gusch Katif eingenommen haben. Nir Elias

31. Mai 2005, BILIN, WESTJORDANLAND

Gegenüberliegende Seite unten links Ein israelischer Friedensaktivist, der sich im Verlauf einer gemeinsamen Protestkundgebung von Israelis und Palästinensern

gegen die Errichtung der umstrittenen israelischen Grenzmauer in der Ortschaft Bilin (Westjordanland) an den Boden gekettet hat, wird von der israelischen Grenzpolizei verhaftet. Goran Tomasevic

29. Mai 2005, RAANANAH, ISRAEL

Oben rechts Israelische Polizisten versuchen, während einer Kundgebung gegen die Räumung des Gazastreifens und von Teilen des nördlichen Westjordanlands eine Demonstrantin wegzutragen. Die Demonstranten haben eine wichtige Straße in der Nähe von Raananah nördlich von Tel Aviv blockiert. Nir Elias

2. Juni 2005, TULKAREM, WESTJORDANLAND

Unten rechts Ein Palästinenser klettert in einen Bus, um einen Verwandten zu begrüßen, der im Rahmen einer am 8. Februar 2005 geschlossenen Waffenstillstandsvereinbarung gemeinsam mit 400 anderen Häftlingen von den israelischen Behörden freigelassen worden ist. Goran Tomasevic

18. August 2005, NEWE DEKALIM, GAZASTREIFEN

Ein zorniger Junge aus einer jüdischen Siedlerfamilie sieht aus einer Synagoge zu, wie israelische Polizisten und Soldaten Newe Dekalim im Siedlungsblock Gusch Katif stürmen. Die Ordnungskräfte verschaffen sich gewaltsam Zutritt zu den Synagogen und bringen die letzten verzweifelten Siedler und deren Anhänger weg. Damit fallen die verbliebenen Bastionen des Widerstands gegen den Abzug aus dem besetzten Gebiet. Damir Sagolj

18. August 2005, KFAR DAROM, GAZASTREIFEN

Ein Kran hebt israelische Spezialeinheiten in einem Container auf das Dach einer Synagoge in der jüdischen Siedlung Kfar Darom im Gazastreifen. Gegen die letzten Widerstandsnester werden auch Wasserwerfer eingesetzt, um die Siedler und deren Anhänger, die sich der Räumung der Siedlungen widersetzen, unter Kontrolle zu bringen und zu evakuieren. Nir Elias

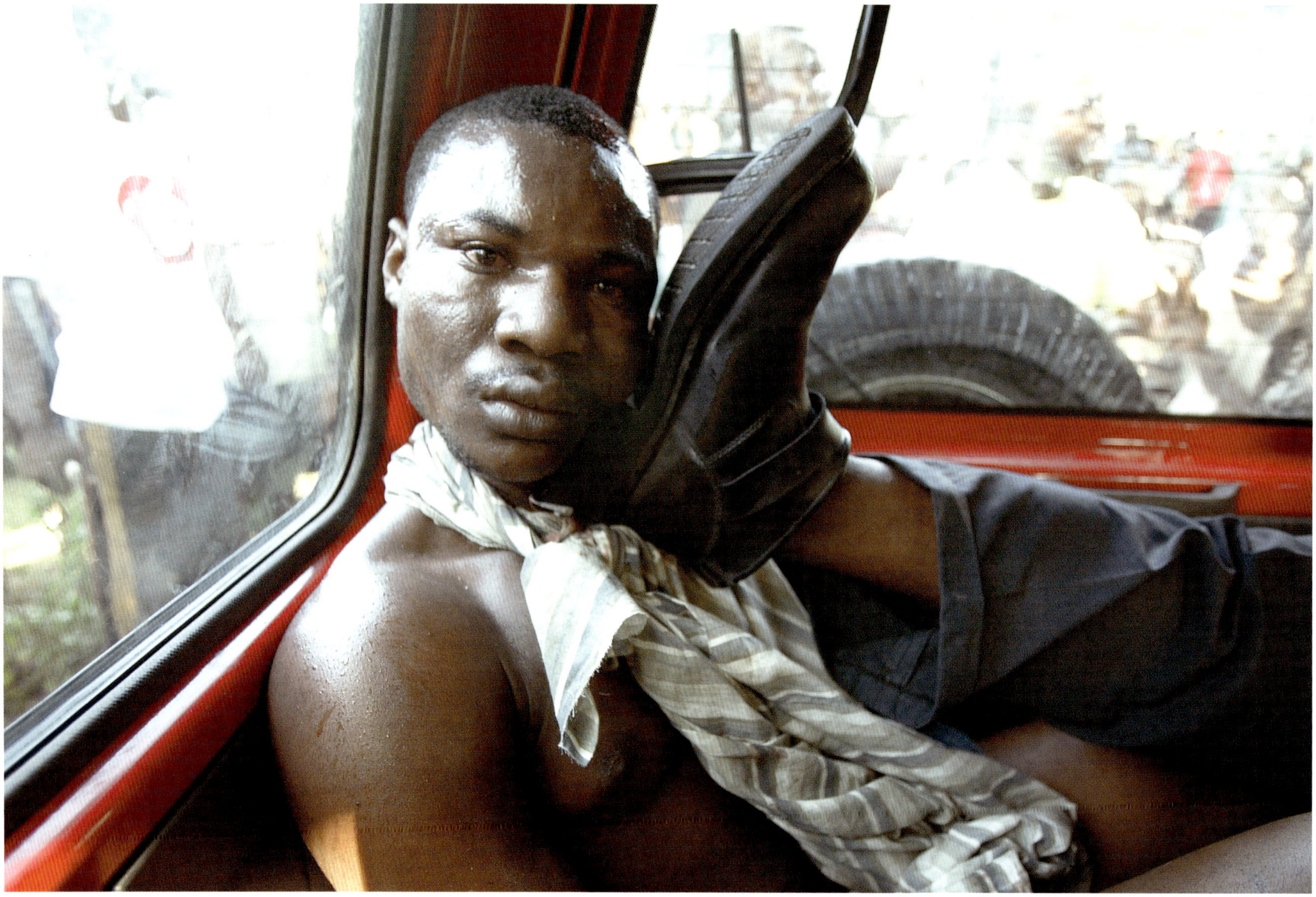

3. März 2004, PETIT GOAVE, HAITI

Drei Tage, nachdem Präsident Jean-Bertrand Aristide gezwungen worden ist, ins Exil zu gehen, wird in Petit Goave, etwa 50 km südlich von Port-au-Prince, ein Mann verhaftet, der im Verdacht steht, im Auftrag von Aristides Lavalas-Bewegung mehrere Morde begangen zu haben. Er wird später gesteinigt und bei lebendigem Leib verbrannt. Aristide, der erste demokratisch gewählte Präsident Haitis, ist ein ehemaliger Priester, der anfangs als Pionier der Demokratie auf der Insel galt, später jedoch beschuldigt wurde, sich zum Machterhalt schmutziger Machenschaften zu bedienen. Daniel Aguilar

16. Februar 2004, GONAIVES, HAITI

Ein haitianischer Rebell steht Wache bei einer Barrikade auf der Einfallstraße nach Gonaives. Die Rebellen, die ursprünglich eine Straßenbande waren, wurden im Lauf der Zeit von Exsoldaten und Angehörigen paramilitärischer Einheiten verstärkt. Am 5. Februar 2004 begannen sie mit der Einnahme mehrerer Städte im Norden der Karibikinsel und zwangen Präsident Jean-Bertrand Aristide schließlich am 29. Februar zur Flucht. Menschenrechtsgruppen sind alarmiert, weil unter den Rebellenführern auch Männer wie Louis Jodel Chamblain sind, der früher eine Todesschwadron anführte. Daniel Aguilar

7. Juni 2005, LA PAZ, BOLIVIEN

Ein Arbeiter der Caracoles-Mine mit Dynamitstangen in der Hand bei einer Protestkundgebung in La Paz, an der tausende bolivianische Bauern und Bergleute teilnehmen. Die Proteste werden von der indianischen Bevölkerung getragen, die zum Teil von den in den kolonialen Silberminen als Sklaven eingesetzten Inka abstammt. Die Indios verlangen Gerechtigkeit für die unterdrückte Bevölkerungsmehrheit des ärmsten südamerikanischen Landes, eine neue Verfassung und die Verstaatlichung der reichen Erdgasvorkommen Boliviens. Nur 19 Monate, nachdem sein Vorgänger Gonzalo Sánchez de Lozada angesichts einer ähnlichen Protestwelle sein Amt niedergelegt hat, sieht sich Präsident Carlos Mesa am 7. Juni zum Rücktritt gezwungen.

David Mercado

1. November 2005, BUENOS AIRES, ARGENTINIEN

Ein Mann ist bei einer Straßenschlacht zwischen Demonstranten und Sicherheitskräften zwischen die Fronten geraten. Ausgelöst wurden die Zusammenstöße von Fahrgästen, die empört über Verspätungen von Pendlerzügen in Haedo, einem Vorort von Buenos Aires, mehrere Züge und einen Bahnhof in Brand setzten, Läden angriffen und sich bei den schwersten Unruhen in der argentinischen Hauptstadt seit der Wirtschaftskrise in den Jahren 2001 und 2002 erbitterte Straßenschlachten mit der Polizei lieferten. Marcos Brindicci

8. März 2005, BEIRUT, LIBANON

Ein Jugendlicher, der vor dem Gebäude der Vereinten Nationen im Zentrum von Beirut eine Straßenlaterne erklommen hat, schwenkt während einer prosyrischen Demonstration eine libanesische Flagge. Die Ermordung des früheren Ministerpräsidenten Rafik al-Hariri am 14. Februar *(gegenüberliegende Seite)* löste eine Welle von Protesten gegen Syrien aus, das von vielen Libanesen für die Tat verantwortlich gemacht wird. Am 8. März nahmen dann hunderttausende Fahnen schwenkende Libanesen an einer Kundgebung teil, zu der die von Syrien unterstützte Hisbollah aufgerufen hatte. Damit stellte sich erstmals seit Hariris Tod ein Teil der Öffentlichkeit in einer Demonstration, die die vorangegangenen in den Schatten stellte, an die Seite Syriens. Die Demonstranten auf beiden Seiten zeigten mit der Zedernflagge ihren Patriotismus. Die Auseinandersetzung verdeutlichte die tiefe Spaltung des Landes angesichts der Rolle Syriens, das seit seinem Eingreifen im libanesischen Bürgerkrieg im Juni 1976 Truppen in seinem Nachbarland stationiert hatte. Damir Sagolj

14. Februar 2005, BEIRUT, LIBANON

Ein Mann ruft am Schauplatz einer gewaltigen Bombenexplosion im Beiruter Hafenviertel um Hilfe. Eine Autobombe hat den früheren libanesischen Ministerpräsidenten Rafik al-Hariri sowie sowie 22 weitere Menschen getötet und 135 Personen verletzt. Der Mord an Hariri löst die größten Protestkundgebungen in der Geschichte des Libanon aus und stürzt das kleine Land in die schwerste politische Krise seit dem Ende des Bürgerkriegs (1975 – 1990). Mohamed Azakir

23. März 2005, KASLIK, LIBANON

Ein Mann hilft bei der Ausbreitung einer riesigen libanesischen Flagge in einem Einkaufszentrum im antisyrischen christlichen Kernland nördlich von Beirut, wo eine gewaltige Autobombe drei Menschen getötet hat. Der Libanon steuert damit wenige Wochen vor den Wahlen weiter auf das Chaos zu. Damir Sagolj

16. März 2005, BEIRUT, LIBANON

Die weinende Dschamana Tabara hält in einem syrischen Gefängnis ein Bild des früheren Ministerpräsidenten Rafik al-Hariri, nachdem sich der syrische Geheimdienst aus Beirut und großen Teilen des Libanon zurückgezogen hat. Damit ist Syrien auf die Forderung der USA und der libanesischen Opposition eingegangen, sein kleines Nachbarland aus seiner Umklammerung zu entlassen. Damir Sagolj

13. März 2005, NABATIDSCHE, LIBANON

Ein in Militäruniform gekleideter kleiner Junge, der in der südlibanesischen Ortschaft Nabatidsche vor Vertretern des schiitischen Klerus steht, hält während einer von der Hisbollah organisierten Kundgebung gegen eine Einmischung durch die Vereinigten Staaten von Amerika und Israel eine libanesische Flagge. Hunderttausende Teilnehmer tragen Plakate mit der Aufschrift „No to foreign intervention" durch die Straßen. Damir Sagolj

26. März 2005, BEIRUT, LIBANON

Libanesische Frauen auf dem Weg zu einer Gedenkveranstaltung für den früheren Ministerpräsidenten Rafik al-Hariri auf dem Märtyrerplatz in Beirut. Mindestens 150 000 Libanesen verwandelten Hariris Begräbnis am 16. Februar in eine Protestkundgebung gegen Syrien. Damir Sagolj

15. März 2005, BEIRUT, LIBANON

Libanesische Studenten vor einem Bild des US-Präsidenten George W. Bush während einer Protestkundgebung vor der amerikanischen Botschaft nahe Beirut. Rund 3000 prosyrische Studenten schreien „Amerika den Tod!“ und verbrennen amerikanische und israelische Flaggen, um gegen eine angebliche amerikanische Einmischung im Libanon zu protestieren. Dennoch beugt sich der syrische Präsident Baschar al-Assad dem Druck der von den USA angeführten internationalen Gemeinschaft und willigt ein, alle Truppen, Geheimagenten und Ausrüstungen aus dem Libanon abzuziehen. Der rasche Rückzug ist am 26. April 2005 abgeschlossen. Damir Sagolj

8. Februar 2005, POLONNARUWA, SRI LANKA

Die Leiche E. Kousalyans, des Führers des politischen Flügels der Tamilischen Tiger, liegt in der Leichenhalle eines Krankenhauses in Polonnaruwa. Kousalyan und drei weitere Rebellen wurden in einem von Regierungstruppen kontrollierten Gebiet im Unruhebezirk Batticaloa im Osten Sri Lankas erschossen. Erstmals seit der Kampf der Tamilischen Tiger für die Unabhängigkeit des Nordens und Ostens der Insel infolge des im Jahr 2002 geschlossenen Waffenstillstands in der Schwebe hängt, ist ein hochrangiger Rebellenführer getötet worden. Der Vorfall bedeutet einen Rückschlag für die Hoffnungen, die durch den Tsunami am 26. Dezember 2004 verursachte humanitäre Krise könne die beiden Konfliktparteien dazu bewegen, den politischen Streit hintanzustellen und sich gemeinsam um den Wiederaufbau und einen dauerhaften Frieden zu bemühen.

Anuruddha Lokuhapuarachchi

6. April 2005, SRINAGAR, INDIEN

Eine gewaltige Feuersbrunst zerstört ein Regierungsgebäude, das von islamistischen Selbstmordattentätern gestürmt und in Brand gesetzt worden ist. In dem schwer bewachten Gebäude waren die Teilnehmer einer historischen Busreise durch das geteilte Kaschmir untergebracht, die symbolisch für die verbesserten Beziehungen zwischen Pakistan und Indien stehen soll. Abgesehen von den Angreifern werden sechs Personen verletzt, aber nicht getötet. Die Busfahrt findet wie geplant statt und bringt 19 indische Kaschmiris in den pakistanischen Teil der Provinz, wo sie sich mit Angehörigen treffen. Viele Familien in Kaschmir sind seit 60 Jahren durch den Konflikt getrennt. Desmond Boylan

6. September 2001, BELFAST, GROSSBRITANNIEN

Ein katholisches Mädchen, das unter Polizeischutz zur Holy Cross School in North Belfast gebracht werden muss, wird von seinen Eltern getröstet. Das Eingangstor der Schule befindet sich in einem Teil von Nord-Belfast, in dem Katholiken und Protestanten nahe beieinander leben. Die protestantischen Anwohner haben den Schulweg der katholischen Kinder mit der Begründung blockiert, dies sei eine Vergeltungsmaßnahme für wiederholte Übergriffe seitens der Katholiken in den letzten Monaten. Auf das Mädchen und seine Eltern hageln Steine, Ziegel und wüste Beschimpfungen herab. Am Vortag hat eine Brandbombe, die ein protestantischer Extremist in Richtung der Kinder geworfen hat, zwei Polizisten ernsthaft verletzt. Paul McErlane

21. März 2004, CABRA, KOSOVO

Der 14-jährige Kosovo-Albaner Albanian Fitim Veseli weint beim Anblick der mit Fahnen geschmückten Särge, in denen zwei seiner Freunde liegen, die im Fluss Ibar ertrunken sind. Mehrere tausend Kosovo-Albaner nehmen an dem Begräbnis teil, das unter starken Sicherheitsvorkehrungen der NATO-Truppen stattfindet, da ein Ausbruch ethnischer Gewalt befürchtet wird. Nicht bestätigte Berichte, die beiden Jungen hätten sich mit dem Sprung in den reißenden Fluss vor serbischen Jugendlichen in Sicherheit bringen wollen, lösten am 17. März Unruhen aus, bei denen 28 Menschen starben und 870 verletzt wurden. Hazir Reka

3. September 2004, BESLAN, RUSSLAND

Ein Mann trägt einen verletzten Jungen aus einer Schule im nordossetischen Beslan, die Rebellen aus dem nahen Tschetschenien in ihre Gewalt gebracht haben. Die Tschetschenen halten mehr als 1000 Eltern und Kinder 53 Stunden lang gefangen, bevor die Geiselnahme blutig beendet wird. Eduard Kornienko

2. September 2004, BESLAN, RUSSLAND

Ein russischer Polizist trägt ein kleines Kind aus der Schule. Die zweitägige Belagerung endet am 3. September mit einem Blutbad. Russische Sicherheitskräfte liefern sich ein erbittertes Gefecht mit den tschetschenischen Rebellen, während nackte Kinder inmitten von Explosionen und Maschinengewehrfeuer schreiend aus dem Gebäude laufen. Insgesamt sterben 331 Menschen, von denen die Hälfte Kinder sind. Viktor Korotayev

1. September 2005, BESLAN, RUSSLAND

Bei einer Gedenkfeier am ersten Jahrestag des Beginns des Geiseldramas von Beslan steht ein trauernder Verwandter vor einer Mauer, an der Fotos der Opfer aufgehängt worden sind. Sergei Karpukhin

18. Juli 2003, MONROVIA, LIBERIA

Ein bewaffneter Anhänger des ehemaligen Präsidenten Charles Taylor demonstriert seinen Mut, während sich die Regierungstruppen in der Hauptstadt Monrovia sammeln, um einen bevorstehenden Angriff der Rebellen zurückzuschlagen. Nachdem seine Truppen die Kontrolle über große Teile der Hauptstadt verloren haben, willigt Taylor am 11. August angesichts wachsenden Drucks seitens der USA ein, sein Amt niederzulegen und nach Nigeria ins Exil zu gehen. Zu diesem Zeitpunkt befindet sich Monrovia in einer tiefen humanitären Krise. Doch die Aufgabe Taylors und das Eintreffen einer Friedenstruppe ebnen den Weg für die Bildung einer Übergangsregierung und für Wahlen, bei denen Ellen Johnson-Sirleaf zur Präsidentin gewählt wird. Am 16. Januar 2006 legt sie den Amtseid ab. Damit steht erstmals eine Frau an der Spitze eines afrikanischen Staats. Taylor wird am 3. April 2006 vor dem mit Unterstützung der UNO eingerichteten Sondergerichtshof für Sierra Leone wegen Verbrechen gegen die Menschlichkeit angeklagt und bekennt sich nicht schuldig. Luc Gnago

1. November 2005, SANSIBAR, TANSANIA

Ein Anhänger der oppositionellen Civic United Front (CUF) wird nach Zusammenstößen mit Sicherheitskräften in der Steinernen Stadt auf Sansibar zu einem Rettungswagen getragen. Die Wiederwahl von Präsident Amani Abeid Karume mit einer knappen Mehrheit wird von seinen politischen Gegnern angefochten, was auf den instabilen halbautonomen tansanischen Inseln Unruhen auslöst. Bei den Zusammenstößen wird mindestens ein Mensch getötet, ungezählte Personen werden verletzt. Der Führer der CUF, Seif Scharif Hama, ist dreimal vergeblich bei Präsidentenwahlen angetreten und hat jedes Mal die Regierungspartei des Wahlbetrugs und der Einschüchterung der Opposition bezichtigt.
Radu Sigheti

15. November 2005, KAMPALA, UGANDA

Militärpolizisten vertreiben am zweiten Tag der Unruhen in Kampala Anhänger des Oppositionsführers Kiiza Besigye. Besigye, einer der wichtigsten Herausforderer des Präsidenten Joweri Museweni, ist unter dem Vorwurf der Verschwörung und der Vergewaltigung vor Gericht gestellt worden – Vorwürfe, die in den Augen seiner Anhänger politisch motiviert sind und ihn lediglich als Kandidat für die bevorstehende Präsidentenwahl ausschalten sollen. Museweni, der bereits seit 20 Jahren an der Macht ist, gewinnt die Wahl im Februar 2006. James Akena

18. Januar 2006, ABIDSCHAN, ELFENBEINKÜSTE

Anhänger des Präsidenten Laurent Gbagbo werden im Bezirk Sebroko von UN-Soldaten unter Beschuss genommen. Die Friedenstruppen haben das Feuer eröffnet, um einen Angriff auf ihre Basis abzuwehren. Seit vier Tagen toben Unruhen, die von Protesten gegen die UN-Präsenz ausgelöst wurden und denen 11 Menschen zum Opfer gefallen sind. Sie verlangen ein Ende der ausländischen Einmischung in dem westafrikanischen Staat, der seit einem gescheiterten Staatsstreich gegen Gbagbo und einem anschließenden Bürgerkrieg in den Jahren 2002 – 2003 in einen von den Rebellen kontrollierten Nordteil und den Süden in der Hand der Regierung gespalten ist. Die Friedenstruppen sollen die Umsetzung eines Plans der UN für die Aussöhnung und freie Wahlen überwachen. Luc Gnago

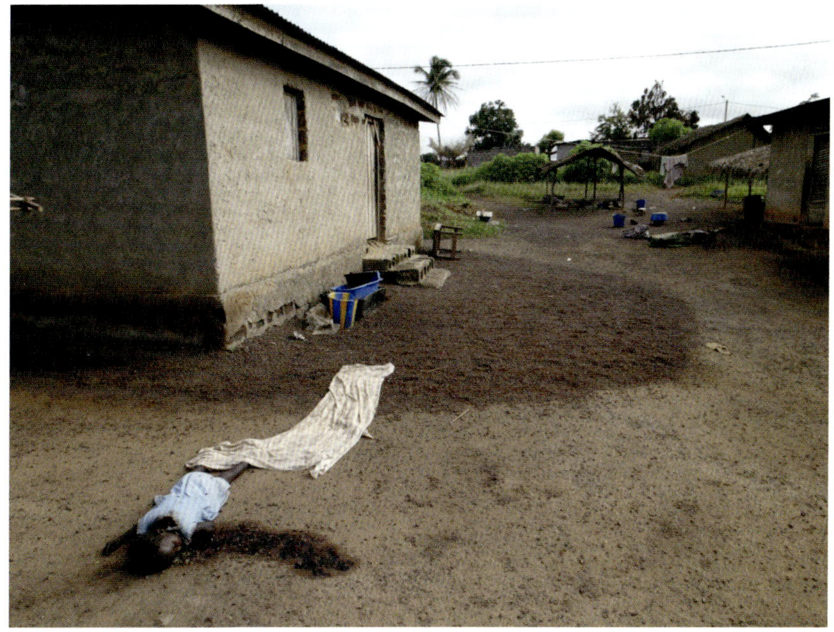

6. März 2003, BOUAKE, ELFENBEINKÜSTE

Nach fünf Monaten Bürgerkrieg kämpfen die Zivilisten in der Rebellenhochburg Bouake ums Überleben. Luc Gnago

2. Juni 2005, DUEKOUE, ELFENBEINKÜSTE

Zwei Opfer einer Welle von Gewalt zwischen Volksgruppen. Mindestens 100 Menschen sterben, tausende werden vertrieben. Luc Gnago

30. Oktober 2000, SANSIBAR, TANSANIA

Nachdem Unregelmäßigkeiten bei den Wahlen am Vortag angeprangert wurden, sind Unruhen ausgebrochen. Bei den Protesten werden mindestens 35 Menschen getötet. George Mulala

24. April 2005, LOMÉ, TOGO

Wahltag mit Hindernissen: Nach dem Tod von Präsident Gnassingbé Eyadéma im Februar ernannte die Armee seinen Sohn zum Nachfolger, das Land versank im Chaos. Erst auf internationalen Druck hin wurden Wahlen angesetzt. Finbarr O'Reilly

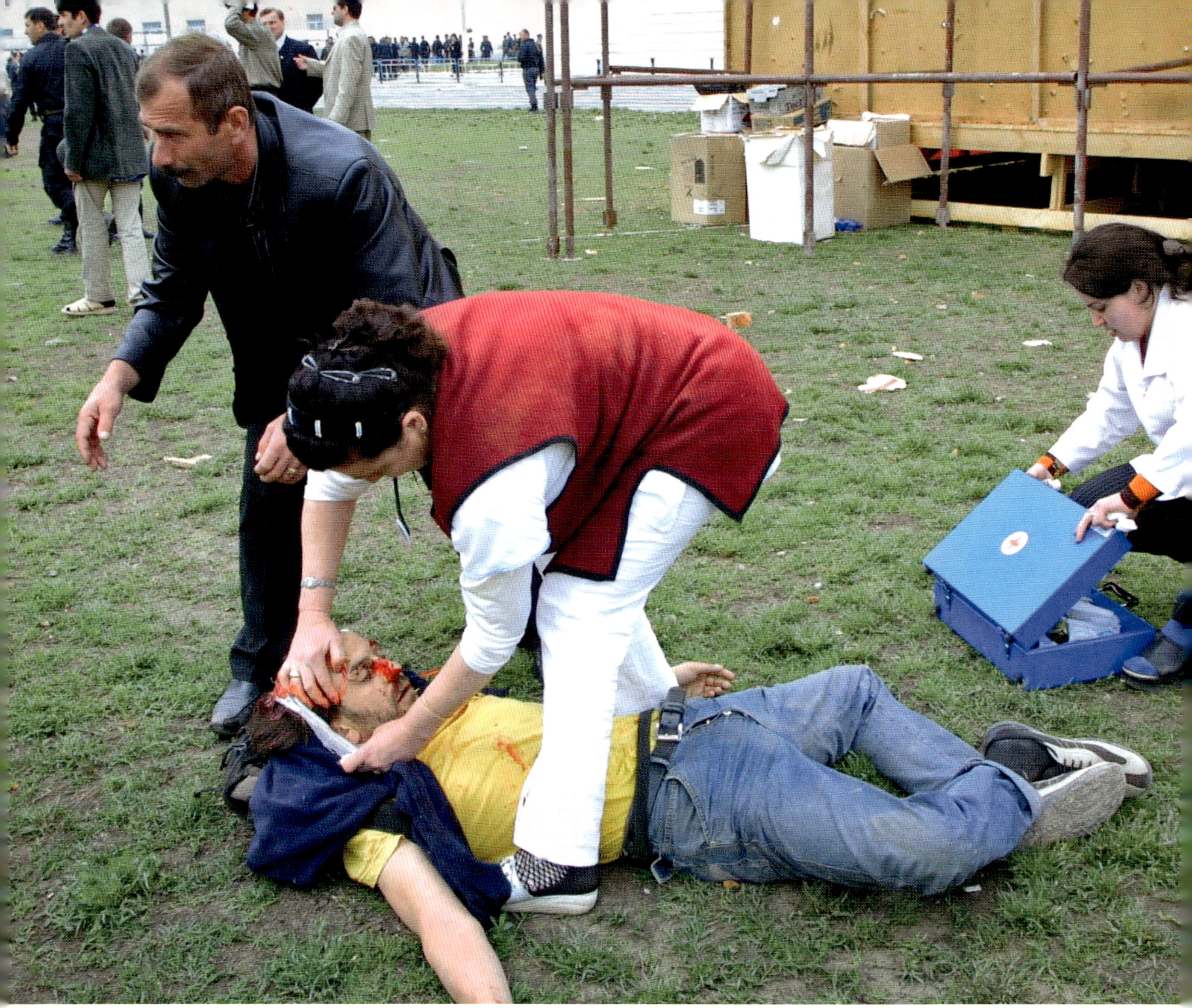

9. Mai 2004, GROSNY, RUSSLAND

Eine medizinische Assistentin versucht dem tödlich verwundeten Reuters-Journalisten Adlan Chassanow zu helfen, der eines von sieben Opfern einer Bombenexplosion in Grosny ist. Der Anschlag am Jahrestag des Sieges über Nazi-Deutschland galt dem moskautreuen tschetschenischen Präsidenten Achmad Kadyrow, der ebenfalls stirbt. Musa Sadulayev

17. Juni 2003, BANDA ACEH, INDONESIEN

Eine Frau trauert um einen Verwandten, der im Dorf Nisam in Aceh von einer nicht identifizierten Gruppe getötet worden ist. Im Mai 2003 begannen Regierungstruppen eine neue Offensive gegen die Rebellen von der Bewegung Freies Aceh (GAM), die seit 1976 für die Unabhängigkeit der an Erdgas reichen Provinz auf der Insel Sumatra kämpfen. In dem Konflikt starben mehr als 15 000 Menschen, überwiegend Zivilisten. Erst der verheerende Tsunami am 26. Dezember 2004 bewegte die beiden Seiten zu Verhandlungen über eine Beilegung der Auseinandersetzung. Tarmizy Harva

12. November 2001, RABAT, AFGHANISTAN

An einem Beobachtungsposten an der Front in Rabat westlich des Flughafens Bagram beobachtet ein Kommandeur von Einheiten des afghanischen Widerstands die gewaltige Detonation einer Bombe, die von einem amerikanischen Flugzeug abgeworfen worden ist. Die amerikanische Luftwaffe gibt den etwa 25 km nördlich von Kabul vorrückenden Bodentruppen der Nordallianz Luftunterstützung. Yannis Behrakis

13. November 2001, NÖRDLICH VON KABUL, AFGHANISTAN

Gegenüberliegende Seite Kämpfer der Nordallianz, die das Taliban-Regime stürzen will, fahren 3 km nördlich der Hauptstadt Kabul auf einem T-62-Panzer an einem toten Soldaten vorüber. Fünf Wochen nach den ersten Luftschlägen der von den USA angeführten Koalition gegen militärische Ziele rücken die Truppen der Nordallianz trotz internationaler Forderungen, Kabul nicht einzunehmen, in die Hauptstadt ein. Später laden sie alle afghanischen Fraktionen mit Ausnahme der Taliban zu Gesprächen über die Bildung einer Regierung in die Hauptstadt ein.
Yannis Behrakis

20. November 2001, KABUL, AFGHANISTAN

Eine Frau legt bei einer Versammlung der „Allgemeinen Frauenkoalition", die für die Rechte der afghanischen Frauen eintritt, ihre Burka ab. Unter den Taliban, die den Koran strikt auslegen, waren die Frauen des Landes gezwungen, sich hinter einer den gesamten Körper verhüllenden Burka zu verstecken, und durften weder arbeiten gehen noch studieren. Yannis Behrakis

13. November 2001, KABUL, AFGHANISTAN

Afghanische Zivilisten sehen sich 3 km nördlich von Kabul tote Kämpfer der Taliban an, die am Straßenrand liegen. Yannis Behrakis

14. November 2001, KABUL, AFGHANISTAN

Eine junge Afghanin, die in Kabul auf die Lebensmittelausgabe wartet, zeigt erstmals nach fünf Jahren unter den Taliban und der von diesen eingeführten Scharia ihr Gesicht in der Öffentlichkeit. Yannis Behrakis

4. November 2001, DSCHABAL US SERADSCH, AFGHANISTAN

Eine in eine traditionelle Burka gehüllte afghanische Frau geht am Straßenrand entlang, während ein gepanzertes Mannschaftsfahrzeug der Nordallianz Kämpfer zu einer neuen Stellung in der Umgebung des 60 km nördlich von Kabul gelegenen Dschabal Us Seradsch bringt. Yannis Behrakis

13. November 2001, KABUL, AFGHANISTAN

Bewohner Kabuls begrüßen die Kämpfer der Nordallianz, die nach dem Zusammenbruch des Taliban-Regimes in die Hauptstadt einrücken. Yannis Behrakis

21. März 2003, BAGDAD, IRAK

In der zweiten Nacht der Luftangriffe einer von den USA angeführten Koalition wird das Zentrum der irakischen Hauptstadt von ohrenbetäubenden Explosionen erschüttert, die blendende Lichtblitze in den Himmel senden. Raketen treffen den Palastkomplex von Präsident Saddam Hussein am Ufer des Tigris und mehrere Regierungsgebäude. Goran Tomasevic

6. November 2003, BAKUBA, IRAK

Gegenüberliegende Seite oben Ein amerikanischer Soldat leuchtet während einer nächtlichen Razzia in Bakuba einen im Bett liegenden alten Mann mit der Taschenlampe an. Die US-Truppen suchen nach Mitgliedern einer Terrorzelle, die Angriffe auf die Koalitionstruppen planen sollen. Damir Sagolj

29. September 2003, TIKRIT, IRAK

Gegenüberliegende Seite unten Ein US-Soldat und ein irakischer Polizist durchsuchen während einer gemeinsamen Razzia in Tikrit einen Raum, in dem ein Junge schläft. Ziel der Razzia in der etwa 180 km nordwestlich von Bagdad gelegenen Heimatstadt Saddam Husseins sind Anhänger Saddams. Arko Datta

19. September 2005, BASRA, IRAK

Der britische Soldat Sergeant George Long springt von einem brennenden Panzer, der von einer wütenden Menge mit Molotow-Cocktails und Steinen angegriffen worden ist, nachdem die irakischen Behörden zwei britische Geheimagenten verhaftet haben, die in Basra auf Polizisten geschossen haben sollen. Long kommt mit leichten Verletzungen davon, während der 19-jährige Soldat Karl Hinett im Inneren des Panzers schwere Verbrennungen an 37 Prozent seines Körpers erleidet. Atef Hassan

9. April 2003, BAGDAD, IRAK

Ein amerikanischer Soldat sieht zu, wie im Zentrum von Bagdad eine Statue Saddam Husseins gestürzt wird: Ein hochsymbolischer Augenblick an dem Tag, an dem US-Truppen in die Hauptstadt vorrücken und die 24-jährige Herrschaft Saddams beenden. Goran Tomasevic

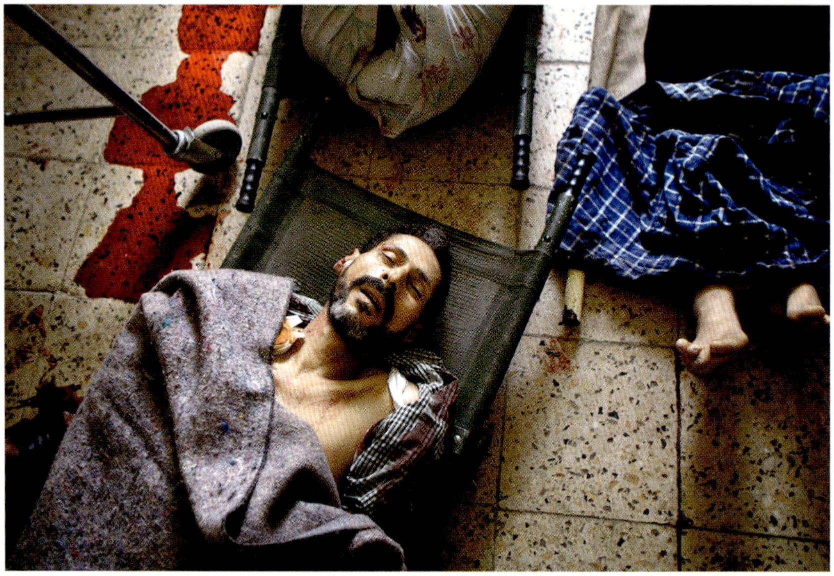

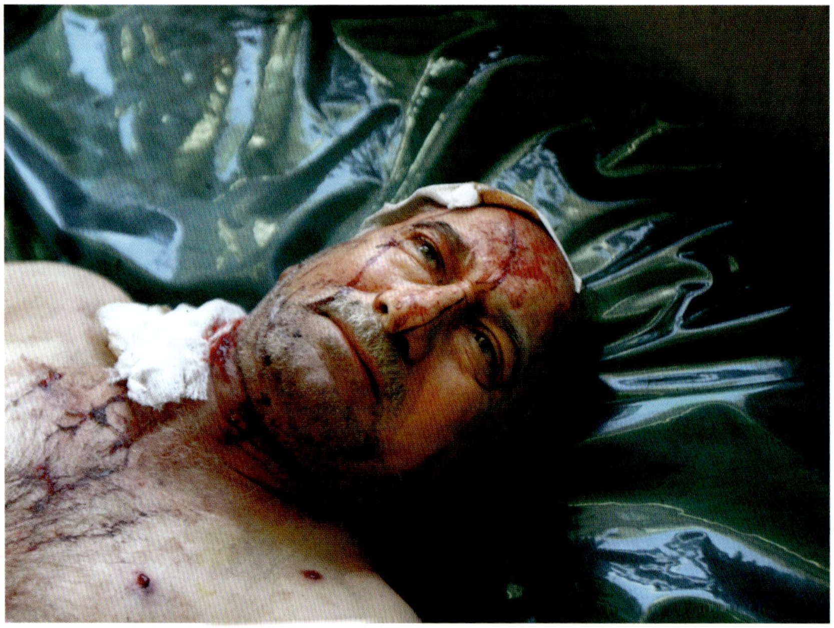

20. Mai 2003, BASRA, IRAK

Ein irakischer Kämpfer, der von Koalitionssoldaten niedergeschossen wurde, als er im Viertel Hadschanidscha von Basra versuchte, eine gemeinsame Polizeipatrouille mit einem Granatwerfer anzugreifen, erhält erste Hilfe von britischen Militärpolizisten. Damir Sagolj

7. September 2004, BAGDAD, IRAK

Ein irakischer Junge trauert im Krankenhaus des Bagdader Stadtteils Sadr-Stadt um seinen 20-jährigen Bruder Mudhafar Abdul Dschabaar, der bei Zusammenstößen zwischen der US-Armee und schiitischen Milizen getötet worden ist. Namir Noor-Eldeen

9. Mai 2004, BAGDAD, IRAK

Die Leichen irakischer Zivilisten, die einem Bombenanschlag auf einen belebten Markt im Bagdader Stadtteil Badschaa zum Opfer gefallen sind, liegen in der Leichenhalle eines Krankenhauses. Bei dem Anschlag wurden mindestens sieben Menschen getötet, darunter drei Polizisten. 13 weitere Personen wurden verletzt. Damir Sagolj

4. Mai 2005, BAGDAD, IRAK

Ein bei der Explosion einer am Straßenrand versteckten Bombe verletzter Iraker in einem Bagdader Krankenhaus. Ali Jasim

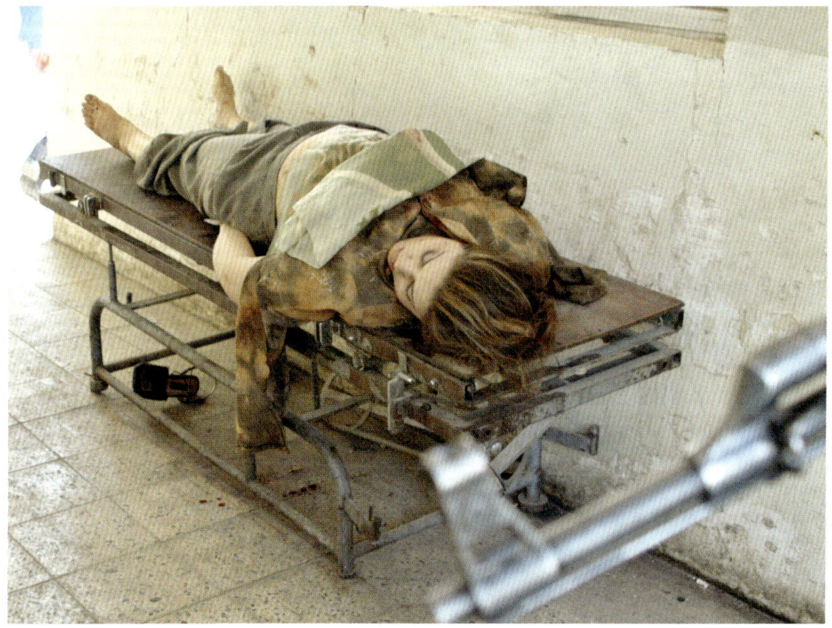

14. September 2005, BAGDAD, IRAK

Ein Mann drückt blutgetränkte Kleidungsstücke eines Verwandten an sich, der bei einem Selbstmordanschlag in einem Bagdader Wohnviertel getötet worden ist.
Kareem Raheem

22. März 2003, HALBINSEL AL-FAU, IRAK

Die in eine Decke eingerollte Leiche eines irakischen Soldaten liegt unweit seines von britischen Streitkräften gestürmten Schützengrabens auf der südirakischen Halbinsel al-Fau. Stephen Hird

23. Juni 2004, BAGDAD, IRAK

Ein irakischer Sicherheitsbeamter steht Wache beim Leichnam einer jungvermählten Frau. Qais Saad Abbas war mit seiner Braut im Auto auf dem Weg zur Arbeit in Bagdad, als eine am Straßenrand versteckte Bombe explodierte und seine Frau sowie einen in der Nähe stehenden Jungen tötete. Ali Jasim

15. Oktober 2005, BAKUBA, IRAK

Ein Iraker, der im Verdacht steht, in seinem Auto Sprengstoff zu transportieren, wird an dem Tag, an dem die Iraker in einem historischen Referendum über eine neue Verfassung abstimmen, in der Nähe von Bakuba von einem US-Soldaten bewacht. Das Referendum findet unter strengen Sicherheitsvorkehrungen statt. In Bagdad dürfen an diesem Tag keine Autos fahren, weshalb die Wähler zu Fuß zu den Urnen gehen. Jorge Silva

10. September 2003, TIKRIT, IRAK

Ein amerikanischer Soldat bewacht bei einer morgendlichen Razzia in Tikrit einem verhafteten Iraker. Bei der Razzia werden Munition, Kommunikationsgeräte und Sprengstoff beschlagnahmt. Arko Datta

14. Juni 2004, BAGDAD, IRAK

Gegenüberliegende Seite Rettungskräfte bergen einen verletzten Mann, nachdem ein Selbstmordattentäter auf einer belebten Straße in Bagdad seine Autobombe gezündet hat, um in Zivilfahrzeugen vorüberfahrende Ausländer zu töten. Ein Gebäude in der Nähe ist teilweise eingestürzt. 13 Menschen, darunter 5 ausländische Arbeitskräfte, finden den Tod. Faleh Kheiber

26. Juni 2005, BAGDAD, IRAK

Ein irakischer Junge hebt in einem Frisiersalon in einem schiitischen Viertel in Bagdad ein blutgetränktes Kissen hoch. Bewaffnete haben den Laden angegriffen und in die Luft gesprengt und sind anschließend geflohen. Sie haben drei Menschen getötet: den Barbier, einen Kunden und einen neunjährigen Jungen. Ali Jasim

Der Niedergang der Fertigungsindustrien, die Arbeitslosigkeit, niedrige Inflationsraten und Zinsen, billige Konsumgüter – viel von dem, was in den westlichen Volkswirtschaften geschieht, hängt mit der bedeutendsten wirtschaftlichen Entwicklung unserer Zeit zusammen: mit dem atemberaubenden wirtschaftlichen Aufstieg Asiens. Der Schwerpunkt der globalen Wirtschaftsmacht verschiebt sich unaufhaltsam nach Osten, und die Wirtschaftsmächte der Welt geraten unter wachsenden Druck, neue Antworten auf die Herausforderungen des 21. Jahrhunderts zu finden.

Die globale Wirtschaft

von Michael Dolan

Geld / Handel / Wachstum / Chancen / Wohlstand / Armut / Energie / Bodenschätze / Fertigungsindustrien / Globalisierung / Protest

Die globale Wirtschaft

Nur fünf Jahre nach der Jahrhundertwende hat sich die Weltwirtschaft, die mit atemberaubender Geschwindigkeit auf das Ende des zweiten Jahrtausends zusteuerte, in ein Gebilde verwandelt, dessen Gestalt und Größe kaum wiederzuerkennen ist. Das Alltagsleben vieler Menschen in Nordamerika oder Europa mag sich kaum verändert haben, nimmt man einmal die neue Allgegenwärtigkeit von Technologien wie dem Flachbildfernsehen oder den tragbaren digitalen Musikgeräten aus. Doch unter den Regierungen, Unternehmen und Haushalten in der industrialisierten Welt hat sich ein Unbehagen breit gemacht, das ihnen fremd war, als am Jahresende 1999 die Sektkorken knallten und an der Wall Street die Kurse immer neue Rekordhöhen erklommen. Seitdem hat eine Reihe schwerer Schocks die Euphorie gedämpft. Im Jahr 2000 platzte die Spekulationsblase an den Börsen, die in den 1990er-Jahren vom Aufstieg der Internetunternehmen gespeist worden war. Es folgte der Zusammenbruch von Konzernriesen wie Enron und WorldCom. Die Anschläge vom 11. September 2001 änderte die geopolitischen Verhältnisse. Die daraus resultierenden Militärinterventionen in Afghanistan und dem Irak erschütterten die Planungssicherheit und die Investitionsvorhaben der Unternehmen, und die Verdopplung des Erdölpreises innerhalb von nur zwei Jahren belastete weltweit den privaten Konsum und die Unternehmensergebnisse.

Doch nachdem die amerikanische Wirtschaft Ende 2002 eine kurze Rezession durchgemacht hatte, beschleunigte sich das weltweite Wirtschaftswachstum in den folgenden drei Jahren erneut, wobei 2004 die deutlichste Expansion seit drei Jahrzehnten zu beobachten war. Mittlerweile vertreten viele Beobachter die Ansicht, die Reihe von Schocks in den ersten drei Jahren des neuen Jahrtausends hätte lediglich von den weiter reichenden Veränderungen in der Funktionsweise der Weltwirtschaft abgelenkt. Die Globalisierung ist in dieser Zeit vorangeschritten, ja sie hat sich ungeachtet aller Kritik sogar beschleunigt. Und im Verlauf dieser Entwicklung hat sich das Gravitationszentrum der globalen Wirtschaft nach Osten verschoben. Die Befürchtungen, die dies in den reichsten westlichen Ländern weckt, stehen in deutlichem Gegensatz zu der neu erwachten Zuversicht und dem erstarkten Selbstbewusstsein Asiens. Der Optimismus in jener Weltregion ist umso bemerkenswerter, als sie vor weniger als einem Jahrzehnt von einer schweren Finanzkrise erschüttert wurde, die eine jahrzehntelange und schmerzhafte wirtschaftliche Erholung zunichte zu machen drohte. Stattdessen setzt sich der Aufstieg Asiens – gestützt auf die chinesische Hinwendung zur Marktwirtschaft und zum Welthandel – fort, wobei die Trumpfkarte des Kontinents sein Bevölkerungsreichtum ist.

Geschwindigkeit und Ausmaß der gegenwärtigen Renaissance Asiens sind atemberaubend. Im Jahr 2004 war die chinesische Volkswirtschaft bereits die zweitgrößte nach jener der USA, wenn man die vom Internationalen Währungsfonds bevorzugte Einstufungsmethode anwendet und die Daten um Preisunterschiede und Wechselkursverzerrungen bereinigt. Sollte sich das Wirtschaftswachstum von jährlich 10 Prozent, das in den ersten fünf Jahren des Jahrhunderts in China beobachtet wurde, noch ein Jahrzehnt fortsetzen, so wird die Wirtschaftsleistung dieses Landes bis 2015 90 Prozent der amerikanischen ausmachen und jene Deutschlands um das Sechsfache übersteigen. Gemessen an denselben Kriterien könnte Indiens Volkswirtschaft bis zu diesem Jahr größer als die japanische sein.

Während diese Zahlen sehr umstritten sind, steht das Bevölkerungswachstum dieser beiden Länder außer Frage – China und Indien haben mittlerweile jeweils mehr als eine Milliarde Einwohner und stellen gemeinsam mehr als ein Drittel der Menschheit. Und dies stellt die Weltwirtschaft vor gewaltige Probleme. Die Integration dieser beiden Länder, vorangetrieben durch neue Technologien, welche die Unternehmen, Arbeitskräfte

Der Globalisierungsgegner Peter Maibarduk hält vor dem Obersten Gerichtshof in Washington D.C. eine Flagge der USA hoch, auf der die Sterne, die für die Unionsstaaten stehen, durch Unternehmenslogos ersetzt worden sind. 23. April 2003, Kevin Lamarque

und Verbraucher rund um den Globus wie nie zuvor vernetzen, erhöht das globale Arbeitskräfteangebot um hunderte Millionen Menschen. Das Reservoir an neuen Kräften für Tätigkeitsbereiche von der Produktion über Call Center bis zur Softwareentwicklung war bereits nach dem Fall der Berliner Mauer deutlich gestiegen. Bis zur Jahrtausendwende wurden rund 250 Millionen vielfach sehr gut ausgebildete Arbeitskräfte aus den zuvor von der Sowjetunion beherrschten osteuropäischen Ländern und Russland in den internationalen Wettbewerb aufgenommen. Doch selbst diese dramatische Expansion wurde in den letzten zehn Jahren vom Aufstieg der beiden bevölkerungsreichsten Länder der Erde in den Schatten gestellt, die gemeinsam bis zu einer Milliarde Arbeitskräfte auf den Weltmarkt gebracht haben, darunter Millionen hoch qualifizierte Fachleute.

Als diese seismische Verschiebung die ersten Schockwellen aussandte, galt die Aufmerksamkeit der westlichen Öffentlichkeit anderen Entwicklungen: Die Vereinigten Staaten bemühten sich darum, das Trauma des 11. September und den Zusammenbruch ihrer Aktienmärkte zu überwinden, während zwölf der 15 Länder der Europäischen Union damit beschäftigt waren, eine neue Gemeinschaftswährung für rund 300 Millionen Bürger einzu-führen, was eines der größten makroökonomischen Projekte der jüngeren Geschichte war. Keiner der beiden großen westlichen Wirtschaftsräume schien auf das vorbereitet, was auf der anderen Seite des Erdballs geschah. Die neuen Arbeitskräfte, die hinter dem Eisernen Vorhang und aus China und Indien hervorströmten, wurden rasch vom globalen Markt aufgesogen. Ihre Integration wurde von zwei parallelen Entwicklungen begünstigt. Die erste hängt eng mit Flachbildfernsehern und digitalen Spielzeugen zusammen. Die revolutionären Entwicklungen in der Telekommunikation und in der Internettechnologie ließen die Welt in den 1990er-Jahren enger zusammenrücken, auch wenn die Aktien einiger der in diesen Bereichen führenden Unternehmen abstürzten. Der Kollaps der Dotcoms an der Wall Street konnte die rasante Ausweitung einer gewaltigen neuen Infrastruktur nicht bremsen, deren wichtigste Komponenten das Internet, die Kabeltechnologie und die Satellitenverbindungen sind. Der zweite Faktor war die wachsende Fähigkeit der multinationalen Konzerne, unterschiedliche Montagewerke und Lieferketten in dutzenden Ländern miteinander zu verknüpfen. Dies begünstigte das „Outsourcing" oder „Offshoring" arbeitsintensiver Betriebsabläufe, die von den kostspieligen Standorten in den reichen Ländern in Regionen mit niedrigeren Arbeitskosten verlegt wurden.

„Armut ist nicht gleichbedeutend mit Sozialismus. Reich zu sein, ist ruhmvoll."

Deng Xiaoping, ehemaliger chinesischer Staatschef

Die neuen Arbeitskräfte in China, Indien und in anderen Ländern sind – zumindest vorläufig – bereit, für einen Bruchteil der Löhne und Gehälter zu arbeiten, die für vergleichbare Tätigkeiten in den USA oder Europa gezahlt werden. Dazu kommt, dass die relativen Kosten der Arbeitskräfte im Westen durch die Alterung der Gesellschaft und die Ausgaben für die großzügigen Kranken- und Sozialversicherungssysteme weiter steigen. Nachdem die europäischen Arbeitnehmer jahrzehntelang für eine angemessene Altersvorsorge und medizinische Versorgung, für beschränkte Arbeitszeiten und einen strikten Schutz ihrer Rechte gekämpft haben, scheinen viele einheimische und internationale Unternehmen, die sich mit billigen Importen und der neuen Verfügbarkeit billigerer Arbeitskräfte rund um den Erdball auseinander zu setzen haben, diese Belastung nicht länger tragen zu können. Indem die neuen Heere von Arbeitskräften, die für einen niedrigen Lohn zu arbeiten bereit sind, den multinationalen Unternehmen aus dem Westen eine Kostensenkung ermöglichen und die Wettbewerbsfähigkeit der chinesischen, indischen oder vietnamesischen Exporteure auf den liberalisierten Weltmärkten deutlich verbessern, erhöhen sie den Druck zur Senkung der Arbeitskosten und überfluten die Welt mit billigen Gütern.

Ein chinesischer Arbeiter kehrt den Boden eines Lagers von Coca-Cola in Peking. Die Fabrik, die rund um die Uhr ausliefert, war Anfang der 1980er-Jahre eines der ersten Joint-Ventures, die nach den ersten Wirtschaftsreformen in China gegründet wurden. 6. Juli 2000, Guang Niu

Ein Ergebnis dieser Entwicklung ist eine Verfestigung der ohnehin chronisch hohen Arbeitslosenraten in Westeuropa – einer Beschäftigungslosigkeit, die in Deutschland und anderen Ländern ein Ergebnis des geringen Wachstums ist und zugleich zur Wirtschaftsschwäche beiträgt, während sie in Frankreich soziale Unruhe auslöst. Die Frustration angesichts der scheinbar unabänderlichen wirtschaftlichen Malaise weckt bei weiten Bevölkerungskreisen Zweifel am Sinn einer Fortsetzung der europäischen Integration, welche die Zahl der Mitgliedstaaten mit der Osterweiterung der

EU im Jahr 2004 von 15 auf 25 erhöht hat. Auch in den USA fällt das Beschäftigungswachstum nicht so hoch aus wie in vergleichbaren Expansionsphasen der Vergangenheit, und die Zahl der Arbeitsplätze im produzierenden Gewerbe sinkt, da alte Industriezweige auf der Strecke bleiben.

Auf der anderen Seite bringt die kostengünstige globale Produktion eine außergewöhnliche und anhaltend geringe Inflation mit sich. Dies hat zum einen die Kaufkraft der Verbraucher im Westen erhöht und zum anderen die Zentralbanken rund um den Erdball in die Lage versetzt, die Zinsen in den letzten fünf Jahren auf einem historisch niedrigen Niveau zu halten. Ein weiterer Effekt der niedrigen Zinsen war eine synchronisierte Explosion der Eigenheimpreise, vor allem in den englischsprachigen Ländern, aber auch in Spanien und Frankreich.

„Unsere Sucht nach Öl berührt unsere nationale Sicherheit."

US-Präsident George W. Bush

Die Ausweitung der multilateralen Freihandelsabkommen und die Mitgliedschaft in der Welthandelsorganisation – China wurde im Jahr 2002 aufgenommen – hat es den asiatischen Ländern erleichtert, ihre Exportquote für billige Güter zu erhöhen. Zölle, Einfuhrquoten und andere Hindernisse für den Welthandel werden abgebaut. Gleichzeitig haben China und andere asiatische Länder in den letzten Jahren auf den Devisenmärkten hunderte Milliarden Dollar gekauft, um zu verhindern, dass ein sinkender Dollarkurs ihre Ausfuhren in die Vereinigten Staaten verteuert. Ein Großteil der von ihnen angehäuften Dollarreserven wird in amerikanischen Staatsanleihen angelegt, womit die langfristigen Kosten der Kreditaufnahme für den amerikanischen Staat sinken. Das kommt wiederum auch den amerikanischen Bürgern zugute, die ihre Eigenheime mit Krediten bezahlen, auf die diese niedrigen langfristigen Zinsen angewandt werden.

Die Beseitigung von Beschränkungen für den Import chinesischer Textilien im Jahr 2005 löste in den USA und in der EU rasch eine politische Gegenbewegung aus. Die chinesischen Exporteure überfluteten die westlichen Märkte mit extrem billiger Kleidung und unterboten die heimischen Erzeuger. Diese Entwicklung hat einem wachsenden Chor protektionistischer Stimmen in Politik, Wirtschaft und Gewerkschaften in den westlichen Ländern Argumente geliefert. Die Exporte der neuen Wirtschaftsmächte sind aber nicht auf Textilien, Spielzeug und Kunststoffprodukte beschränkt. Es kommen auch immer mehr Autos, Maschinen und Hochtechnologieerzeugnisse wie Computer und Software aus Asien. Westliche Unternehmen investieren gewaltige Summen in China und anderen Ländern mit niedrigen Arbeitskosten. Der Trend zur Verlegung von Callcentern, Data Hubs und Beratungsfirmen in Zentren der „New Economy" wie das indische Bangalore hat dazu geführt, dass auch immer mehr Bürotätigkeiten an Asien verloren gehen. Es kann also nicht verwundern, dass sich die Arbeitskräfte im Westen fürchten. In Asien selbst hat der Boom dazu beigetragen, Millionen Menschen aus der Armut zu befreien und bei tausenden gut ausgebildeten jungen Arbeitskräften, deren Vorgängergenerationen ihr Leben lang um ihren Lebensunterhalt kämpfen oder auf die Emigration nach Europa oder Nordamerika setzen mussten, die Hoffnung auf eine Zukunft in größerem Wohlstand geweckt.

Allerdings: Die Wirtschaftsblüte Asiens hat der Weltwirtschaft auch eine Bürde auferlegt. China hat aufgrund seines rasanten wirtschaftlichen Aufstiegs ebenso wie Indien, das es seinem Nachbarn gleichtun könnte, einen kaum stillbaren Appetit auf Erdöl und andere Rohstoffe, die in beiden Ländern knapp sind. Die Explosion der Nachfrage hat den Erdölpreis seit Beginn des Jahrzehnts auf das Doppelte steigen lassen und die Preise anderer Rohstoffe wie Industriemetalle in die Höhe getrieben. Eine Entwicklung, die sich als Segen für ärmere Länder wie Russland und einige lateinamerikanische Staaten mit Erdöl- und Rohstoffreserven erwiesen hat. Die Folge ist ein weiterer Transfer von Wohlstand von den relativ reichen Konsumenten in den Vereinigten Staaten, Europa und Japan zu jenen Entwicklungsländern, die über Bodenschätze verfügen. Doch die Auseinandersetzung um die knapper werdenden natürlichen Ressourcen der Erde wird härter. Der wachsende Rohstoffkonsum hat gewaltige Auswirkungen auf die Umwelt, denn die neuen Wirtschaftsmächte nehmen das Recht für sich in Anspruch, ihre Industrialisierung mit derselben Geschwindigkeit voranzutreiben wie die westliche Welt in den vergangenen Jahrhunderten. Sie lehnen eine Knebelung durch multilaterale Vorschriften und Umweltschutzstandards ab, die viele im Westen mittlerweile für unerlässlich halten, um dem Klimawandel und der Erderwärmung Einhalt zu gebieten.

Andererseits eröffnet eine Weltwirtschaft, in der die Früchte der industriellen Entwicklung und des Handels zumindest geografisch endlich gerechter verteilt werden können, große Möglichkeiten. Weitblickende Politiker im Westen fordern eine bessere allgemeine und berufliche Bildung und eine Ausweitung des lebenslangen Lernens, um ihren Bevölkerungen die Möglichkeit zu geben, sich im neuen globalen Wettbewerb um Arbeitsplätze zu behaupten. Die aufstrebenden Mächte bemühen sich, ihren neuen Wohlstand zu sichern, indem sie finanzielle und rechtliche Institutionen aufbauen, die diesen Wohlstand schützen und zukunftsträchtige Investitionen vornehmen können, und indem sie ihre neue wirtschaftliche und politische Macht einsetzen, um Einfluss auf die Weltordnung zu nehmen.

Während das Wachstum der Weltwirtschaft und die Neudefinition der globalen Kräfteverhältnisse also den Wohlstand vieler Menschen erhöht, drohen jene auf der Strecke zu bleiben, die zu marginalisiert oder zu machtlos sind, um an der Entwicklung teilzunehmen. So hat sich die Notlage der ärmsten Länder, von denen die meisten in der afrikanischen Subsahara-Region zu finden sind, in den letzten Jahren möglicherweise weiter

Die G-8-Führer kehren nach einem Gruppenfoto am Ende des Gipfeltreffens im schottischen Gleneagles ins Gleneagles Hotel zurück. 8. Juli 2005, Kevin Coombs

verschärft. Diese Länder, die von tiefster Armut, einem endlosen Kreislauf gewaltsamer Konflikte und einer Aids-Epidemie heimgesucht werden, die ihre Bevölkerung und ihre Arbeitskräfte dahinrafft, müssen zusätzlich die Last des Schuldendienstes für Kredite tragen, die vor Jahrzehnten bei Einrichtungen wie dem Internationalen Währungsfonds und der Weltbank aufgenommen worden waren.

In einer Kampagne, die im Jahr 2005 ihren Höhepunkt erreichte, verlangten Interessenverbände, Hilfsorganisationen, prominente Persönlichkeiten und weite Teile der europäischen und amerikanischen Öffentlichkeit Maßnahmen zur Verringerung der Schuldenlast und größere Anstrengungen zur Verwirklichung der so genannten Millennium-Entwicklungsziele der Vereinten Nationen, die darin bestehen, in den armen Ländern die Kindersterblichkeit zu senken, die medizinische Versorgung zu verbessern und den Analphabetismus zurückzudrängen. Großbritannien, das in diesem Jahr den Vorsitz der G-8 innehatte, versuchte, die Aufmerksamkeit der größten Industrienationen auf Afrika zu lenken und setzte eine weltweite Vereinbarung über einen Schuldenerlass für die ärmsten Länder durch. Nächstes Ziel ist eine umfassende Freihandelsvereinbarung, die eine Senkung der Einfuhrzölle für Agrarprodukte durch die reichen Länder beinhalten müsste, um den Exporteuren aus den armen Ländern gleiche Ausgangsbedingungen auf den internationalen Märkten zu verschaffen.

Bisher wurden in den entsprechenden Gesprächen kaum Fortschritte erzielt, bei mehreren Gelegenheiten drohten sie sogar vollkommen zu scheitern. Immerhin: Die für die Gestaltung der globalen Wirtschaftspolitik Verantwortlichen haben erkannt, dass etwas getan werden muss. Mit zunehmender Integration und Interdependenz der Weltwirtschaft wächst die Bedeutung dieser Führungsgruppe und ihrer Mitglieder. Obwohl die nationalen Volkswirtschaften immer enger zusammenwachsen, wird es wohl weiter zu Konflikten über Probleme wie die unausgewogenen Handelsbilanzen und den Zugang zu knappen Ressourcen kommen. Die Suche nach Konsenslösungen für einige der größten makroökonomischen Probleme dürfte die wichtigste Aufgabe im neuen Jahrhundert sein, denn das Wohlergehen von Unternehmen und Arbeitskräften hängt nicht mehr von der Entwicklung der einzelnen Regionen oder Staaten, sondern vom reibungslosen Funktionieren der Weltwirtschaft insgesamt ab.

Seit Mitte der 1970er-Jahre ist die Welt der Bildung eines Weltwirtschaftsrates nie näher gekommen als mit der „Gruppe" der größten Industrieländer, die sich einmal jährlich zu einem Gipfeltreffen versammeln. Das G-7-Forum der Finanzminister der USA, Japans, Deutschlands, Frankreichs, Großbritanniens, Italiens und Kanadas funktioniert de facto als Leitungsgremium der Weltwirtschaft, auch wenn die Gruppe als G-8 bezeichnet wird, seit im Jahr 1998 Russland zu den Treffen eingeladen wird. Die G-7/G-8-Koalition lenkt die Geschicke der globalen Devisenmärkte und übt beträchtlichen Einfluss auf den Internationalen Währungsfonds und die Weltbank aus. Die von der Gruppe behandelten politischen Themen reichen von der atomaren Abrüstung über die Verschuldung der Entwicklungsländer bis zum Klimawandel. Im Jahr 2005 lud die G-7 erstmals die Schwellenländer China, Indien, Brasilien, Russland und Südafrika zu ihrem Treffen ein; die Vereinigten Staaten sprachen gar von einem „gleitenden Übergang" zur Einbindung dieser Länder in die Gruppe. Aber der Wandel geht nur langsam vonstatten, auch wenn der Druck, sich zu verändern, anwächst. Und das liegt nicht zuletzt daran, dass sich in der G-7/G-8 die Verschiebung der wirtschaftlichen und finanziellen Macht zu den aufstrebenden asiatischen Wirtschaftsriesen nicht widerspiegelt. Die G-7 mag der weltwirtschaftlichen Vormachtstellung der transatlantischen Achse vor 20 Jahren Rechnung getragen haben – die globale Wirtschaft des 21. Jahrhunderts aber hat eindeutig einen transpazifischen Charakter.

28. November 2005, FRANKFURT, DEUTSCHLAND

Das beleuchtete Euro-Zeichen vor der Zentrale der Europäischen Zentralbank in Frankfurt. 300 Millionen Menschen in 12 Ländern verwenden seit dem 1. Januar 2002 die neue Gemeinschaftswährung. Die einzigen Mitgliedstaaten der Europäischen Union, die an ihrer nationalen Währung festhalten, sind Schweden, Dänemark und Großbritannien. Kai Pfaffenbach

8. September 2004, BERLIN, DEUTSCHLAND

Bundeskanzler Gerhard Schröder wendet sich in einer Haushaltsdebatte an den Bundestag. Kai Pfaffenbach

29. September 2003, BOURNEMOUTH, GROSSBRITANNIEN

Finanzminister Gordon Brown hält am zweiten Tag des Parteitags der britischen Labour Party in Bournemouth eine Rede. Toby Melville

13. September 2005, KUWAIT-STADT, KUWAIT

Aktienhändler an der Wertpapierbörse Kuwait verfolgen die Entwicklung der Aktienkurse. Stephanie McGehee

14. Januar 2005, FRANKFURT, DEUTSCHLAND

Ein Händler an der Deutschen Börse in Frankfurt in einer Pause.
Kai Pfaffenbach

30. Juli 2003, HARARE, SIMBABWE

Ein Bürger hält eine 10-Dollar-Note und den entsprechenden Schwarzmarktbetrag in der Landeswährung (35 Z$) in der neuen höchsten Geldscheinstückelung von 500 Simbabwe-Dollar hoch. Zwei Monate später lässt die Regierung angesichts der ausufernden Inflation einen weiteren neuen Geldschein mit einem Nennwert von 1000 Z$ ausgeben, um der Währungsknappheit entgegenzusteuern. Howard Burditt

12. Dezember 2001, LONDON, GROSSBRITANNIEN

Ein Bankangestellter zählt die neuen Euro-Noten, die 20 Tage später in weiten Teilen Europas zur gemeinsamen Währung werden. Großbritannien behält allerdings den Sterling als Währung. Russell Boyce

18. August 2003, HARARE, SIMBABWE

Ein Mann stapelt den auf dem Schwarzmarkt zu zahlenden Gegenwert von 1000 US-Dollar in der Landeswährung auf – rund 5 Millionen Simbabwe-Dollar. Neben einer Inflationsrate von mehr als 400 Prozent kämpft Simbabwe Mitte 2003 mit einer Nahrungsmittel- und Treibstoffknappheit. Die Arbeitslosenrate liegt bei mehr als 70 Prozent. Bis März 2006 verschlechtert sich die Situation weiter: Die Inflation erreicht eine weltweite Rekordmarke von mehr als 780 Prozent, rund 4,3 Millionen Menschen sind auf Lebensmittelhilfe angewiesen. Howard Burditt

9. November 2004, SEOUL, SÜDKOREA

Ein Bankangestellter hinter aufgestapelten US-Dollar-Noten. You Sung-Ho

12. Januar 2002, KANDAHAR, AFGHANISTAN

Ein afghanischer Devisenhändler wedelt auf einem Markt in Kandahar, wo Geld gewechselt wird, mit seinen Geldscheinen. Zainal Abd Halim

26. Juni 2005, PEKING, CHINA

Bauarbeiter bei der feierlichen Grundsteinlegung für das Olympische Dorf in Peking, das ein zentraler Bestandteil der Anlagen ist, die für die Olympischen und Paralympischen Spiele im Jahr 2008 gebaut werden müssen. Peking schätzt die Investitionen bis August 2008 auf insgesamt fast 40 Mrd. US-Dollar, wobei der Großteil des Geldes in den Bau neuer Straßen und U-Bahn-Linien sowie in die Verbesserung der Stromversorgung und der Umweltsituation in der Hauptstadt fließen wird. Alfred Cheng Jin

25. Oktober 2005, GUANGSCHU, CHINA

Amateurübersetzer bieten ausländischen Besuchern der Exportwarenmesse in Guangschu, die auch als Kanton-Messe bekannt ist, ihre Dienste an. Die zweimal im Jahr stattfindende Messe in der südchinesischen Stadt ist die größte und bedeutendste Chinas. Bei der Ausstellung im Oktober 2005 wurden Geschäfte im Wert von fast 30 Mrd. US-Dollar abgeschlossen.
John Ruwitch

13. Oktober 2005, SCHANGHAI, CHINA

Chinesische Verkäuferinnen auf einem Textilmarkt in Schanghai warten auf Kunden. Niedrige Lohnkosten und der Einsatz modernster Maschinen haben ein rasantes Wachstum des chinesischen Textilsektors ermöglicht. Claro Cortes IV

5. September 2005, SCHANGHAI, CHINA

Eine Verkäuferin auf einem Markt in Schanghai liest die Zeitung. Als Anfang des Jahres 2005 die Exportquoten fielen, stiegen die chinesischen Textillieferungen in die westlichen Länder dramatisch an, was in den Empfängerländern einen politischen Aufschrei auslöste. Sowohl die USA als auch die EU führten erneut Einfuhrbeschränkungen ein, um ihre einheimischen Textilhersteller vor dem Untergang zu bewahren. Rund 88 Millionen T-Shirts, Büstenhalter und andere Textilien aus China wurden im Juni 2005 von der EU mit Zöllen belegt, bevor man sich auf neue Quoten einigte.
Aly Song

20. Juli 2005, SCHANGHAI, CHINA

Ein Arbeiter sammelt auf einer Baustelle in Schanghai Metallabfälle ein. Da jedes Jahr 8,5 Millionen Chinesen in die Städte strömen und die Wirtschaft in den ersten fünf Jahren des 21. Jahrhunderts um bis zu 10 Prozent gewachsen ist, erlebt das chinesische Baugewerbe einen Boom. Ming Ming

3. November 2005, PEKING, CHINA

Chinesische Arbeiter reißen alte Häuser im Geschäftszentrum von Peking ab, um Platz für den Bau eines neuen Bürogebäudes zu schaffen. Jason Lee

23. Februar 2003, MOSSUL, IRAK

Türkische Lastwagen, die irakisches Rohöl durch das von den Kurden kontrollierte Gebiet zu Raffinerien in der Türkei bringen, warten nördlich von Mossul in einer langen Schlange. Caren Firouz

5. Mai 2004, HO-CHI-MINH-STADT, VIETNAM

Eine von Mopedfahrern umringte Luxuslimousine steht an einer Kreuzung im Geschäftszentrum von Ho-Chi-Minh-Stadt. Während etwa zwei Drittel der Vietnamesen weiterhin wie ihre Vorfahren von der Landwirtschaft leben, gelangen Jungunternehmer rasch zu Reichtum, was die Nachfrage nach Luxusautos stark erhöht.

15. Oktober 2005, DUBAI, VEREINIGTE ARABISCHE EMIRATE

Der dichte Verkehr in Dubai verursacht Verkehrsstaus auf der Maktum-Brücke. Regierungsbeamte räumen ein, dass die Verkehrsprobleme in Dubai mit derselben atemberaubenden Geschwindigkeit gewachsen sind wie die Stadt selbst, in der aufgrund eines Wirtschaftsbooms eine frenetische Bautätigkeit eingesetzt hat. Anwar Mirza

15. August 2005, GUANDONG, CHINA

Mopedfahrer warten an einer Tankstelle in der Provinz Guandong bei einem Schild mit der Aufschrift „Kein Treibstoff“. Guangdong ist das Kernland der Fertigungsindustrie, wo Treibstoffengpässe im Jahr 2005 zur Schließung von Tankstellen, Benzinrationierung und stundenlangen Warteschlangen führen.

17. August 2005, GUANDONG, CHINA

Autofahrer warten in mehreren Schlangen vor einer Tankstelle in der Provinz Guangdong. Die Treibstoffengpässe, die zu derart gewaltigen Schlangen führen, sind teilweise darauf zurückzuführen, dass die chinesischen Ölkonzerne die Lieferungen für den defizitären Binnenmarkt, auf dem die Preise staatlich reguliert werden, eingeschränkt haben, um ihre Bilanzen zu schützen. China Newsphoto

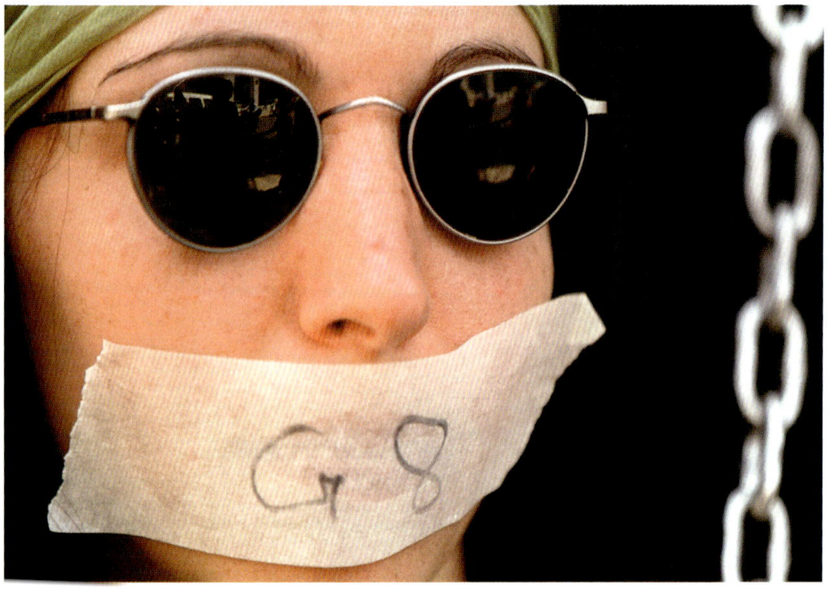

10. November 2002, SEOUL, SÜDKOREA

Südkoreanische Demonstranten schreien bei einer Kundgebung in Seoul Slogans gegen die Regierung. Rund 10 000 Mitglieder des koreanischen Gewerkschaftsverbands protestieren gegen eine Gesetzesvorlage, mit der Sonderwirtschaftszonen eingerichtet werden sollen, die den Unternehmen nach Meinung der Demonstranten das Lohndumping ermöglichen werden. Auf den Schildern steht „Weg mit dem Gesetz über die Sonderwirtschaftszonen". Kim Kyung-Hoon

29. Juni 2001, ATHEN, GRIECHENLAND

Eine griechische Globalisierungsgegnerin, die sich an das Tor der italienischen Botschaft in Athen gekettet hat. Alexandros Vlachos

13. Dezember 2005, HONGKONG, CHINA

Ein Demonstrant treibt im Victoria-Hafen nahe dem Konferenzzentrum im Wasser. Über 100 Personen springen nach einem Protestmarsch gegen die Liberalisierung des Welthandels ins Hafenbecken. Sondereinheiten der Polizei setzen Pfefferspray gegen die Demonstranten ein – darunter viele südkoreanische Bauern – , die sich gegen die Öffnung des Reismarktes ihres Landes wehren. Claro Cortes IV.

3. September 2002, JOHANNESBURG, SÜDAFRIKA

Französische Demonstranten bei einer Kundgebung gegen Großunternehmen während des UN-Weltgipfels für nachhaltige Entwicklung in Johannesburg. Der Globus im Hintergrund ist das Kuppelzelt des deutschen Automobilherstellers BMW. Auf dem Protestbanner steht „Verkauft". Howard Burditt

14. September 2003, CANCÚN, MEXIKO

Aktivisten von Oxfam karikieren bei einem Treffen der Welthandelsorganisation in Cancún die Staats- und Regierungschefs der G-8-Länder (von links nach rechts: Gerhard Schröder aus Deutschland, Jean Chrétien aus Kanada, Jacques Chirac aus Frankreich, Tony Blair aus Großbritannien, Junichiro Koizumi aus Japan, Silvio Berlusconi aus Italien und George W. Bush aus den Vereinigten Staaten von Amerika). Ihre Botschaft lautet, dass die reichen Länder die Stimmen nicht hören wollen, die nach einer Änderung der Regeln für den Welthandel rufen.

Juan Carlos Ulate

CARABINIERI

NO MORE
COPS
CARABINIERI

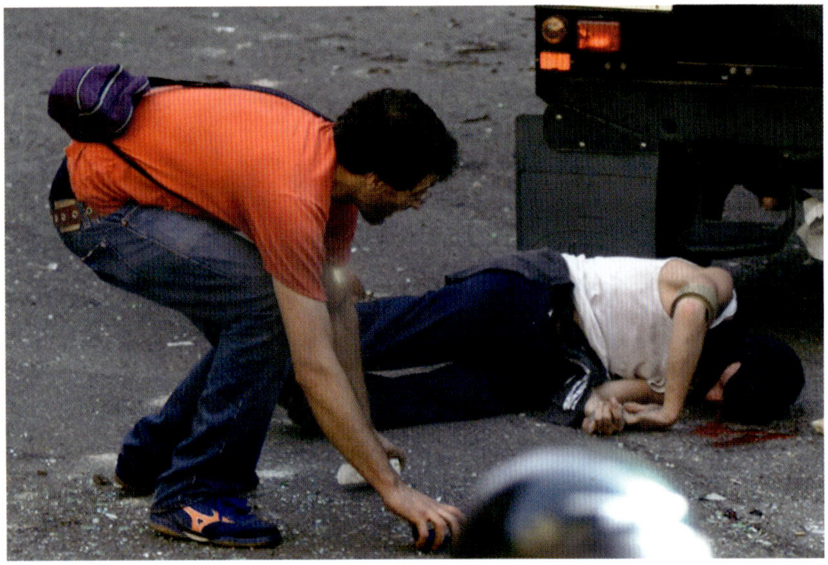

CC
AE 217

CARABINIERI
CC
AE 217
DEFENDER

CARABINIERI
CC
AE 217

20. Juli 2001, GENUA, ITALIEN

Proteste gegen das Jahrestreffen der G-8 in Genua arten in gewalttätige Ausschreitungen aus. Die Polizei setzt scharfe Munition, Tränengas und Wasserwerfer ein, um tausende antikapitalistische Demonstranten und Globalisierungsgegner zu zerstreuen, die sich in der Stadt gesammelt haben. Mindestens 300 Personen werden verletzt und mehr als 100 verhaftet. Der 23-jährige italienische Demonstrant Carlo Giuliani erleidet tödliche Verletzungen, als er von zwei Kugeln getroffen und von einem Polizeifahrzeug überfahren wird. Am Ende des dreitägigen Gipfeltreffens ist der alte Hafen von Genua mit ausgebrannten Autos, zersplittertem Glas und zerstörtem Eigentum übersät. Seit der ersten Konfrontation beim Gipfel der Welthandelsorganisation in Seattle im Jahr 1999 ist es bei Gipfeltreffen in aller Welt zu ähnlichen Gewaltakten gekommen.

Dylan Martinez, Peter Andrews (Bilder der unteren Reihe)

28. Mai 2004, GUADALAJARA, MEXIKO

Ein Demonstrant stößt im Verlauf einer Demonstration gegen ein Gipfeltreffen lateinamerikanischer, karibischer und europäischer Staaten in Guadalajara mit Polizisten zusammen. Daniel Aguilar

17. November 2005, KYONGJU, SÜDKOREA

Sonderpolizisten bewachen das Gipfeltreffen der Asiatisch-Pazifischen Wirtschaftsgemeinschaft APEC in Kyongju, wo rund 2000 Bauern und Landwirtschaftsaktivisten und 3000 Gewerkschafter auf die Straße gegangen sind, um die APEC, die Welthandelsorganisation und US-Präsident George W. Bush anzuklagen. Reinhard Krause

25. Januar 2003, LANDQUART, SCHWEIZ

Globalisierungsgegner, die auf dem Weg zum Weltwirtschaftsforum in Davos sind, suchen Schutz vor den Wasserstrahlen, mit denen die Sonderpolizei versucht, die Eskalation einer genehmigten Kundgebung zu gewalttätigen Ausschreitungen zu verhindern. Hunderte Demonstranten versuchen einen starken Sicherheitskordon zu durchbrechen, um den Politikern ihre Ablehnung des bevorstehenden amerikanischen Angriffs auf den Irak zu zeigen. Denis Balibouse

1. Juli 2001, SALZBURG, ÖSTERREICH

Demonstranten stoßen bei einer Kundgebung gegen das Weltwirtschaftsforum in Salzburg mit Sondereinheiten der österreichischen Polizei zusammen. Michael Leckel

14. Dezember 2005, HONGKONG, CHINA

Die Polizei setzt Pfefferspray gegen südkoreanische Bauern ein, die während einer Protestkundgebung gegen eine Konferenz der Welthandelsorganisation in Hongkong versuchen, den Polizeikordon zu durchbrechen. Bobby Yip

Unsere Unterhaltungsindustrien können mittlerweile lebensechte alternative Wirklichkeiten erzeugen. Die Berühmtheiten, die sie hervorbringen, sind die Halbgötter unserer Zeit, deren Triumphe und Fehltritte von Millionen verfolgt werden. Doch die Tatsache, dass die Menschen rund um den Erdball über das Internet Zugang zu derselben Musik, denselben Filmen und denselben Medien erhalten, könnte letzten Endes die Welt in einem Maß einen, das über die visionärsten Träume der Vereinten Nationen hinausgehen wird.

Kultur im digitalen Zeitalter

von Mike Collett-White

Unterhaltung / Berühmtheit / Medien / Film / Mode / Musik / Politik / Performance / Kunst / Architektur

Kultur im digitalen Zeitalter

Der Medienrummel, der den Auftritt der amerikanischen Hotelerbin Paris Hilton beim Filmfestival von Cannes im Jahr 2005 begleitete, ließ keinen Zweifel daran, dass eine Berühmtheit höchsten Ranges eingetroffen war. Kameraleute und Fotografen kämpften um einen Platz auf einem knirschenden hölzernen Pier, um eine Aufnahme von Hiltons Ankunft per Boot zu ergattern und hetzten anschließend über den Boulevard de la Croisette in den überfüllten Pressesaal des Hotels Carlton, wo eine Pressekonferenz der prominenten Erbin auf dem Programm stand.

Der Trubel war durchaus mit jenem um den spektakulärsten Film vergleichbar, der in diesem Jahr bei dem Festival vorgestellt wurde: Krieg der Sterne: Episode III – Die Rache der Sith, das mit Spannung erwartete letzte Kapitel des bahnbrechenden sechsteiligen Weltraumepos von George

U2-Sänger Bono, der an der Spitze der weltweiten Kampagne für Schuldenerlass steht, verlässt nach einer Rede auf dem Parteitag der britischen Labour Party in Brighton die Bühne. In seinem Rücken ist der Schatten von Premierminister Blair zu sehen. 29. September 2004, Russell Boyce

Lucas. Der Empfang, der Hilton bereitet wurde, war von der Art, die eigentlich Hollywood-Schwergewichten wie Tom Cruise und Nicole Kidman vorbehalten ist. Hier aber feierte man ein 24 Jahre altes Partyhäschen, dessen Berühmtheit vor allem darauf beruhte, dass es auf einem privaten Sexvideo zu sehen war, das seinen Weg ins Internet gefunden und von Millionen bewundert worden war. Und bei der Promotionverpflichtung, die Hilton nach Cannes geführt hatte, handelte es sich um einen Niedrigbudget-Studentenklamauk mit dem Titel *National Lampoon s Pledge This!*, der obendrein erst Monate später in die Kinos kommen sollte.

Der Ausdruck „berühmt durch Berühmtheit" sagt viel über den gegenwärtigen Zustand der Unterhaltungsbranche. Wir leben in der Ära des Prominentenkults. Eine Vielzahl zunehmend abstoßender Reality-Shows im Fernsehen, die Einwegstars von fragwürdigem Talent hervorbringen, haben Teile der Öffentlichkeit zwar überreizt und dazu bewegt, das Phänomen mit Zynismus zu nehmen. Doch es ist eine Tatsache, dass wir in einer Zeit leben, in der Berühmtheit und mit ihr Geld und Einfluss leichter zu erreichen sind als je zuvor. Mit einem passablen Auftritt bei *Pop Idol (DSDS)*, einer skandalträchtigen Affäre oder einer Niederkunft auf dem Set von *Big Brother* sichert man sich eine gute Ausgangsposition, um es die Berühmtheitsleiter hinauf zu schaffen. Anschließend hängt es vom eigenen Geschick und von der Publicity-Maschine ab, ob man den Aufstieg fortsetzen und den begehrten Status eines echten Prominenten erlangen kann.

In den Augen seiner vielen Gegner hat der Promi-Kult die Kultur verdummt. Seine Anhänger sind dagegen der Meinung, er habe die Welt

Der Ausdruck „berühmt durch Berühmtheit" sagt viel über den gegenwärtigen Zustand der Unterhaltungsbranche: Wir leben in der Ära des Prominentenkults.

fairer gemacht, denn Ruhm kann heute jeder erlangen. Wesentlich zur Entfaltung des Phänomens beigetragen haben revolutionäre Veränderungen in der Massenkommunikation in den vergangenen 20 Jahren. Eine wachsende Zahl von Websites und Hochglanzmagazinen, die sich dem Showbusiness, Gerüchten und Skandalen widmen, nutzen sowohl die technologischen Fortschritte als auch unsere Besessenheit von Berühmtheit. Je mehr Publikationen es gibt, desto mehr Prominente werden benötigt, um ihre Seiten zu füllen – ein Kreislauf. Wer einmal gesehen hat, wie eine Nachwuchsschauspielerin aus Hollywood beim Verlassen eines Nachtklubs von Fotografen und Fans gejagt wird, muss sich eigentlich fragen, warum sie diesem Beruf nachgehen will. Aber vielleicht hatte Oscar Wilde Recht: Dass man nicht über uns spricht, ist das Einzige, das schlimmer ist, als dass man über uns spricht. Berühmtheiten müssen lernen, für die Vorzüge auch die Widrigkeiten in Kauf zu nehmen; die Medien spielen dabei die Rollen von Freund und Feind gleichermaßen. Zugängliche Stars, die Exklusivinterviews gewähren, erhalten im Gegenzug eine vorteilhafte Berichterstattung, die an Speichelleckerei grenzen kann – es werden Bäuche gepinselt und Egos gestreichelt. Auf der anderen Seite führt die erbarmungslose Konkurrenz dazu, dass den Medien nichts mehr heilig ist und die Paparazzi immer aufdringlichere und aggressivere Taktiken anwenden. Das Privatleben und die unappetitlichen Gewohnheiten, eine Drogensucht und Hautunreinheiten sind mehr denn je eine legitime Beute für die Unterhaltungsindustrie.

So verwenden die wirklichen Stars ebenso viel Zeit auf den Schutz ihrer Privatsphäre wie darauf, ihre Berühmtheit zur Schau zu tragen. Aufstrebende Berühmtheiten haben zahlreiche – tragische – Beispeile vor Augen. Die britische Prinzessin Diana, einst die am häufigsten abgelichtete Frau der Welt, starb in Paris bei einem Autounfall, als sie einer Meute von Paparazzi zu entkommen versuchte. Ungezählte Prominentenehen halten dem grellen Scheinwerferlicht der Medien nicht stand. Und kaum ein Beispiel ist beunruhigender als das des „King of Pop" Michael Jackson, der keinen Schritt tun kann, ohne dabei von einer sensationshungrigen Presse beobachtet zu werden. Möglicherweise wird ihn die Welt nicht als musikalisches Genie, sondern als Sonderling in Erinnerung behalten, dessen Ruf durch den Vorwurf der Belästigung von Kindern beschmutzt ist, obwohl er im Jahr 2005 in einem Sensationsprozess freigesprochen wurde.

Ein positiver Nebeneffekt der Publicity ist, dass bekannte Persönlichkeiten ihren Ruhm auch in den Dienst ernsthafter Anliegen stellen. Ein Beispiel dafür ist Hollywood-Star George Clooney, der die erbittert geführte Debatte über die amerikanische Außenpolitik seit den Terrorangriffen am 11. September 2001 in seinem Film *Syriana* aufgreift. Ganz in der Tradition des Kinos der 1960er- und 1970er-Jahre finden Themen mit einem klaren Realitätsbezug ihren Weg auf die Kinoleinwand. So hat sich Steven Spielberg in dem Film *M nchen* mit dem palästinensischen Terrorangriff auf die israelische Olympiamannschaft im Jahr 1972 und der israelischen Rache an den Tätern befasst. Im Zentrum steht dabei die Frage, ob mit dieser Politik noch mehr Feinde herangezüchtet wurden – eine Überlegung, die angesichts der Auseinandersetzung zwischen den USA und al-Qaida zum Nachdenken anregt. *Paradise Now*, der für den Oscar nominierte Film des palästinensischen Regisseurs Hany Abu-Assad, erzählt die Geschichte zweier Männer, die von einer Terrorgruppe ausgewählt werden, um einen Selbstmordanschlag in Tel Aviv zu verüben. Auslöser für diese Politisierung der Unterhaltungsindustrie war sicher Michael Moore. Als er im Jahr 2004 beim Filmfestival in Cannes für seine Anti-Bush-Polemik *Fahrenheit 9/11* mit der Goldenen Palme ausgezeichnet wurde, war dies als Signal dafür zu verstehen, dass das Showbusiness offenbar zu der Überzeugung gelangt war, politisch Stellung beziehen zu müssen. Doch selbst die Macht der Kinostars hat ihre Grenzen: Auch die ausdrückliche Opposition zahlreicher Hollywood-Schwergewichte konnte die Wiederwahl des amerikanischen Präsidenten George W. Bush im Jahr 2004 nicht verhindern.

Zahlreiche Künstler engagieren sich in sozial-politischen Bereichen. Bono, Sänger von U2 und Inbegriff des engagierten Prominenten, verfolgt kein geringeres Ziel als die Beseitigung der Armut in der Welt – und er hat Zugang zu den Korridoren der Macht, um wirksam für seine Sache zu werben. Wenn er im Weißen Haus zu Mittag isst oder mit dem britischen Premierminister Tony Blair eine Veranstaltungsbühne teilt, spielt oft der Politiker die zweite Geige. Bob Geldof, ein weiterer irischer Rocksänger, stellte zwei internationale Mammutkonzerte auf die Beine, *Live Aid* im Jahr 1985 und *Live 8* zwei Jahrzehnte später. Mit zehn Bühnenshows auf vier Kontinenten wurde das Spektakel *Live 8* am 2. Juli 2005 zum größten Rockkonzert aller Zeiten. Zweck der Veranstaltung war es, die reichen Länder dazu zu bewegen, den Armen der Welt zu helfen.

Der Musiker Sir Bob Geldof, ein weiterer Fürsprecher des Schuldenerlasses für die armen Länder, wartet auf dem Londoner Bahnhof Euston auf die Abfahrt seines Zugs nach Edinburgh. In Schottland wird er sich einer Kundgebung für die Kampagne „Make Poverty History" anschließen, die am Tag vor dem G-8-Gipfel in Gleneagles stattfinden wird. 5. Juli 2005, Stephen Hird

Eine nicht ganz so positive Botschaft sandten die Organisatoren allerdings bei der Planung von *Live 8* aus. Obwohl die Armut in Afrika eines der Hauptthemen der Veranstaltung sein sollte, wurden zunächst keine afrikanischen Künstler berücksichtigt. Stattdessen konzentrierte sich Geldof darauf, international bekannte Kollegen für sein Projekt zu gewinnen, um ein möglichst großes Publikum zu erreichen. Erst ein von Peter Gabriel organisiertes zusätzliches Konzert verschaffte den afrikanischen Musikern schließlich eine eigene Bühne. Diese Show fand wiederum kaum Beachtung in den Medien, da Madonna, Paul McCartney und Elton John im Mittelpunkt der Fernseh- und Presseberichterstattung standen. Ein Grund dafür ist natürlich, dass das internationale Showbusiness von angloamerikanischen Künstlern beherrscht wird. Ein Fakt, den man nicht nur im Musikgeschäft, sondern auch in der Filmindustrie deutlich spürt. Während asiatische oder indische Produktionen aus Bollywood auf ihrem Heimatmarkt ausgezeichnete Einspielergebnisse erzielen, können sie sich auf den lukrativen Märkten Europas und der USA kaum durchsetzen. Nur eine Hand voll Stars wie Aishwarya Rai und Amitabh Bachchan sind auch außerhalb Indiens bekannt und mit Ausnahme einiger weniger Produktionen wie *Tiger and Dragon* von Ang Lee wird das asiatische Kino eher von Hollywood adaptiert als nach Hollywood exportiert. Die Zahl international anerkannter Stars aus Fernost ist gering – Ziyi Zhang aus China und Michelle Yeoh aus Malaysia sind eher Ausnahmen von der Regel. Dennoch glauben einige Kritiker, dass die hohe Qualität des asiatischen Kinos und die wachsende Akzeptanz von Untertiteln beim englischsprachigen Kinopublikum im Laufe der Zeit dazu führen könnten, dass diese Produktionen auch auf anderen Märkten ein großes Publikum erreichen werden.

Manche Experten sehen auch in den schönen Künsten und in der Architektur eine demokratischere Ära anbrechen. Als BritArt zu Beginn der 1990er-Jahre die Kunstwelt verblüffte, hatte die Schockwirkung ebenso großen Anteil an diesem Erfolg wie die künstlerische Qualität. So verursachte Tracey Emin beträchtlichen Aufruhr mit einem zerwühlten und mit Kondomen übersäten Bett; dasselbe gelang Damien Hirst mit seinen in Formaldehyd eingelegten toten Tieren. Manch ein Kritiker bezweifelte, dass Hirsts eingelegter Hai aus dem Jahr 1991 überhaupt Kunst sei, doch 13 Jahre später wurde diese Arbeit für verblüffende 7 Millionen Pfund verkauft. Die BritArt-Bewegung mag ihren Zenit Mitte der 1990er-Jahre überschritten haben, aber ihre herausragenden Vertreter zählen immer noch zu den Protagonisten der schönen Künste, was allerdings eher ihrem Gewicht als Prominente als ihrer aktuellen künstlerischen Produktion zuzuschreiben ist. Im Alter von 40 Jahren ist der böse Bube der britischen Kunst brav geworden, und die Kritiker reagieren kühl auf seinen neuen fotorealistischen Stil. Dennoch: Hirst ist immer noch eines der bekanntesten Gesichter der internationalen Kunstszene. In der von der Zeitschrift *ArtReview* aufgestellten Liste der hundert einflussreichsten Personen des Jahres 2005 belegte er als erster Künstler überhaupt den Spitzenplatz.

Wenn aber jemand bewiesen hat, dass die Kunst wirklich demokratisch sein kann, so sind das Christo und seine Frau Jeanne-Claude. Ihre Installation „The Gates" im New Yorker Central Park wurde als größtes Kunstwerk der Welt seit der Sphinx bezeichnet. Der Zutritt zu den 7500 riesigen Rahmen, die entlang der Gehwege des Parks aufgestellt waren und von denen wallende Stoffbahnen herabhingen, war gratis, obwohl die Installation ihre Schöpfer schätzungsweise 20 Millionen Dollar gekostet hatte. Umsonst ist auch der Zugang zu vielen gefeierten Architekturprojekten der letzten Jahre. Die schweizerischen Architekten Jacques Herzog und Pierre de Meuron erhielten weltweites Lob für die Umwandlung eines alten Kraftwerks am Ufer der Themse in London in das im Mai 2000 eröffnete Tate Modern, das mittlerweile zu den weltweit bestbesuchten Museen für moderne Kunst zählt. Der in Los Angeles ansässige Frank Gehry hat sich von den geraden Linien der Skylines amerikanischer Großstädte gelöst und eine Reihe revolutionärer Gebäude entworfen, die Kunstsammlungen und Konzertsäle beherbergen. Gehry zeichnet für viele denkwürdige Gebäude wie das Richard B. Fisher Center for the Performing Arts in New York und die Walt Disney Concert Hall in Los Angeles verantwortlich, doch sein berühmtestes Projekt bleibt das Guggenheim Museum in Bilbao, dessen mit Titan verkleidete kurvige Konturen eher an eine riesige Skulptur als an ein Museum erinnern und das ebenso viele Besucher anlockt wie die darin ausgestellten Kunstwerke. Gehrys visionäres Gebäude trug wesentlich dazu bei, einen abgewirtschafteten spanischen Industriehafen in einen internationalen kulturellen Anziehungspunkt zu verwandeln. In noch größerem Maßstab ist dies auch dem britischen Architekten Norman Foster gelungen, der mit seinem Grand Viaduc Du Millau, der höchsten Straßenbrücke der Welt (sie führt in einer Höhe von 270 Metern über ein Tal in Südfrankreich) eine fantastische Einheit von Eleganz und Monumentalität schuf. Ein Projekt, das dem Streben des Menschen nach immer größeren und besseren Bauwerken entsprang. So werden auch die Wolkenkratzer immer höher: Voraussichtlich 2008 wird der an eine Nadelspitze erinnernde Burj Dubai („Turm von Dubai") in den Vereinigten Arabischen Emiraten den taiwanesischen Büroturm Taipei 101 als höchstes Gebäude der Welt ablösen. Derartige Bauwerke sind Ausdruck des wachsenden Selbstvertrauens und des rasanten Wachstums der aufstrebenden Volkswirtschaften in Asien und dem Nahen Osten. Der Burj-Turm wird auch den neuen Freedom Tower in den Schatten stellen, der die zerstörten Twin Towers in Manhattan ersetzen wird. Dieses sehr heikle Projekt des in Polen geborenen Architekten Daniel Libeskind wird eine der Freiheitsstatue „zunickende" Turmspitze beinhalten und in Anspielung auf das Jahr der amerikanischen Unabhängigkeitserklärung eine Gesamthöhe von 1776 Fuß (541 Metern) haben.

Das Streben nach Fortschritt, das Internet und die digitale Technologie haben auch den Zugang zu Filmen, Musik und den Stars beträchtlich erleichtert. Leute wie Madonna und Tom Cruise sind bemüht, ihr Image zu steuern, müssen aber erst den Umgang mit den neuen Kommunikationsformen lernen. Die Musikbranche hat mittlerweile herausgefunden, wie sie vom Internet profitieren kann, nachdem sie es lange Zeit nur als Vorboten des kommerziellen Untergangs betrachtete. Unternehmen wie iTunes eröffnen den Verbrauchern einen einfachen, erschwinglichen Weg, um sich legal Musik aus dem Netz herunterzuladen. Der frühere Renegat Napster versucht es mit einem alternativen Modell und bietet seinen Kunden gegen eine regelmäßige „Mietgebühr" eine unbegrenzte Zahl von Songs an. Die Künstler selbst werden sich zunehmend des neuen Vermarktungspotenzials – etwa von Handys – bewusst. Als Robbie Williams im Jahr 2005 in einem Konzert in Berlin sein neues Album „Intensive Care"

vorstellte, wurde die Show live an rund 100 000 Telefone geschickt. Die Debütsingle aus Madonnas erfolgreichem Album „Confessions on a Dancefloor" wurde als Erstes als Klingelton auf ausgewählten Websites angeboten. Derartige innovative Lösungen dürften sich endgültig durchsetzen, sobald die tragbaren Abspielgeräte neben dem Ton auch Bilder wiedergeben können.

Stars, seien sie nun Fußballidole, Musiker oder Architekten, sind die Götter unserer Zeit, an denen wir uns – scheinbar ohne es als Widerspruch zu empfinden – orientieren. Als im Londoner Wachsfigurenkabinett von Madame Tussaud Repliken des englischen Fußballstars David Beckham und seiner Frau, des ehemaligen Spice Girls Victoria, in einer Weihnachtsszene als Maria und Joseph dargestellt wurden, reagierten einige kirchliche Gruppen mit heftigem Protest. Dieses Bild machte aber lediglich etwas deutlich, was wir ohnehin wussten: Die Verehrung der Prominenten ist eine moderne Religion. Hüten wir uns nur davor, die falschen Idole anzubeten.

14. Dezember 2005, LOS ANGELES, VEREINIGTE STAATEN

Der Kinderstar Aaron Michael Drozin präsentiert sich bei der Premiere des Films *Fun with Dick and Jane* im Mann Village-Filmtheater in Los Angeles den Fotografen. Mario Anzuoni

13. Mai 2005, CANNES, FRANKREICH

Die amerikanische Hotelerbin Paris Hilton posiert während des 58. Filmfestivals von Cannes bei einem Fototermin am Pier des Hotel Carlton. Hiltons Besuch dient der Promotion ihres Films *National Lampoon's Pledge This!* Eric Gaillard

7. September 2005, VENEDIG, ITALIEN

Die britische Schauspielerin Helena Bonham Carter trifft im Palazzo del Cinema in Venedig ein, wo sie beim Filmfestival von Venedig an der Premiere des neuesten Trickfilms des amerikanischen Regisseurs Tim Burton – *Corpse Bride – Hochzeit mit einer Leiche* – teilnehmen wird. Alessia Pierdomenico

1. September 2005, VENEDIG, ITALIEN

Die italienische Schauspielerin und Produzentin Maria Grazia Cucinotta trifft zur Premiere ihres neuesten Films *Alle Kinder dieser Welt* im Filmpalast von Venedig ein. Alessia Pierdomenico

7. März 2005, LONDON, GROSSBRITANNIEN

Die amerikanische Schauspielerin Uma Thurman bei der europäischen Premiere des Films *Be Cool* im Kino Empire Leicester Square in London. Stephen Hird

10. Januar 2006, LOS ANGELES, VEREINIGTE STAATEN

Die amerikanische Schauspielerin Sandra Bullock, nachdem sie bei den 32. People's Choice Awards in Los Angeles als beliebteste Schauspielerin ausgezeichnet worden ist. Links der Komiker und Präsentator George Lopez. Robert Galbraith

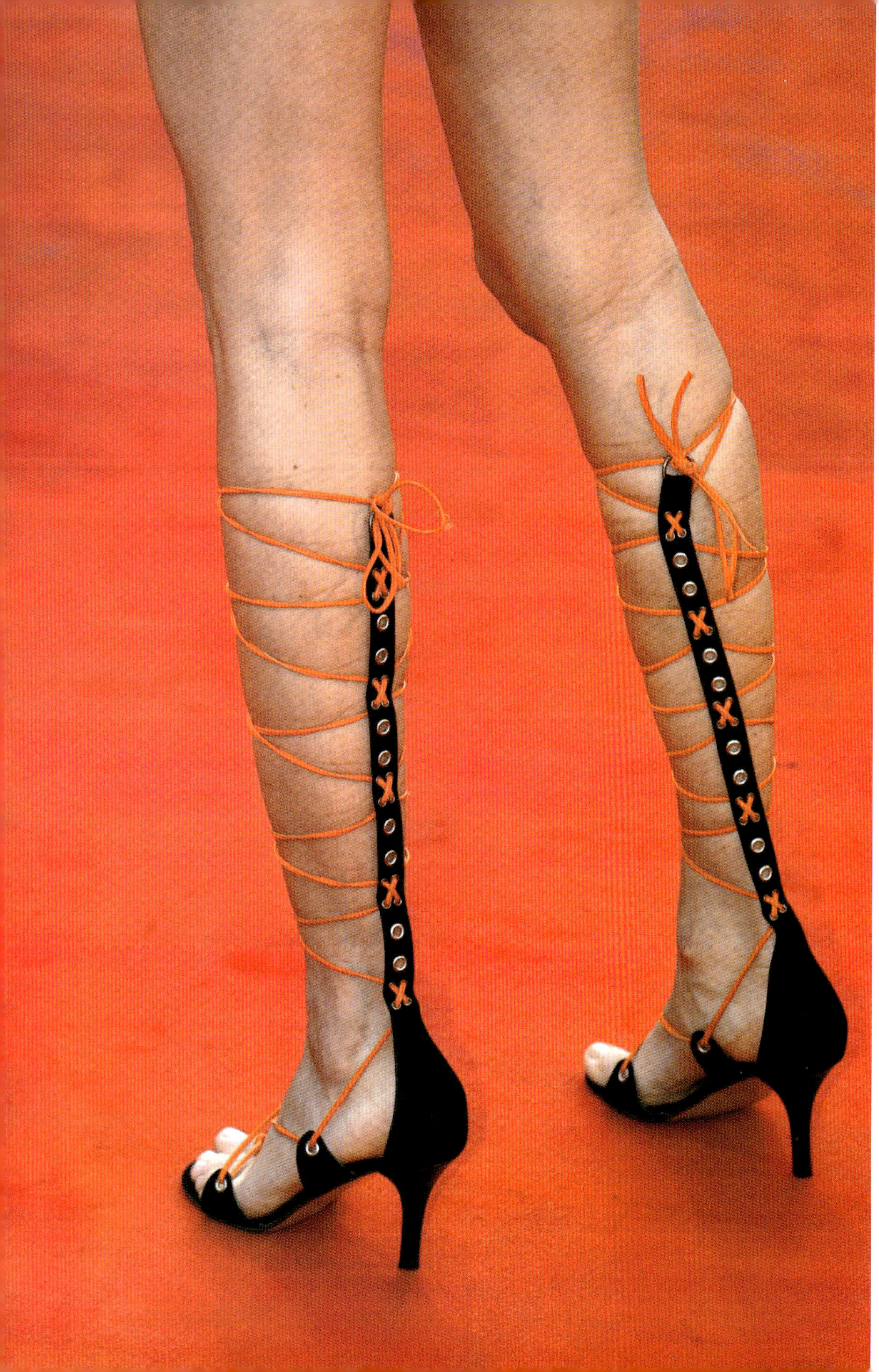

17. Mai 2003, CANNES, FRANKREICH

Die Beine der früheren Miss Frankreich Mareva Galanter in hochgeschnürten Stöckelschuhen bei einer Gala beim 56. Internationalen Filmfestival in Cannes. In der Stadt an der Côte d'Azur findet alljährlich das prestigeträchtigste Filmfest der Welt statt, bei dem an zwölf Tagen neue Filme vorgestellt, Geschäfte abgeschlossen und Partys gefeiert werden. Vincent Kessler

11. Mai 2005, CANNES, FRANKREICH

Arbeiter rollen vor der Eröffnung des 58. Filmfestivals von Cannes auf der Treppe des Festivalpalastes den roten Teppich aus. Jean-Paul Pelissier

20. Mai 2003, CANNES, FRANKREICH

Die französische Schauspielerin Béatrice Dalle raucht beim Empfang anlässlich der Vorstellung des Films *Wolfzeit* des österreichischen Regisseurs Michael Hanekes beim 56. Internationalen Filmfestival von Cannes. Eric Gaillard

18. Mai 2005, CANNES, FRANKREICH

Gegenüberliegende Seite oben links Die indische Schauspielerin Mallika Sherawat posiert beim 58. Internationalen Filmfestival von Cannes bei der offiziellen Vorstellung des Films *Sin City* (Regie: Robert Rodriguez und Frank Miller). Vincent Kessler

15. Mai 2004, CANNES, FRANKREICH

Gegenüberliegende Seite oben rechts Die amerikanische Schauspielerin Cameron Diaz posiert beim 57. Internationalen Filmfestival von Cannes bei der offiziellen Vorstellung des Animationsfilms *Shrek 2* auf dem roten Teppich. Vincent Kessler

15. Mai 2004, CANNES, FRANKREICH

Gegenüberliegende Seite unten Der amerikanische Schauspieler Jack Black spielt beim 57. Internationalen Filmfestival von Cannes bei der Ankunft im Festivalpalast, wo er an der Präsentation des Films *Shrek 2* teilnehmen wird, auf dem roten Teppich den Clown. John Schults

19. Mai 2003, CANNES, FRANKREICH

Die australische Filmschauspielerin Nicole Kidman posiert beim 56. Internationalen Filmfestival von Cannes während eines Fototermins für den Film *Dogville* des dänischen Regisseurs Lars von Trier. Eric Gaillard

12. Mai 2005, CANNES, FRANKREICH

Der amerikanische Regisseur Woody Allen posiert beim 58. Internationalen Filmfestival von Cannes vor der Premiere seines Films *Match Point* mit seiner Frau Soon-Yi Previn auf dem roten Teppich. Eric Gaillard

12. Mai 2004, CANNES, FRANKREICH

Der spanische Regisseur Pedro Almodóvar posiert beim 57. Internationalen Filmfestival von Cannes bei der Vorstellung seines Films *La Mala Educación (Schlechte Erziehung)* für die Fotografen. Eric Gaillard

18. Mai 2005, CANNES, FRANKREICH

Die französische Schauspielerin Emmanuelle Béart posiert beim 58. Internationalen Filmfestival von Cannes bei der Premiere des Films *Peindre ou Faire l'Amour (Malen oder Lieben)* der Regisseure Arnaud und Jean-Marie Larrieu für die Fotografen. Vincent Kessler

19. Mai 2005, CANNES, FRANKREICH

Der deutsche Regisseur Wim Wenders bei einem Fotocall für seinen Film *Don't Come Knocking* beim 58. Internationalen Filmfestival von Cannes. Eric Gaillard

29. Februar 2004, LOS ANGELES, VEREINIGTE STAATEN

Charlize Theron wischt sich bei den 76. Academy Awards eine Träne aus dem Auge, als sie den Oscar für die beste weibliche Hauptdarstellerin in dem Film *Monster* (Regie: Patty Jenkins) entgegennimmt. Gary Hershorn

25. März 2001, LOS ANGELES, VEREINIGTE STAATEN

Julia Roberts nimmt bei den 73. Academy Awards den Oscar für die beste weibliche Hauptdarstellerin entgegen, den sie für ihre Rolle in *Erin Brockovich* (Regie: Steven Soderbergh) erhalten hat. Gary Hershorn

27. Februar 2005, LOS ANGELES, VEREINIGTE STAATEN

Hilary Swank bei der Verleihung des Oscars für die beste weibliche Hauptdarstellerin für ihre Rolle in dem Film *Million Dollar Baby* von Clint Eastwood bei den 77. Academy Awards. Gary Hershorn

23. März 2003, LOS ANGELES, VEREINIGTE STAATEN

Nicole Kidman wendet sich ab, als sie bei der Oscar-Verleihung die Tränen nicht zurückhalten kann. Sie ist bei den 75. Academy Awards für ihre Verkörperung von Virginia Woolf in dem Film *The Hours* (Regie: Stephen Daldry) als beste weibliche Hauptdarstellerin ausgezeichnet worden. Mike Blake

1. Februar 2004, HOUSTON, VEREINIGTE STAATEN

Die Sängerin Janet Jackson setzt ihren gemeinsamen Auftritt mit ihrem Kollegen Justin Timberlake in der Halbzeitpause der Super Bowl fort, nachdem Timberlake ihr einen Teil des Lederbüstiers abgerissen und ihre rechte Brust entblößt hat. Wegen des Vorfalls geht beim Fernsehsender CBS eine Rekordzahl von 200 000 Beschwerden ein. Die beiden Künstler entschuldigen sich für die, wie sie beteuern, vollkommen ungeplante Zurschaustellung nackten Fleisches, für die Timberlake eine „Fehlfunktion der Garderobe" verantwortlich macht. Win McNamee

20. Februar 2003, LONDON, GROSSBRITANNIEN

Justin Timberlake und Kylie Minogue bei einem Duett bei den Brit Awards 2003 in London. Toby Melville

28. August 2003, NEW YORK, VEREINIGTE STAATEN

Madonna küsst Britney Spears während der Eröffnung der MTV Video Music Awards 2003 in der Radio City Music Hall in New York. Win McNamee

6. März 2001, OXFORD, GROSSBRITANNIEN

Michael Jackson trifft im Gebäude der Oxford University Union ein, um eine Rede zu halten und seine weltweite Initiative „Heal the Kids“ für die Kinderwohlfahrt vorzustellen. Russell Boyce

7. Dezember 2004, LONDON, GROSSBRITANNIEN

Wachsfiguren des englischen Fußballstars David Beckham und seiner Frau Victoria sind in einer Weihnachtsszene im Wachsfigurenkabinett von Madame Tussaud in London als Joseph und Maria dargestellt. Eine Nachbildung von Kylie Minogue ist der Engel. Peter Macdiarmid

29. Juni 2004, MAILAND, ITALIEN

Oben Die Popsängerin Christina Aguilera bedankt sich für den Applaus für ihren Auftritt auf dem Laufsteg bei der Vorstellung der Frühjahrs- und Sommerkollektion von DSquared bei der Mailänder Modewoche 2005. Daniele La Monaca

15. Februar 2005, BEVERLY HILLS, VEREINIGTE STAATEN

Oben rechts Christina Aguilera präsentiert bei der Eröffnung einer Boutique des italienischen Designers Roberto Cavalli in Beverly Hills ihren Verlobungsring. Sie ist seit kurzem mit dem Musikmanager Jordan Bratman verlobt. Fred Prouser

Gegenüberliegende Seite von oben links im Uhrzeigersinn Courtney Love bei der Eröffnung des Bar-Restaurants „ROKBAR" in Hollywood, 30. Juni 2005, Mario Anzuoni. Madonna trifft zur Premiere ihres Dokumentarfilms *I'm Gonna Tell You A Secret* in New York ein, 18. Oktober 2005, Keith Bedford. Farrah Fawcett lässt im Gedenken an den verstorbenen Komiker Rodney Dangerfield einen Schmetterling frei, 5. Oktober 2005, Mario Anzuoni. Die Zwillingsschwestern Mary-Kate und Ashley Olsen (in Mougins) während des 58. Filmfestivals von Cannes, 19. Mai 2005, Eric Gaillard. Nicole Kidman bei der Weltpremiere des Films *The Interpreter (Die Dolmetscherin)* im Sydney Opera House, 4. April 2005, Tim Wimborne. Antonio Banderas und seine Frau Melanie Griffith bei der Premiere von *The Legend of Zorro (Die Legende des Zorro)* in Los Angeles, 16. Oktober 2005, Mario Anzuoni

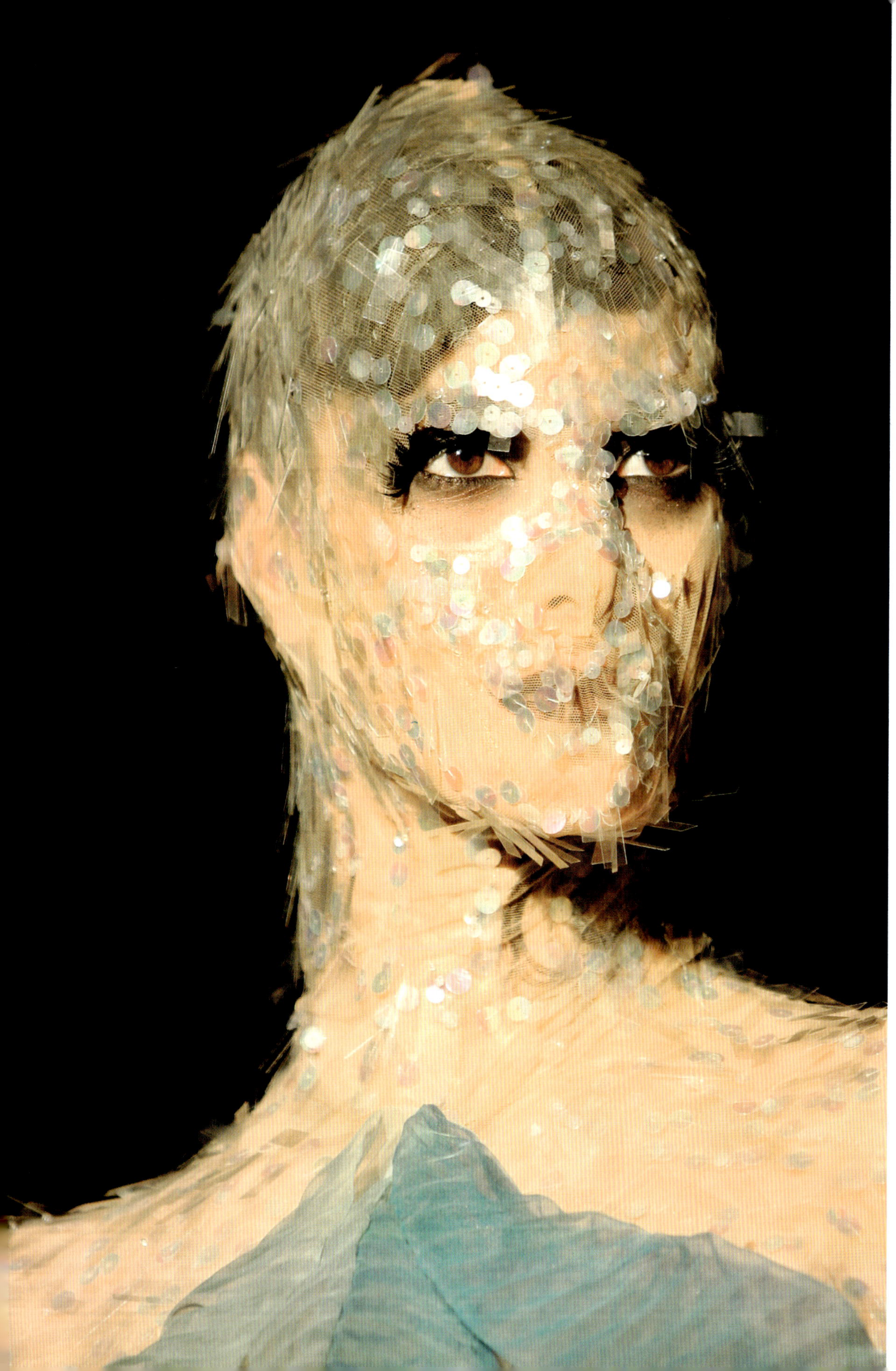

1. Februar 2005, ROM, ITALIEN

Ein Model führt bei der Römischen Modewoche im Rahmen der Präsentation der Haute Couture-Kollektion Frühjahr/Sommer 2005 eine Kreation italienischer Nachwuchsdesigner vor. Max Rossi

6. Oktober 2002, PARIS, FRANKREICH

Gegenüberliegende Seite Ein Model in einer Kreation des britischen Designers John Galliano, die Teil seiner Prêt-à-Porter-Kollektion für Frühling und Sommer 2003 ist. Philippe Wojazer

1. Februar 2005, ROM, ITALIEN

Ein Model führt bei der Modewoche in Rom eine Kreation des italienischen Designers Ettore Bilotta vor, die Teil der Haute-Couture-Kollektion für Frühjahr/Sommer 2005 ist. Max Rossi

24. Februar 2005, ST. PETERSBURG, RUSSLAND

Gegenüberliegende Seite Ein russisches Model beim internationalen Wettbewerb für Friseure, Maniküre und Körperkunstdesigner in St. Petersburg. Alexander Demianchuk

15. Oktober 2003, LONDON, GROSSBRITANNIEN

Gegenüberliegende Seite Die Silhouette einer Frau vor einer riesigen Sonne, Teil der Installation „The Weather Project" des dänisch-isländischen Künstlers Olafur Eliasson für die riesige Turbinenhalle des Tate Modern in London. Der Künstler verwendet Spiegel, Lampen und feinen Nebel, um in spektakulären Dimensionen das Erscheinungsbild und die Atmosphäre eines Sonnenuntergangs zu erzeugen.
Peter Macdiarmid

2. Juli 2003, SYDNEY, AUSTRALIEN

Ein Besucher der Ausstellung „Our magic hour" des Schweizer Künstlers Ugo Rondinone im Museum of Contemporary Art in Sydney betrachtet ein Objekt verschwimmender konzentrischer Farbkreise. Rondinone kombiniert Malerei, Video, Skulptur, Klang und Fotografie zur Gestaltung von Arbeiten, die den Betrachter in einen traumähnlichen Zustand der Desorientierung versetzen.
David Gray

25. Februar 2003, LONDON, GROSSBRITANNIEN

Ein Besucher geht über einen gestreiften Boden, eine Arbeit des britischen Künstlers Jim Lambie, die Teil von „Days Like These“, der zweiten Tate Triennial-Ausstellung zeitgenössischer britischer Kunst im Tate Britain in London ist. Die Ausstellung der Arbeiten von 23 Künstlern umfasst Malerei, Bildhauerei, Film, Video, Fotografie und Klangwerke. Toby Melville

20. September 2004, SYDNEY, AUSTRALIEN

Ein Besucher des Museum of Contemporary Art in Sydney geht an einer Skulptur *(rechts)* des australischen Künstlers Jan Nelson vorüber. Nelsons emotional beladene Skulpturen, Gemälde und Fotografien setzen sich mit Angst, Aufruhr und Unsicherheit in der Adoleszenz auseinander. In Sydney werden sie in einer Gemeinschaftsausstellung mit den Arbeiten der niederländischen Künstlerin Liza May Post gezeigt. David Gray

7. Mai 2005, BRÜGGE, BELGIEN

Freiwillige posieren im Theater Stadschouwburg in Brügge nackt für den amerikanischen Fotografen Spencer Tunick. Tunick hat an Orten in aller Welt, darunter New York, London, São Paulo, Caracas und Wien große Ansammlungen nackter Menschen fotografiert. Peter Maenhoudt

1. Oktober 2004, ST. PETERSBURG, RUSSLAND

Junge Balletttänzerinnen warten auf ihren ersten öffentlichen Auftritt in der Waganow-Ballettakademie in St. Petersburg. Alexander Demianchuk

12. Februar 2005, NEW YORK, VEREINIGTE STAATEN

„The Gates", eine Anfang des Jahres 2005 16 Tage lang frei zugängliche riesige Installation des Künstlers Christo und seiner Frau Jeanne-Claude im New Yorker Central Park. Von mehr als 7500 riesigen Rahmen, die entlang der kilometerlangen Gehwege im Park aufgestellt waren, hingen wogende orangene Stoffbahnen herab. Shannon Stapleton

3. Juni 2005, BILBAO, SPANIEN

Gegenüberliegende Seite oben Besucher des Guggenheim-Museums in Bilbao erkunden acht gewaltige Stahlskulpturen des amerikanischen Künstlers Richard Serra. Die Arbeiten sind Teil von Serras Serie „Torqued Ellipses". Vincent West

8. September 2004, FLORENZ, ITALIEN

Gegenüberliegende Seite unten Besucher der Florentiner Kunstakademie betrachten Michelangelos David. 500 Jahre, nachdem die Ikone der männlichen Schönheit in der Renaissance enthüllt wurde, begann in der Stadt ein Gedenkjahr, um Michelangelos künstlerisches Schaffen zu feiern. Die ursprünglich vor dem Palazzo della Signoria aufgestellte Statue steht seit 1873, als die Witterung ihr bereits sichtlich zugesetzt hatte, in der Galleria dell'Academia. Max Rossi

6. Dezember 2004, LONDON, GROSSBRITANNIEN

Der mit dem Turner Prize 2004 ausgezeichnete britische Künstler Jeremy Deller steht im Tate Britain vor seiner Arbeit „The History of the World". Die beim Wettbewerb siegreiche Arbeit Dellers führt den Besucher auf einer Videotour von Crawford, der Heimatstadt George W. Bushs, quer durch Texas nach Waco, das im Jahr 1993 Schauplatz der Belagerung der Davidianersekte war. Der Turner Prize ist eine der begehrtesten Auszeichnungen in der Kunstwelt und löst in Großbritannien alljährlich eine erhitzte Debatte über das Wesen der modernen Kunst aus. Toby Melville

6. Mai 2004, MAILAND, ITALIEN

Eine nicht benannte Installation des italienischen Künstlers Maurizio Cattelan zeigt lebensgroße Modelle erhängter Jungen auf einem der belebtesten Plätze Mailands. Nur einen Tag nach der Enthüllung des Kunstwerks – die Passanten reagieren konsterniert, Avantgarde-Kunstkritiker loben es und die Zeitungen drucken Fotos davon auf den Titelseiten ab – wird es von einem empörten Mailänder beschädigt, der auf den Baum steigt und drei der Figuren abschneidet, bevor er mehrere Meter in die Tiefe stürzt und mit dem Notarztwagen ins Krankenhaus gebracht werden muss. Die Feuerwehr entfernt daraufhin auch die dritte Figur. Unter Cattelans früheren Arbeiten sind eine Skulptur eines betenden Adolf Hitler und ein Abbild von Papst Johannes Paul II., der von einem Meteoriten niedergestreckt wird. Stefano Rellandini

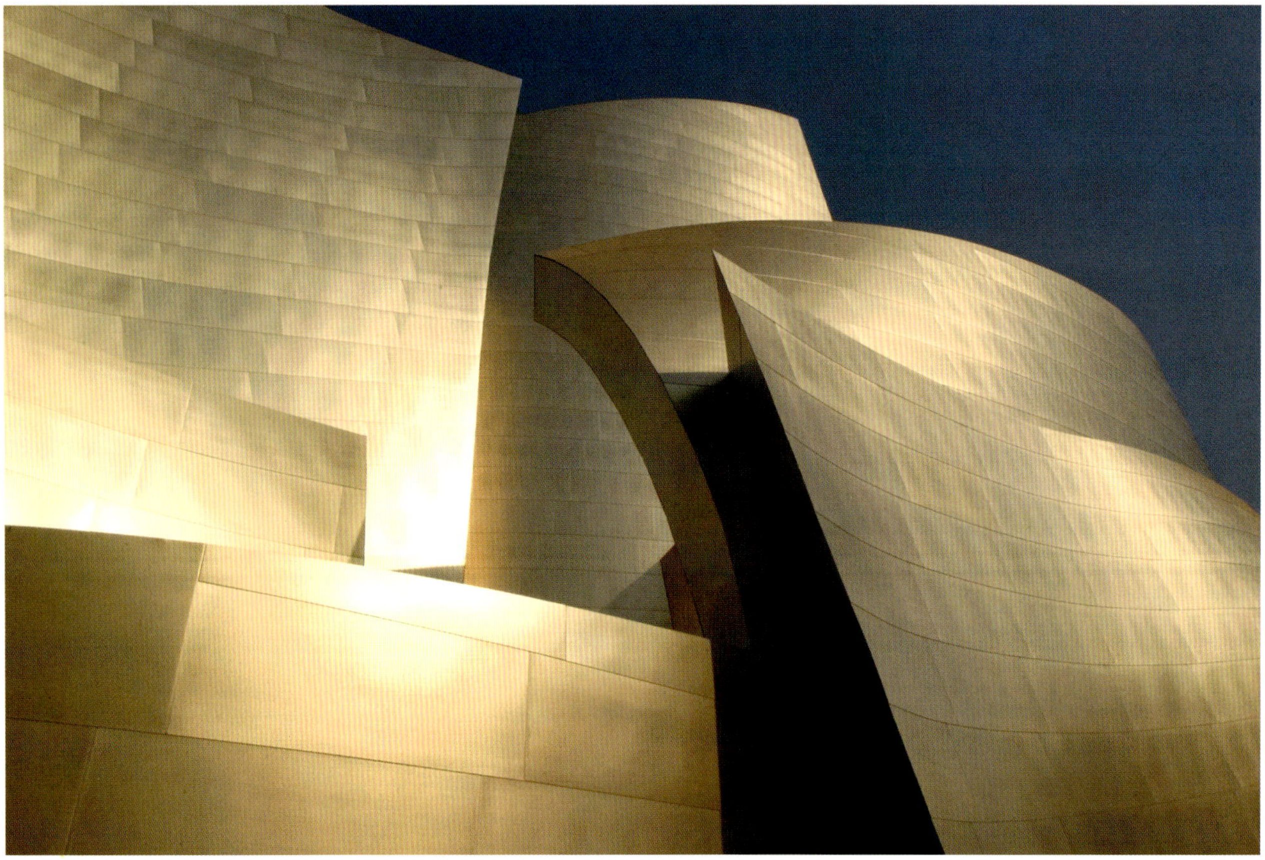

11. September 2003, LOS ANGELES, VEREINIGTE STAATEN

Links Die stählerene Außenwand der vom in Los Angeles ansässigen kanadischen Architekten Frank Gehry entworfenen Walt Disney Concert Hall. 16 Jahre nach Beginn der Bauarbeiten gibt das Los Angeles Philharmonic Orchestra am 23. Oktober 2003 ein Galakonzert in der 274 Mio. Dollar teuren Konzerthalle, die 2265 Zuhörern Platz bietet. Lucy Nicholson

12. April 2005, BILBAO, SPANIEN

Links unten Die Fog Sculpture #80250 des japanischen Künstlers Fujiko Nakaia, das in Nebel gehüllte Guggenheim-Museum in Bilbao. Vincent West

4. Juni 2004, SCHANGHAI, CHINA

Gegenüberliegende Seite oben Ein chinesischer Arbeiter reinigt die Tribüne des Shanghai International Circuit. Am 26. September 2004 fand auf dem 5,45 km langen Rundkurs erstmals ein Formel-1-Rennen statt. Die vom deutschen Architekten Hermann Tilke entworfene Rennstrecke, die 240 Mio. Dollar kostete, bietet mehr als 200 000 Zuschauern Platz und beherbergt auch einen Themenpark. Tilke ist auch der Schöpfer der vielgepriesenen Rennstrecke von Sepang in Malaysia. Claro Cortes IV.

30. Januar 2004, BERLIN, DEUTSCHLAND

Gegenüberliegende Seite unten Besucher besichtigen die Glaskuppel über dem Sitzungssaal des Bundestags. Die Kuppel wurde von Sir Norman Foster entworfen und war Teil einer 600 Mio. Euro teuren Renovierung des alten Reichstags. Michael Dalder

29. August 2005,
TEHERAN, IRAN

Eine Frau betrachtet Gemälde des französischen Malers Camille Pissarro aus dem 19. Jahrhundert, die Teil der Ausstellung „Moderne Kunstbewegung“ im Teheraner Museum für zeitgenössische Kunst sind. Das Museum besitzt eine der bedeutendsten Sammlungen moderner westlicher Kunst außerhalb Europas und der Vereinigten Staaten, doch der Großteil der Kunstwerke ist seit der islamischen Revolution im Jahr 1979 in einem Keller weggesperrt. Morteza Nikoubazl

Mag sein, dass wir Teil einer zunehmend globalisierten Kultur sind, doch das menschliche Leben an einem Ort hat weiterhin wenig mit dem an einem anderen zu tun. Es gibt gewaltige Ungleichheit. In den im Überfluss lebenden westlichen Gesellschaften sind die Menschen mit einem nie gekannten Maß an Wahlmöglichkeiten konfrontiert, während Millionen in den Entwicklungsländern nur davon träumen können, dem täglichen Kampf gegen Armut, Hunger, Krankheiten und Schulden zu entkommen.

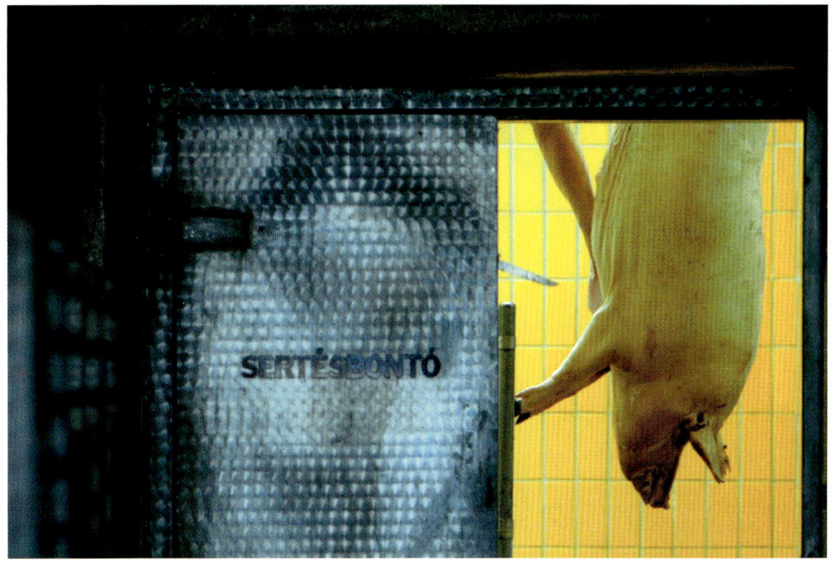

Lebensarten

von Giles Elgood

Menschen / Familie / Erholung / Gesundheit / Chancen / Armut / Vielfalt / Wahlmöglichkeiten / Globale Kontraste / Lokale Verbindungen

Lebensarten

Im Jahr 2005 eröffnete der italienische Autohersteller Lamborghini seine dritte Niederlassung in China – ein deutlicher Fingerzeig auf den wachsenden Reichtum eines Landes, dessen Namen seit Jahrzehnten mit Heerscharen von Radfahrern assoziiert wird. Eine halbe Erdumkreisung entfernt, in Simbabwe, haben der wirtschaftliche Niedergang und der chronische Treibstoffmangel den Preis eines Fahrrads innerhalb eines Jahres um mehr als 1800 Prozent in die Höhe getrieben, womit dieses einfache Transportmittel für die verarmte Bevölkerungsmehrheit unerschwinglich geworden ist. Für die reichen Eliten des rasch zur wirtschaftlichen Großmacht aufsteigenden China ist die Entscheidung für den Kauf eines schicken Sportwagens im Wert von 300 000 Dollar eine Frage des Lebensstils. Für die Armen in einem Land, das einst die Kornkammer des südlichen

Siddiqui Ray und ihre Partnerin Liz McElhinney nach ihrer Heirat im Rathaus von San Francisco. Hunderte homosexuelle Paare aus dem ganzen Land haben sich für eine Eheschließung angemeldet, nachdem Gavin Newsom, der Bürgermeister von San Francisco, das Verbot gleichgeschlechtlicher Ehen aufgehoben hat. 15 Februar 2004, Kimberly White

Afrika war, mittlerweile jedoch Nahrungsmittel importieren muss, ist der Luxus derartiger Entscheidungen weiter entfernt denn je.

Die Möglichkeit, eine Wahl zu treffen – oder das Fehlen einer solchen Möglichkeit – bestimmt in hohem Maß, wie wir heute leben, und verdeutlicht die Kluft, die zwischen den Reichen und Armen dieser Welt liegt. In den unter der Dürre leidenden Dörfern im nordindischen Rajasthan kämpfen die Frauen um die Aufnahme in ein Sparprogramm, bei dem sie jeden Monat einige Cents beiseite legen müssen, die sie später durch schwere Zeiten bringen sollen. In den USA werden Tierliebhaber im Jahr 2007 Prognosen zufolge 8 Milliarden Dollar für ihre Haustiere ausgeben, wobei drei Viertel der Tierhalter bereit sind, sich für die medizinische Betreuung eines kranken Haustiers zu verschulden. In Los Angeles können jene Besitzer eines tierischen Gefährten, die sich schuldig fühlen, weil sie Fifi den ganzen Tag allein zu Hause lassen, für ihren Liebling DogCatRadio einschalten, einen Internetsender, der dem armen Tier Gesellschaft leistet, während „Vati“ und „Mutti“ außer Haus arbeiten.

Während Aids die Lebenserwartung in Sambia auf 33 Jahre verkürzt hat, kann der durchschnittliche US-Bürger heute damit rechnen, mehr als 77 Jahre zu leben, da die Fortschritte in der Medizin die drei gefährlichsten Killer – Herzinfarkt, Krebs und Schlaganfall – immer weiter zurückdrängen. Und wenn sie sich für einen gesunden Lebensstil entscheiden (gesunde Ernährung, regelmäßige Bewegung und eine gute Krankenversicherung), dürfen die Angehörigen der geburtenstarken Jahrgänge in den Vereinigten Staaten sogar auf ein noch längeres Leben hoffen. In Sambia fallen täglich

> Die Möglichkeit, eine Wahl zu treffen – oder das Fehlen dieser Möglichkeit – bestimmt nicht nur in hohem Maß, wie wir heute leben, sondern verdeutlicht auch die Kluft zwischen Reichen und Armen.

200 Menschen einer Aids-Erkrankung zum Opfer; in den USA, wo vor einem Vierteljahrhundert die ersten Aids-Fälle gemeldet wurden und Milliarden Dollar in den Kampf gegen die Krankheit investiert wurden, gehen die Todesfälle infolge einer Infektion mit dem HI-Virus zurück.

Größeres Kopfzerbrechen bereitet vielen Nordamerikanern eine Todesursache, deren Wurzeln im Überfluss zu suchen sind: die Fettleibigkeit. Die typisch amerikanische Mahlzeit, die aus Hamburgern, Pommes und einem riesigen Becher Cola besteht, dürfte zwar ebenso ein kultureller Stereotyp sein wie die Vorstellung vom Fahrrad fahrenden Chinesen, doch die Auswirkungen einer derartigen Ernährung sind nur zu real. Ob die Amerikaner diese Nahrung nun zu sich nehmen, weil sie ihnen schmeckt oder weil sie billig und überall verfügbar ist: Fast Food tötet viele von ihnen vor ihrer Zeit. Zu Beginn des neuen Jahrtausends geben die USA jährlich 117 Milliarden Dollar für die Behandlung von Gesundheitsproblemen aus, die mit der Fettleibigkeit zusammenhängen – dieser Betrag entspricht fast genau der Summe, die nach Ansicht der Entwicklungsexperten jedes Jahr benötigt würde, um das von den Vereinten Nationen ausgegebene Ziel zu erreichen, die Armut in Afrika innerhalb eines Jahrzehnts zu halbieren. Da mittlerweile 30 Prozent ihrer Bürger fettleibig sind, sind die Vereinigten Staaten zur fettesten Nation der Geschichte geworden. Viele Amerikaner essen sich buchstäblich zu Tode, und es wird prognostiziert, dass die Ausbreitung der Fettleibigkeit im Laufe der nächsten 50 Jahre die Lebenserwartung in den USA verringern wird. Eine Gesellschaft, der Präsident Herbert Hoover einst „ein Huhn in jedem Topf und ein Auto in jeder Garage" versprach, scheint einer Kultur der Genusssucht anheim gefallen zu sein, in der der Lebensinhalt von Millionen Menschen, die einen beispiellos hohen Lebensstandard genießen, in immer neuen Diätmoden, besessenem Fitnesstraining, Schönheitsoperationen, Geländewagen mit ungeheurem Treibstoffverbrauch und zwanghaftem Kaufverhalten besteht.

Die Demokratisierung von Luxus und Überfluss in bestimmten Teilen der Welt ist weit fortgeschritten: Man muss nicht länger die Boutiquen in der Londoner Bond Street oder entlang des Rodeo Drive in Beverly Hills frequentieren, um in Modefragen immer auf dem neuesten Stand zu sein. Kleider von Prada, Schuhe von Gucci und Täschchen von Louis Vuitton werden heute in Flughafenboutiquen und Kaufhäusern rund um den Erdball angeboten. So wächst in China die Zahl der Menschen, die sich teure Luxusgüter leisten können, im Gleichschritt mit der Wirtschaftsleistung und dürfte nach Schätzungen von Experten in vier bis fünf Jahren auf 250 Millionen steigen – das sind nicht viel weniger Menschen als gegenwärtig in den Vereinigten Staaten leben. Und wer sich das Original nicht leisten kann, kann an jedem Ort der Welt bei einem Straßenhändler, der seine Ware oft nur ein paar Meter von den Nobelläden entfernt anbietet, eine Raubkopie erstehen. Dass der Durchschnittsbürger mittlerweile das Gefühl hat, praktisch einen Rechtsanspruch auf derlei Güter zu haben, ist aber vor allem dem Internet zu verdanken. Ein anspruchsvoller Lebensstil wird sehr viel erschwinglicher, wenn die Preise von einer Millionen Suchanfragen bei Google gedrückt werden. Das Online-Shopping hat auch die exklusivsten Produkte in die Reichweite all jener gerückt, die einen Computer und eine Kreditkarte besitzen. Die Leute können ins Einkaufszentrum fahren, um die Produkte zu begutachten, doch das eigentliche Geschäft wird immer öfter daheim am Computer abgewickelt.

Die sinkenden Flugpreise haben auch das Reisen demokratisiert. Die Europäer denken sich nichts dabei, mit einem leeren Koffer nach New York zu fliegen, um sich dort mit preisgünstigeren Gap-Shirts und iPods einzudecken. Da die Flugreise oft nicht mehr kostet als die Taxifahrt zum Flughafen, wird über Urlaubsreisen mittlerweile spontan aus einer Laune heraus entschieden. Die in Europa und den USA rasch wachsenden Billigfluglinien werden bald nach Asien und Afrika expandieren. Eine der ältesten unter diesen Gesellschaften, die irische Ryanair, feierte dieses Jahr ihren zwanzigsten Geburtstag mit dem Vorschlag, eine Subventionierung durch Flughäfen oder die Zulassung von Glücksspiel an Bord könnten die Preise noch weiter drücken. „Meine Vision ist, dass wir eines Tages jeden Reisenden gratis befördern", erklärte Unternehmensleiter Michael O'Leary. Aber nicht nur bei den Billigfliegern, auch am oberen Ende des Marktes ist die Nachfrage groß: Für eine Million Dollar bekommt man einen Privatjet und die Garantie, nicht von Leuten wie O'Learys Kunden belästigt zu werden. Weltweit sind rund 23 000 Privatjets in Betrieb – Tendenz steigend.

Für tausende Arme in aller Welt ist das Reisen allerdings kein Vergnügen, sondern die einzige Aussicht auf Rettung aus wirtschaftlicher Not. Anfang des Jahres 2004 stachen elf Kubaner, die sich nach einem besseren Leben in den USA sehnten, in einem grünen Buick, Baujahr 1959, in See, um

Afghanische Männer und Frauen warten auf die erste Lotterieziehung seit elf Jahren. Tausende haben sich am 15. Juli 2002 in einem Stadion zu der vom Roten Halbmond organisierten Veranstaltung versammelt. 100 000 Lose zum Preis von 10 000 Afghani (0,25 US-Dollar) sind verkauft worden. Die Gewinne: ein Auto, Fahrräder, Fernseher und Bargeld. Zainal Abd Halim

die Floridastraße zu überqueren. Sie wurden von der amerikanischen Küstenwache abgefangen, die das eigentümliche Schiff später versenkte. Andere Auswanderer bedienen sich weniger spektakulärer Mittel, wenn sie sich auf das Mittelmeer oder in die Wüste von Arizona wagen, um das gelobte Land im reichen Westen zu erreichen. Das, was diese Emigranten in ihrer Heimat zurücklassen, ist eine andere Geschichte: Die armen Länder müssen zusehen, wie ihre fähigsten und unternehmerischsten Einwohner auf der Suche nach einem besseren Leben in Scharen in den Westen aufbrechen. Diejenigen, die zurückbleiben, zahlen einen hohen Preis für diesen Aderlass und leiden unter wachsendem Elend, einer sich verschlechternden Gesundheitslage und steigender Verschuldung. Selbst die Bemühungen der internationalen Gemeinschaft, die Lebensbedingungen in diesen Ländern zu verbessern, erweisen sich manchmal als kontraproduktiv. In Liberia, einem von Krieg und Armut verwüsteten Land, zahlen die Behörden der Vereinten Nationen und die internationalen Hilfsorganisationen sehr viel besser als die heruntergekommenen staatlichen Einrichtungen. Der fatale Nebeneffekt: Weitere Ärzte kehren den verfallenen Krankenhäusern des Landes den Rücken.

Die Ziele für die aus den armen Ländern fliehenden Arbeitskräfte sind Nordamerika, Großbritannien und Australien, wo mittlerweile jeder vierte Arzt ein im Ausland ausgebildeter Immigrant ist. In den Vereinigten Staaten von Amerika erhöht das Altern der geburtenstarken Nachkriegsjahrgänge den Druck auf das Gesundheitssystem, was zur Folge hat, dass mehr medizinisches Personal benötigt wird und weniger ausländische Ärzte in ihre Heimatländer zurückkehren werden. Allerdings wird mittlerweile die Befürchtung laut, die Vereinigten Staaten könnten die besten ausländischen Arbeitskräfte durch die seit dem 11. September 2001 verschärften Bestimmungen für die Erlangung eines Visums fern halten.

In kultureller Hinsicht ist die Anziehungskraft des Westens weiterhin sehr groß, und zwar auch in den Teilen der Welt, in denen die amerikanische Regierung und ihre Verbündeten wegen ihrer Politik abgelehnt werden.

Auch was den Bereich der Kultur anbelangt, ist die Anziehungskraft des Westens weiterhin sehr groß, und zwar auch in den Teilen der Welt, in denen die amerikanische Regierung und ihre Verbündeten wegen ihrer Politik abgelehnt werden. So strahlen Fernsehsender, die in den arabischen Ländern empfangen werden, regelmäßig Komödien und Talkshows amerikanischer Herkunft sowie Nachrichtensendungen der verschiedenen US-Networks aus. Die Fernsehserie *Friends* erfreut sich großer Beliebtheit bei der Jugend Saudi-Arabiens, jenes Landes, aus dem 15 der 19 Entführer des 11. September 2001 stammen. Der arabischsprachige Satellitensender Al-Dschasira hat daraus den folgerichtigen Schluss gezogen und macht den globalen Sendern CNN und BBC mit einem Nachrichtendienst in englischer Sprache Konkurrenz.

Auch das in den Vereinigten Staaten von Amerika erfundene Internet Dating ist in der arabischen Welt auf dem Vormarsch. In Jordanien sehen viele junge Leute in Verabredungen über das Netz eine Möglichkeit, die traditionellen Regeln zu umgehen, die ihnen von ihren Eltern in Liebes- und Heiratsdingen auferlegt werden. Andernorts wird die Institution der Ehe an sich neu definiert, vielfach gegen den zum Teil erbitterten Widerstand religiös und kulturell konservative Gruppen. Im Jahr 2005 schloss sich Großbritannien einer wachsenden Gruppe von Ländern ein, die zivile Lebensgemeinschaften und Eheschließungen zwischen Homosexuellen erlauben. Zu den ersten homosexuellen Paaren, die gemäß den neuen Gesetzen feierlich den Bund fürs Leben schlossen, zählten Elton John und sein Lebensgefährte David Furnish. Der Sänger George Michael, der ebenfalls plant, die Beziehung zu seinem Partner Kenny Goss zu legalisieren, leistete Elton an seinem großem Tag Gesellschaft.

Derart prominente Verbindungen können die Hardliner in den „roten“ (republikanisch beherrschten) Bundesstaaten der USA oder im Vatikan allerdings nicht beeindrucken. Am Tag, als George W. Bush als amerikanischer Präsident wiedergewählt wurde, verhinderten die Parlamente von elf Staaten die Homosexuellenehe, indem sie Verfassungszusätze beschlossen, in der die Ehe ausschließlich als Verbindung zwischen einem Mann und einer Frau definiert wird. Papst Johannes Paul II. ging noch einen Schritt weiter. Anfang des Jahres 2005 verurteilte er kurz vor seinem Tod die Homosexuellenehe als „Teil einer neuen Ideologie des Bösen“. Welche Wirkung die Worte des verstorbenen Papstes haben werden, ist noch unklar. Jedenfalls hinderten sie das Oberste Gericht Südafrikas nicht daran, Ende 2005 zu entscheiden, es sei verfassungswidrig, homosexuellen Menschen das Recht auf eine Eheschließung zu verweigern. Damit eröffneten die Richter den Menschen auf dem afrikanischen Kontinent eine Wahlmöglichkeit in Bezug auf ihren Lebensstil, die bis dahin den Gesellschaften reicher westlicher Länder vorbehalten war.

Die westlichen Technologien werden in Afrika ebenfalls rasch übernommen und den dortigen Bedürfnissen angepasst. Ein Beispiel für diese Entwicklung ist, dass die Zahl der Mobiltelefonkunden auf dem Kontinent bald 100 Millionen übersteigen dürfte, da die Mobilfunknetze die aufgrund mangelnder Investitionen und unzureichender Wartung maroden Festnetze ersetzen. Während die Menschen im Westen ihre Handys verwenden, um Fotos auszutauschen und im Internet zu surfen, können sich Afrikaner, die keinen Zugang zu herkömmlichen Finanzdienstleistungen haben, nun ihre Gehälter auf Mobiltelefonkonten überweisen lassen. – Ein erfolgreicher chinesischer Unternehmer kann sich mit einem Lamborghini verwöhnen, wenn sein Geschäft zu laufen beginnt. Im Senegal mag es nur wenige italienische Sportwagen geben, aber die Fischer, die ihren Fang zum Markt bringen, können ebenfalls von der Verbreitung der modernen Technologie profitieren – indem sie per Mobiltelefon die aktuellen Marktpreise abfragen.

29. Juni 2005, PENIKESE ISLAND, VEREINIGTE STAATEN

Die morgendliche Joga-Sitzung in einer kleinen Schule auf Penikese Island in Massachusetts, die von Jungen im Alter von 15 bis 18 Jahren besucht wird, die besondere Betreuung benötigen und mit dem Gesetz in Konflikt geraten sind. Auf dem Foto sind Ricky Eaton, 16 *(links)*, Jerry Sarro, 17, und der Betreuer David Dersham *(rechts)* zu sehen. Jessica Rinaldi

23. Oktober 2005, MECO, PORTUGAL

Ein Hahn in der Tür einer Geflügelfarm in dem portugiesischen Dorf Meco. Der Lebensmitteleinzelhandel in den entwickelten Ländern wird zunehmend von großen Supermarktketten mit riesigen zentralisierten Vertriebsnetzen beherrscht. Auch in Schwellenländern wie Indien und China, wo es noch Millionen von kleinen Lebensmittelläden gibt, breiten sich die großen Einzelhandelsketten rasch aus. Nacho Doce

9. Oktober 2005, MONROVIA, LIBERIA

In der Hauptstadt von Liberia trägt ein Mädchen Säcke mit frischem Trinkwasser. In Monrovia verdienen sich hunderte ehemalige Kindersoldaten ihren Lebensunterhalt, indem sie Schuhe putzen oder mit Wasserkanistern beladene Karren schieben. Jonathan Ernst

7. September 2005, BOMBAY, INDIEN

Ein Inder raucht während des Festes zu Ehren von Ganesch, dem hinduistischen Gott des Wohlstands. Seit Mai 2004 ist in Indien das Rauchen in der Öffentlichkeit ebenso verboten wie die Tabakwerbung und der Verkauf von Tabakwaren an Minderjährige, nachdem Statistiken gezeigt haben, dass das Rauchen in diesem Land jeden Tag 2200 Menschen tötet.
Adeel Halim

3. Oktober 2005, SRINAGAR, INDIEN

Eine Obdachlose raucht ein „bidi", ein einzelnes Tabakblatt, das zusammengerollt und mit einem Bindfaden zusammengebunden ist. Die für einen verschwindend geringen Preis verkauften (25 Stück kosten 4 Rupien $0,08) und von der Hälfte der 120 Millionen Raucher Indiens konsumierten filterlosen „bidi" enthalten bis zur doppelten Nikotinmenge normaler Zigaretten. Danish Ismail

5. November 2003, SYDNEY, AUSTRALIEN

Eine rauchende Frau in einem zentralen Geschäftsbezirk von Sydney, wo das Rauchen in allen Bürogebäuden sowie in den meisten Bars und Restaurants verboten ist. Will Burgess

9. Juli 2004, BANGKOK, THAILAND

Eine Sexarbeiterin geht an einer „Go-Go-Bar" im Rotlichtviertel Nana Plaza in Bangkok vorüber. Nach Angaben der Vereinten Nationen könnten sich bis zum Ende des Jahrzehnts 12 Millionen Menschen in Asien mit dem HI-Virus infizieren, da die Verwendung des Kondoms nicht üblich ist, Aids-Tests nicht flächendeckend angeboten werden und die Prostitution sowie die Injektion von Drogen verbreitet sind. Adrees Latif

23. Oktober 2005, ISTANBUL, TÜRKEI

Zwei „Grid Girls“ ruhen sich vor dem ersten „Großen Preis der Türkei“ im Istanbul Park aus. Die Formel-1 hat in den letzten Jahren nach Osten expandiert, und mittlerweile finden Rennen auf den neuen Strecken in Malaysia, Bahrain und Schanghai statt. Mit der Aufnahme des türkischen Grand Prix in den Rennkalender wurde die Weltmeisterschaft auf 19 Rennen verlängert. Nie zuvor in der Geschichte dieses Sports war die Saison derart lang. Umit Bektas

22. Oktober 2005, LONDON, GROSSBRITANNIEN

Besucher des International Manga and Anime Festival in London sehen sich eine Galerie von Manga-Figuren an. Das fünftägige Festival beinhaltet Filmvorführungen, Workshops und Kunstausstellungen. Manga-Grafiken und Anime-Trickfilme, die in ihrem Herkunftsland Japan seit langem sehr beliebt sind, finden weltweit immer mehr Anhänger.
Catherine Benson

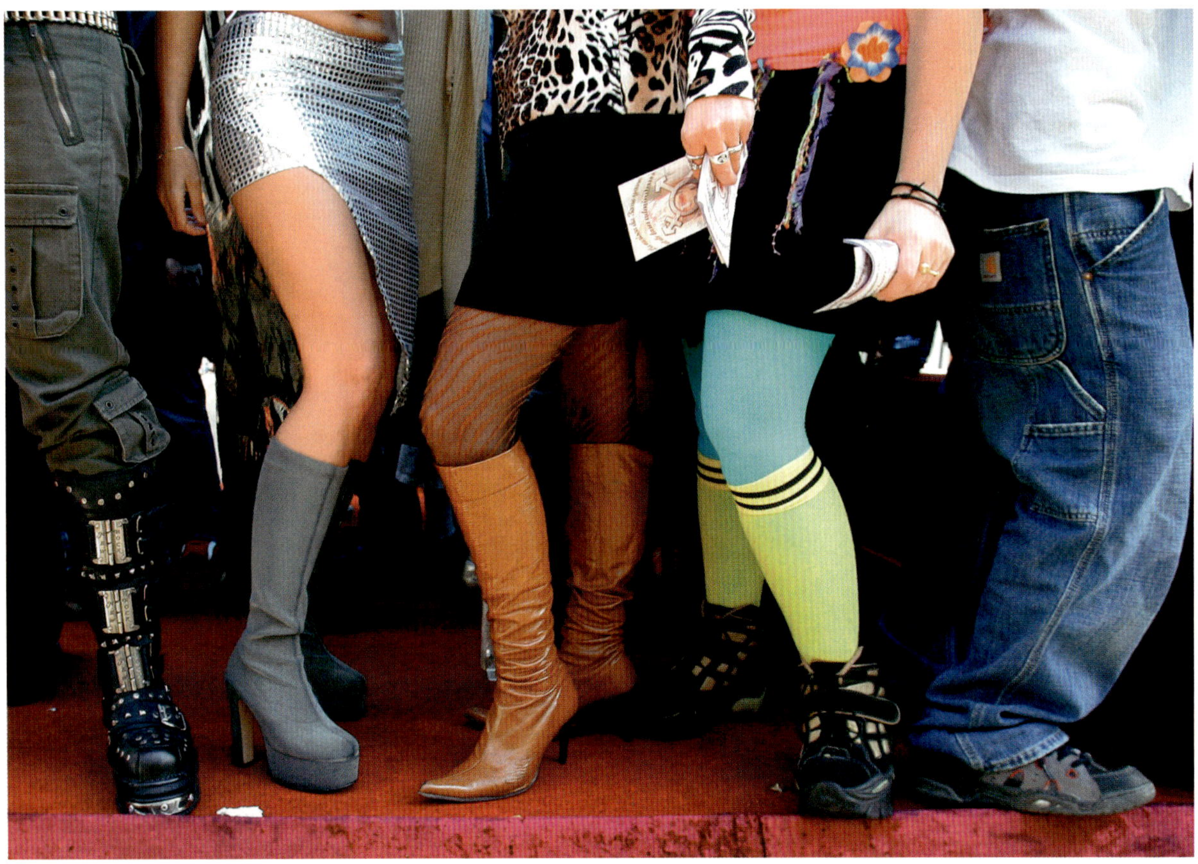

7. Mai 2005, BRÜSSEL, BELGIEN

Tanzende bei der traditionellen Gay and Lesbian Pride Parade im Zentrum Brüssels. Im Juni 2003 erkannte Belgien als zweites Land der Welt nach den Niederlanden Eheschließungen zwischen gleichgeschlechtlichen Partnern an. Zu den Ländern, die homosexuellen Paaren die Heirat oder eheähnliche Partnerschaften erlauben, zählen mittlerweile Kanada, Dänemark, Norwegen, Ungarn, Deutschland, Großbritannien, Spanien und Argentinien. Yves Herman

25. Juli 2004, TOKIO, JAPAN

Eine japanische Jugendliche in Punkmode im Tokioter Einkaufsviertel Harajuku, dem Brennpunkt der von Designern in aller Welt imitierten Straßenmode. Hier versammeln sich Punks, „Lolitas“ und Anhänger anderer kreativer Modetrends.
Yuriko Nakao

11. Juli 2003, ULAN BATOR, MONGOLEI

Junge mongolische Ringer warten beim Naadam-Fest in der Hauptstadt Ulan Bator auf ihren Kampf. Das Naadam, das jedes Jahr zwischen dem 11. und 13. Juli zur Erinnerung an die mongolische Revolution im Jahr 1921 stattfindet, ist das größte Fest des Landes. Claro Cortes IV

4. Oktober 2005, BELGRAD, SERBIEN

Ein kleines Mädchen sieht beim Wettbewerb zur „Miss Serbien und Montenegro“ in Belgrad zu. Der Wandel des Publikumsgeschmacks und die Proteste von Frauenrechtlerinnen haben zur Folge gehabt, dass der Miss-World-Wettbewerb in Großbritannien, wo er im Jahr 1951 erfunden wurde, in Ungnade gefallen ist. In anderen Ländern ist das alljährliche Spektakel jedoch weiterhin sehr beliebt, und bis zu zwei Milliarden Menschen in aller Welt können ihn im Fernsehen verfolgen. Marko Djurica

12. September 2005, LONDON, GROSSBRITANNIEN

Michael Vaughan, der Kapitän der englischen Cricket-Mannschaft, streckt die Urne mit den „Ashes“ empor, nachdem es den Engländern erstmals seit fast zwei Jahrzehnten gelungen ist, ihre Erzrivalen aus Australien zu besiegen. Die beiden Länder kämpfen seit mehr als einem Jahrhundert um die in Form verbrannter Schlaghölzer in einer Urne aufbewahrte „Asche“ des nach einer berühmten englischen Niederlage gegen die Australier im Jahr 1882 „verstorbenen“ englischen Cricketsports. Kieran Doherty

4. Juli 2004, LISSABON, PORTUGAL

Der portugiesische Fußballer Rui Costa *(rechts)* wird getröstet, nachdem seine Mannschaft im Finale der Europameisterschaft 2004 in Lissabon den Griechen unterlegen ist. Der griechische Sieg über die Gastgeber war eine der größten Sensationen in der Geschichte des Fußballs. Yiorgos Karahalis

26. April 2004, TEHERAN, IRAN

Eine Iranerin sieht zu, wie ein Mann bei der 4. Internationalen Ausstellung für Polizeisicherheitsausrüstung in Teheran an einem Schießsimulator übt. Bei dieser Messe stellen mittlerweile 300 in- und ausländische Unternehmen ihre Produkte vor. Morteza Nikoubazl

13. Juli 2005, PAMPLONA, SPANIEN

Ein Läufer lotst während der San Fermines einen Stier in die Arena von Pamplona. Im Lauf des einwöchigen Festes zu Ehren des Schutzheiligen der Stadt werden jeden Morgen sechs Stiere durch die Straßen Pamplonas zur Arena getrieben, wo sie am Nachmittag von den Stierkämpfern getötet werden. Albert Gea

23. Juli 2005, MALAGA, SPANIEN

Der Spanier Taha Bakali-Tahiri absolviert einen Weitsprung bei der nationalen Leichtathletikmeisterschaft im andalusischen Malaga. Rafael Marchante

21. Januar 2006, HEBRON, WESTJORDANLAND

Palästinensische Mädchen prüfen vor einem Wahllokal in Hebron ihr Make-up.

Damir Sagolj

22. Januar 2006, ABU DIS, WESTJORDANLAND

Palästinensische Jungen treffen zu Pferd bei einer Wahlveranstaltung der Hamas in Abu Dis ein, das in der Nachbarschaft von Jerusalem liegt. Damir Sagolj

23. Januar 2006, DAHIET AL-BARID, WESTJORDANLAND

In dem Dorf Dahiet al-Barid am Stadtrand von Jerusalem spielen palästinensische Jugendliche Fußball. Im Vordergrund sind am Begrenzungszaun des Sportplatzes hängende Wahlplakate zu sehen. Stoyan Nenov

31. Januar 2006, DOJRAN-SEE, MAZEDONIEN

Zwei Männer sitzen auf dem zugefrorenen Dojran-See (170 km südlich der mazedonischen Hauptstadt Skopje) an einem Tisch und trinken Bier.

Ognen Teofilovski

12. März 2005, MOSKAU, RUSSLAND

Der russische Sportler Diab Karim steht in einem Eisloch in der Moskwa und versucht, einen Rekord aufzustellen, indem er es 60 Minuten im eiskalten Wasser aushält. Karim widmet seinen Rekordversuch dem 60. Jahrestag des sowjetischen Siegs über Nazi-Deutschland im Zweiten Weltkrieg. Auf die Stirn hat er sich das Wort „Frieden" geschrieben. Sergei Karpukhin

14. Mai 2005, NEW YORK, VEREINIGTE STAATEN

Eine Frau lässt sich bei der achten jährlichen Tattoo Convention in New York eine Tätowierung anfertigen. Shannon Stapleton

11. Dezember 2005, KRASNOJARSK, RUSSLAND

Mitglieder eines sibirischen Eisbadevereins reiben einander mit Schnee ein, nachdem sie bei einer Außentemperatur von -26 Grand Celsius ein Bad im eisigen Wasser des Flusses Jenissej in Krasnojarsk genommen haben. Ilya Naymushin

20. April 2005, SAN JOSE DE APARTADO, KOLUMBIEN

Ein kolumbianischer Junge schaukelt seinen Bruder in einer Hängematte. Die beiden gehören einer der 100 Familien an, die ihr Dorf San Jose de Apartado im Jahr 1997 zur schusswaffenfreien „Friedensgemeinde" und zu einem im kolumbianischen Bürgerkrieg neutralen Gebiet erklärten. Als im Februar 2005 acht Einwohner bei einem Angriff mit Hacken getötet wurden, verließen fast alle Bewohner das Dorf. Albeiro Lopera

1. Juli 2004, BAGDAD, IRAK

Die Jungvermählten Naheb Saidi, 25, und Baha Turkeg, 26, werden bei ihrer Hochzeitsfeier in Bagdad mit Schaum besprüht. Ihre Hochzeit fällt mit dem ersten Auftritt des wegen Verbrechen gegen die Menschlichkeit angeklagten Saddam Hussein vor Gericht zusammen. Zohra Bensemra

17. Januar 2006,
HONGKONG, CHINA

Das Wohnzimmer der Präsidentensuite des Hotels InterContinental in Hongkong mit Blick auf den Victoria-Hafen. Die Suite, die sich über 650 Quadratmeter erstreckt und eine Dachterrasse hat, ist die größte Hotelsuite in Hongkong. Die Übernachtung kostet 87 000 Hongkong-Dollar (etwa 11 200 US-Dollar) zuzüglich 13 Prozent Steuern und Zimmerservice. Paul Yeung

28. September 2005,
PARIS, FRANKREICH

Foffanassatou und ihr einjähriger Sohn Sheriff in der Küche ihrer Wohnung in einem verwahrlosten Gebäude im 11. Arrondissement von Paris. Bei Großbränden in heruntergekommenen Häusern in der französischen Hauptstadt sterben zwischen Mai und September 2005 fast 50 Menschen. Diese Tragödien werfen ein Schlaglicht auf den akuten Wohnungsmangel in Paris und die elenden Lebensbedingungen tausender Familien, von denen viele Einwanderer sind. Franck Prevel

1. Oktober 2004, ALLENTOWN, VEREINIGTE STAATEN

Die amerikanische Präsidentenmaschine, die Air Force One, wirft bei der Landung in Allentown (Pennsylvania) ihren Schatten über mehrere Einfamilienhäuser. Jason Reed

14. September 2005, KALKUTTA, INDIEN

Arbeiter auf einer Baustelle in der ostindischen Stadt Kalkutta. Trotz des rasanten Wirtschaftswachstums in Südasien verdienen immer noch neun von zehn Arbeitern weniger als 2 Dollar am Tag. Parth Sanyal

3. Oktober 2005, ARCHER'S POST, KENIA

Eine Frau vom Volk der Samburu verwendet eine Rauchglasscheibe, um in Archer's Post (350 km nördlich von Nairobi) eine ringförmige Sonnenfinsternis zu beobachten. Der Unterschied zwischen einer ringförmigen und einer totalen Sonnenfinsternis besteht darin, dass der Mond bei der ringförmigen Finsternis zu klein ist, um die Sonne vollkommen zu verdecken, und daher von einem stark leuchtenden Ring umgeben zu sein scheint. Radu Sigheti

Auch Regierungen, denen vergangene Menschenrechtsverletzungen vorgehalten werden, fällt es schwer, um Verzeihung zu bitten. Doch die Einrichtung von Kriegsverbrechertribunalen und Kommissionen für Wahrheit und Versöhnung sowie der dank des Internets leichtere Zugang zur Information begünstigen die Wahrheitsfindung und Wiedergutmachung. Es mag den Anschein haben, als lernte die Welt nur wenig aus der Geschichte, doch Rechtsprechung und Erinnerung geben Hoffnung für die Zukunft.

Ein Blick voraus, ein Blick zurück

von Terry Friel

Sühne / Gedenkfeiern / Trauer / Erinnerung / Nostalgie / Aussöhnung / Wahrheit / Gerechtigkeit / Lehren aus der Geschichte

Ein Blick voraus, ein Blick zurück

„Wir dürfen nicht vergessen“ – nach diesem Motto lebte der Nazi-Jäger und Holocaust-Überlebende Simon Wiesenthal. Und der Grundsatz „Vergeben, nicht vergessen“ wurde zur Grabschrift für diesen Mann, der sein Leben der Aufgabe widmete, die Erinnerung an die sechs Millionen Opfer der Judenvernichtung wach zu halten und ähnliche Verbrechen in Zukunft zu verhindern. Mag ihm das in Teilen gelungen sein, so zeigen die Bilder in diesem Buch nur allzu deutlich, dass sich der Kreislauf von Leid, Tod, Gewalt und Erinnerung in der zweiten Hälfte des 20. Jahrhunderts und darüber hinaus fortgesetzt hat. Im Jahr 2005, dem Todesjahr Wiesenthals, wurde der 60. Jahrestag des Endes des Zweiten Weltkriegs begangen. Zugleich jährte sich zum 30. Mal das Ende des Vietnamkriegs, und die Schlacht von Gallipoli im Ersten Weltkrieg lag 90 Jahre zurück. Damals

Am vierten Jahrestag der Anschläge vom 11. September 2001 weint die 19-jährige Courtney Ball aus Sommerville in New Jersey an der vorläufigen Gedenkstätte am Ort des Absturzes von Flug 93 außerhalb von Shanksville in Pennsylvania. 11. September 2005, Jason Cohn

hatte die Menschheit noch geglaubt, der Erste Weltkrieg werde der Krieg sein, der allen Kriegen ein Ende machen werde.

Doch während das 20. Jahrhundert von großen Kriegen geprägt war, wurde die Welt in den ersten Jahren des neuen Jahrhunderts von groß angelegten Terrorangriffen auf die Zivilbevölkerung ohne formale Kriegserklärung heimgesucht – man denke nur an die Anschläge von New York, Bali, Madrid, Beslan und London. Im anbrechenden 21. Jahrhundert wurden wir auch Zeugen schrecklicher Naturkatastrophen, die zu den schlimmsten seit Menschengedenken zählen. Der Tsunami im Indischen Ozean, das Erdbeben in Kaschmir und der Hurrikan „Katrina“ in den Vereinigten Staaten von Amerika haben hunderttausende Menschen getötet, eine Vielzahl verletzt und Millionen heimatlos gemacht. Und obwohl neue Studien zeigen, dass die Zahl und Grausamkeit der Kriege – insbesondere jener zwischen Nationen – ebenso zurückgeht wie die Zahl der Opfer aufgrund der konventionellen Kriegführung, werden die Kämpfe im Irak, in Afghanistan und mehreren afrikanischen Ländern fortgesetzt.

Dennoch: Die Rituale der Erinnerung sind nötig, um Wunden schließen, Lehren aus der Vergangenheit ziehen und den Blick in die Zukunft richten zu können. Die Erinnerung kann aber auch politisch missbraucht und mit Schuldzuweisungen verknüpft werden. Sie wirft schmerzhafte Fragen auf, insbesondere wenn Unrecht nicht wieder gutgemacht wurde oder nicht wieder gutzumachen ist oder wenn keine Einigung darüber möglich ist, was genau geschehen ist. Sollte sich eine der Konfliktparteien entschuldigen? Würde eine Entschuldigung etwas ändern? Können oder

Der Prozess des Erinnerns ist notwendig, auch wenn er für politische Zwecke missbraucht und mit Schuldzuweisungen verknüpft werden kann.

sollen heutige Generationen, Regierungen oder Institutionen für die Taten ihrer Vorgänger zur Rechenschaft gezogen werden? Diese Fragen überschatten das Leben vieler Nationen, die sie bis heute nicht geklärt haben.

Die Beziehungen Japans zu China und Korea beispielsweise sind trotz der Zusammenarbeit auf zahlreichen Gebieten weiterhin von der Vergangenheit belastet. In Japan stellt der traditionelle Besuch des Ministerpräsidenten beim Yasukuni-Schrein eine wichtige Ehrbezeugung gegenüber den gefallenen Soldaten der vergangenen Kriege dar. In den Augen von Chinesen und Koreanern, die mit Bitterkeit an die langjährige japanische Herrschaft zurückdenken, ist dieses Ritual dagegen ein Beweis dafür, dass Japan nicht bereit ist, das von seinen Armeen in Asien angerichtete Unheil einzugestehen. Außerdem sind unter den 2,5 Millionen im Schrein aufgelisteten Soldaten auch einige Kriegsverbrecher. Nachdem Ministerpräsident Junichiro Koizumi dem Schrein anlässlich des 60. Jahrestags des Endes des Zweiten Weltkriegs einen Besuch abgestattet hatte, stand in einer chi-

Ein Mann passiert in der Lobby eines Hotels, die der Erinnerung an die kommunistische Vergangenheit Rumäniens gewidmet ist, ein Porträt des einstigen Diktators Nicolae Ceausescu und seiner Frau Elena. Gerade in den verarmten ländlichen Gebieten erinnern sich viele mit Nostalgie an Ceausescu und sichere Arbeitsplätze unter seiner Herrschaft. 10. November 2004, Bogdan Cristel

nesischen Zeitung zu lesen: „Japans Art, seine militaristische Vergangenheit zu sühnen, ist ein Dorn im Fleisch der bilateralen Beziehungen ... und diese Wunde schwärt weiter." Japans Beziehungen zu seinen Nachbarn werden auch durch den Inhalt von Schulbüchern vergiftet, die nach Ansicht von Kritikern des japanischen Umgangs mit der Vergangenheit heute noch die japanische Aggression im Zweiten Weltkrieg beschönigen. Die Kontroverse hat wütende Protestkundgebungen in China und Korea ausgelöst.

Australiens Bemühungen um eine Aussöhnung mit den Ureinwohnern des Kontinents leiden ebenfalls unter der unterschiedlichen Bewertung der Vergangenheit. Insbesondere wird über die Frage debattiert, ob sich die Regierung im 21. Jahrhundert für jenes Programm entschuldigen sollte, das einst dazu diente, zehntausende Kinder von Aborigines – die so genannte „gestohlene Generation" – von ihren Familien zu trennen, um sie zu assimilieren. Das Programm, das von 1910 bis etwa 1970 lief, wurde im Jahr 1997 nach einer offiziellen Untersuchung von der Regierung als „systematische Diskriminierung und Genozid" eingestuft. Trotz leidenschaftlicher Aufrufe hat die australische Regierung mit dem Argument, die heutige Exekutive müsse für nichts um Verzeihung bitten, bisher eine förmliche Entschuldigung verweigert.

Rund um den Erdball ändert sich die Beurteilung der Vergangenheit laufend. Während amerikanische Soldaten in Bagdad eine Statue des einst allmächtigen Saddam Hussein stürzen, errichten Afghanen ein Denkmal für Ahmed Schah Massud – den „Löwen vom Pandschir" –, jenen Kommandanten der Nordallianz, der sowohl von den Sowjets als auch von den Taliban als Renegat betrachtet wurde. In Indien wandelt sich eine historische Erhebung der einheimischen Truppen gegen ihre britischen Befehlshaber im

Jahr 1857, die lange Zeit als „Meuterei“ bezeichnet wurde, langsam zum „ersten Unabhängigkeitskrieg“, der wiederum ein beliebtes Thema von Bollywood-Filmen geworden ist.

Ein weiteres aufschlussreiches Beispiel ist die „Shot at Dawn“-Kampagne, deren Betreiber seit 1990 die posthume Rehabilitierung von mehr als 300 Soldaten aus Großbritannien und dem Commonwealth anstreben, die im Ersten Weltkrieg als Deserteure hingerichtet wurden. Mittlerweile scheint klar, dass die meisten Opfer, von denen viele noch halbe Kinder waren, unter einem schweren „Schützengrabenschock“ litten – heute würde man bei ihnen ein posttraumatisches Stresssyndrom diagnostizieren.

Die Revolution im Bereich der Informationstechnologie ist ein wichtiger Faktor, wie Geschehnisse erfasst, aufgezeichnet, gedeutet und studiert werden. Durch digitale Technologie werden wir umgehend zu Augenzeugen. So gewann die Öffentlichkeit ein erstes Bild von den Londoner Bombenanschlägen im Juli 2005 anhand unscharfer Videos und Fotos, die tief unter der Erde mit Mobiltelefonen aufgenommen worden waren. Und die Zerstörungswirkung von Hurrikanen und Tornados wird fast augenblicklich von Menschen, die in der Bahn des Sturms leben, auf Weblogs veröffentlicht. Das Internet ermöglicht es den Menschen auch zunehmend, eigene Methoden der Erinnerung zu entwickeln. Es schießen Internetdienste wie Pilze aus dem Boden, die einzelne Gedenksites beherbergen und jedermann Gelegenheit geben, im virtuellen Raum seine eigene Gedenkstätte zu errichten. Das Internet liefert uns neue Werkzeuge, anhand derer wir uns Zugang zu neuen Informationen verschaffen können. Per Mausklick können wir eine Vielzahl amtlicher Aufzeichnungen und historischer Dokumente aus aller Welt einsehen, anstatt uns in verstaubten Bibliotheken durch Papierberge wühlen zu müssen. Ein Vorteil, der unter anderem zu einem explosionsartig gestiegenen Interesse an Familienforschung geführt hat. Das am raschesten wachsende Hobby der westlichen Welt ist laut Erhebungen der National Genealogical Society in den USA mittlerweile der beliebteste Zeitvertreib nach der Gartenarbeit.

Die Technologie hat die Welt auch enger zusammenrücken lassen. Dank der Berichterstattung rund um die Uhr ist es heute leichter als je zuvor, alle noch so weit entfernten Geschehnisse zu beleuchten. Die Menschen in der französischen Hauptstadt ebenso wie im texanischen Paris konnten live verfolgen, wie im Jahr 1999 Osttimor in Flammen aufging, wie sich im Jahr 2001 berittene afghanische Stammeskrieger der hoch entwickelten amerikanischen Militärtechnologie entgegenstellten oder wie im Jahr 2004 die Schule in der südrussischen Kleinstadt Beslan brannte. Simultane Erinnerungszeremonien verbinden für einen kurzen Moment einander völlig verschiedene Menschen auf verschiedenen Kontinenten, sei es in einem Gottesdienst für die russischen Kinder, die in der Schule von Beslan starben, oder beim Aussetzen schwimmender Kerzen im Gedenken an die Opfer des Tsunami oder der Bombenanschläge von Bali.

Die Fortschritte in der Gerichtsmedizin erleichtern es, die für vergangene Verbrechen Verantwortlichen zur Rechenschaft zu ziehen. Die mit der Untersuchung von Kriegsverbrechen betrauten Experten können nunmehr eine Vielzahl verblüffender Werkzeuge einsetzen, um vor Jahren begangene Untaten im Irak, auf dem Balkan und anderswo aufzuklären. Die Identifizierung der Schuldigen und die Auseinandersetzung aller Beteiligten mit den Ursachen für die Fehlentwicklungen sind Voraussetzung dafür, dass die Wunden der Überlebenden heilen, dass ein Neuanfang möglich wird und dass die Fehler und Ungerechtigkeiten der Vergangenheit nicht wiederholt werden. Dies ist der Grundgedanke hinter der Einrichtung von Kriegsverbrechertribunalen wie dem Internationalen Strafgerichtshof der UN für das ehemalige Jugoslawien. Einem ähnlichen Zweck dienen Kommissionen für Wahrheit und Versöhnung wie jene, die in Südafrika und Osttimor eingerichtet wurden. Die südafrikanische Kommission, die als Vorbild für spätere Einrichtungen dieser Art diente, wurde ins Leben gerufen, um die Verbrechen und Menschenrechtsverstöße unter dem Apartheid-Regime zu dokumentieren. Sie wurde mit der Befugnis ausgestattet, für Menschenrechtsverletzungen beider Seiten Amnestien zu gewähren, wenn sie zu dem Schluss gelangte, diese Verstöße seien tatsächlich politisch motiviert gewesen und der Täter habe wahrheitsgemäß ausgesagt. Dennoch ist es ernüchternd, dass die für die Behandlung der Kriegsverbrechen in Ruanda und dem ehemaligen Jugoslawien eingerichteten internationalen Gerichtshöfe die ersten seit den Nürnberger Prozessen im Jahr 1945 waren.

Zu den wichtigsten Merkmalen des menschlichen Wesens zählt die Hoffnung. John F. Kennedy sagte einmal: „Angesichts jeder Schwierigkeit bleibt uns ein Funken Hoffnung. Und die einzige unabänderliche Gewissheit ist, dass nichts gewiss oder unabänderlich ist.“ Aber wenn wir in die Zukunft blicken, müssen wir uns fragen: Werden jemals Lehren aus der Vergangenheit gezogen? Manchmal hat es den Anschein, als würden die Dinge umso unveränderlicher, je mehr sie sich ändern: Es ziehen weiterhin Staaten in den Krieg. Es greifen weiterhin radikale Gruppen die Zivilbevölkerung an. Die Erfahrung des Holocaust verhinderte weder den Genozid noch die „ethnischen Säuberungen“ in Kambodscha, auf dem Balkan oder in Ruanda. Allerdings hat die Unfähigkeit der internationalen Staatengemeinschaft, der Ermordung von 800 000 ruandischen Tutsi und gemäßigten Hutu durch militante Hutu im Jahr 1994 Einhalt zu gebieten, sehr viel Kritik ausgelöst und die Vereinten Nationen dazu bewegt, eine Erklärung abzugeben, in der die Welt aufgefordert wird, in solchen Fällen in Zukunft einzugreifen, um Völkermord zu stoppen.

In den frühen Morgenstunden des 25. April 1915 landeten Truppen des Australian and New Zealand Army Corp (ANZAC) in einer kleinen Bucht an der Westküste der Türkei – der Beginn des Gallipoli-Feldzugs, dessen Ziel es war, die Meerenge der Dardanellen unter Kontrolle zu bringen, um eine Verbindung zum Verbündeten Russland herzustellen. Insgesamt

kostete die Auseinandersetzung um die Halbinsel mehr als 130 000 Soldaten das Leben. Der blutigste Feldzug im Ersten Weltkrieg trug jedoch auch zur Geburt Australiens, Neuseelands und der modernen Türkei bei. „Die hier kämpften ..., veränderten für immer unsere Vorstellung von der Welt und von uns selbst", erklärte der australische Premier John Howard 2005 am Anzac Day bei der alljährlichen Feier in der nach der australisch-neuseeländischen Einheit benannten Bucht. In der Vergangenheit wurde darüber diskutiert, ob der Anzac Day beibehalten werden sollte, da man an seiner aktuellen Relevanz zweifelte. Mttlerweile versammeln sich dort aber wieder jährlich tausende Menschen. „Jeder Australier möchte Gallipoli besuchen", sagt der 32-jährige Rob Walters, der fast 60 Jahre nach der Landung geboren wurde. Die Zeremonie im Morgengrauen wird stets mit den folgenden Worten beendet, die an Wiesenthals Grundsatz erinnern: „Lest we forget."

26. März 2002, GORNJI POTOCARI, BOSNIEN

Nasira Efendic, eine bosnische Moslemin, die im Bosnienkrieg (1992–1995) die meisten ihrer Verwandten verloren hat, sieht aus einem Fenster ihres zerstörten Hauses im Dorf Gornji Potocari nahe Srebrenica. Zehn Jahre nach Kriegsbeginn kehrt eine Gruppe bosnischer Moslems, deren Angehörige im Jahr 1995 dem Massaker in der UN-„Schutzzone" Srebrenica zum Opfer gefallen sind, in die Heimat zurück. Damir Sagolj

6. Juni 2004, NORMANDIE, FRANKREICH

Ein kanadischer Kriegsveteran wirft im Anschluss an eine Gedenkfeier am 60. Jahrestag der alliierten Landung in der Normandie im Zweiten Weltkrieg in Juno Beach ein Andenken ins Meer. Hunderte Veteranen kehren im Jahr 2004 in die Normandie zurück, um ihre Schritte während der Landung auf dem europäischen Kontinent im Jahr 1944 nachzuvollziehen.
Andy Clark

26. Dezember 2005, KAO LAK, THAILAND

Schweden trauern in Kao Lak am Andamischen Meer, etwa 110 km nördlich der Ferieninsel Phuket, um verlorene Angehörige. Am ersten Jahrestag des Tsunami, der an den Küsten des Indischen Ozeans fast 230 000 Menschen tötete, versammeln sich im Süden Thailands Einheimische und Ausländer. Schweden hatte mit 543 Toten die meisten Opfer aller nicht asiatischen Länder zu beklagen. Adrees Latif

2. Juni 2004, NORMANDIE, FRANKREICH

Pat Brown aus Fermont in West Virginia steht in Kampfmontur am Omaha Beach und wischt sich Tränen aus den Augen. Er gedenkt mehrerer Familienmitglieder, die vor 60 Jahren im Zweiten Weltkrieg an der alliierten Landung in der Normandie teilnahmen. Yves Herman

25. April 2005, ANZAC-BUCHT, TÜRKEI

Soldaten aus Australien und Neuseeland nehmen in Anzac Cove auf der fernen Halbinsel Gallipoli in der Westtürkei an einer morgendlichen Gedenkveranstaltung teil. Die Ministerpräsidenten Australiens und Neuseelands, John Howard und Helen Clark sowie der britische Kronprinz Charles haben sich 15 000 Australiern, Neuseeländern und Türken angeschlossen, um am 90. Jahrestag des Beginns einer der blutigsten Schlachten des Ersten Weltkriegs des Einsatzes des Australian and New Zealand Army Corps (ANZAC) zu gedenken. Mit der Landung von 4000 Soldaten aus den beiden Ländern in einer engen Bucht auf der Halbinsel begann am 25. April 1915 der unglückselige Gallipoli-Feldzug, in dem bis Januar 1916 auf beiden Seiten etwa 125 000 Soldaten fielen. Fatih Saribas

27. Januar 2005, OSWIECIM, POLEN

Ein Überlebender des Konzentrationslagers Auschwitz-Birkenau wischt sich während einer Gedenkfeier im ehemaligen Vernichtungslager die Tränen ab. Überlebende und Politiker aus aller Welt haben sich an diesem Tag in Polen versammelt, um den 60. Jahrestag der Befreiung des Lagers durch sowjetische Truppen zu feiern und der Opfer des Holocaust im Zweiten Weltkrieg zu gedenken. Katarina Stoltz

6. Mai 2005, BERLIN, DEUTSCHLAND

Besucher des Holocaust-Denkmals in Berlin, das am 10. Mai 2005 offiziell eröffnet wird, betrachten Porträts von Opfern der Judenvernichtung. Die vom amerikanischen Architekten Peter Eisenman entworfene Gedenkstätte besteht aus 2711 Betonstelen, die eine Art Labyrinth bilden. Der unebene Boden, die gedämpften Geräusche des Verkehrs und die unterschiedlich Höhe der Stelen wecken beim Besucher ein Gefühl der Desorientierung und Isolation, um ihm die Augen für das Leid der jüdischen Opfer des Nationalsozialismus zu öffnen und das Gespräch über das dunkelste Kapitel der deutschen Geschichte anzuregen. In einem unterirdischen Informationszentrum ist das Schicksal einzelner Juden und jüdischer Familien unter der Herrschaft Adolf Hitlers zwischen 1933 und 1945 dokumentiert. Arnd Wiegmann

15. Februar 2003, KRASNOJARSK, RUSSLAND

Ein Besucher des Museumszentrums von Krasnojarsk betrachtet ein Denkmal für die Soldaten und Offiziere aus der Region Krasnojarsk, die bei den sowjetischen Militärinterventionen in Afghanistan und Tschetschenien gestorben sind. An diesem Tag begehen Russland und die ehemaligen Mitgliedstaaten der Sowjetunion den 14. Jahrestag des Rückzugs der sowjetischen Armee aus Afghanistan. Ilia Naymushin

26. April 2005, SLAWUTITSCH, UKRAINE

Eine Frau weint an einer Gedenkstätte für die Feuerwehrleute, die bei der Katastrophe von Tschernobyl im Jahr 1986 starben. Im Jahr 2005 begeht die Ukraine den 19. Jahrestag des schwersten Atomunfalls der Geschichte, bei dem der Reaktor Nr. 4 des Atomkraftwerks Tschernobyl explodierte. Weite Teile der Ukraine, Weißrusslands und Russlands wurden radioaktiv verseucht, und kontaminierte Wolken erreichten zahlreiche Regionen Westeuropas. Gleb Garanich

22. Januar 2006, PRIŠTINA, KOSOVO

Ein Mitarbeiter der Druckerei einer Tageszeitung in Priština bereitet eine Sonderausgabe zu Ehren des früheren kosovarischen Präsidenten Ibrahim Rugova vor, der Ikone des Unabhängigkeitsstrebens der albanischen Kosovaren. Rugova ist am Vortag im Alter von 61 Jahren gestorben. Der wegen seines Eintretens für einen gewaltlosen Widerstand gegen die serbische Unterdrückung als „Gandhi des Balkans" bezeichnete Schriftsteller und Politiker gründete in den 1990er-Jahren im Untergrund eine von den serbischen Institutionen unabhängige Parallelregierung der albanischen Bevölkerungsmehrheit des Kosovo. Hazir Reka

13. Februar 2005, DRESDEN, DEUTSCHLAND

Am 60. Jahrestag der Zerstörung Dresdens durch alliierte Bomber im Zweiten Weltkrieg bilden brennende Kerzen auf dem Altmarkt den Schriftzug „Diese Stadt hat Nazis satt“. Offiziell wird die Zahl der Todesopfer der Dresdner Bombennacht mit etwa 35 000 angegeben, doch nach Ansicht vieler Überlebender muss die Zahl sehr viel höher angesetzt werden. Die offizielle Gedenkfeier anlässlich des Jahrestags wird durch einen Aufmarsch tausender Neonazis getrübt, die die alliierten Bombenangriffe als Beweis für eine Opferrolle Deutschlands im Zweiten Weltkrieg heranziehen möchten. Nach Polizeiangaben haben sich etwa 5000 Personen dem Marsch angeschlossen, der damit zu einer der größten rechtsextremen Kundgebungen seit Kriegsende wird. Später versammeln sich im historischen Zentrum rund 50 000 Einwohner Dresdens, die zum Zeichen der Versöhnung weiße Rosen tragen, Kerzen für alle Opfer des Krieges anzünden und gegen die extreme Rechte demonstrieren. Pawel Kopczynski

6. Mai 2004, HERRLISHEIM, FRANKREICH

Der französische Oberrabbiner Joseph Sitruk *(rechts)* steht gestützt auf den Arm eines Mitglieds der jüdischen Gemeinde auf dem jüdischen Friedhof von Herrlisheim unweit der Grenze zu Deutschland vor einem Schild, auf das die Worte „Juden raus" gesprüht worden sind. Am 30. April 2004 wurde entdeckt, dass 127 Gräber in Herrlisheim mit Hakenkreuzen und antisemitischen Slogans in deutscher Sprache geschändet worden waren. Im Oktober 2004 wurde die neue Welle des Antisemitismus in einem französischen Regierungsbericht als Bedrohung für den Zusammenhalt der französischen Gesellschaft bezeichnet, und es wurde vorgeschlagen, rassistische Entwicklungen in den Medien und in den Schulen stärker zu beobachten und strenger dagegen vorzugehen. Zudem wurde die Einrichtung einer nationalen Beobachtungsstelle für den Antisemitismus vorgeschlagen. Vincent Kessler

5. April 2004, KIGALI, RUANDA

Im Gisozi-Mahnmal in Kigali sind Fotos von Opfern des Völkermords in Ruanda im Jahr 1994 ausgestellt. Teil der Gedenkstätte, die ein modernes Museum mit grafischen Darstellungen und Videovorführungen beinhaltet, ist ein Massengrab, das die Überreste von schätzungsweise 250 000 Menschen enthält. Zehn Jahre nach den schrecklichen Geschehnissen gedenken die Ruander in einer Erinnerungswoche der 800 000 Tutsi und gemäßigten Hutu, die ermordet wurden. Der ruandische Präsident Paul Kagame hat die Außenwelt wiederholt für ihre Unfähigkeit kritisiert, im Jahr 1994 in dem kleinen afrikanischen Land zu intervenieren, obwohl es deutliche Hinweise auf die Vorhaben extremistischer Hutu gab. Radu Sigheti

April 2004, NIANZA, RUANDA

Ein ruandischer Arbeiter weint beim Reinigen eines Massengrabes bei der Kirche von Nianza. Im Jahr 1995 richteten die Vereinten Nationen in Tansania den Internationalen Strafgerichtshof für Ruanda ein, um die Hintermänner des Genozids zu bestrafen. Doch die Verfolgung der Schuldigen erwies sich als langwierig und schwierig. Bis März 2006 konnten nur 15 Gerichtsprozesse abgeschlossen werden. 28 Verfahren laufen, acht befinden sich in der Berufung und 15 weitere haben noch nicht begonnen. Radu Sigheti

11. September 2002, NEW YORK, VEREINIGTE STAATEN

Bauarbeiter singen die amerikanische Nationalhymne, nachdem sie am ersten Jahrestag des Anschlags auf das World Trade Center in New York im Gedenken an die Opfer eine Schweigeminute gehalten haben. Pascal Lauener

11. September 2002, LONDON, GROSSBRITANNIEN

Nach einem Gedenkgottesdienst in der St. Paul's Cathedral für die Opfer der Abnschläge vom 11. September lässt ein Mann während einer Schweigeminute seinen Gefühlen freien Lauf. Unter den 2000 Gästen der Gedenkfeier, an der Freunde und Verwandte von Opfern teilnehmen, sind auch Prinz Charles und Premierminister Tony Blair. Dan Chung

9. April 2002, SARAJEVO, BOSNIEN

Rasim Kadic, Vorsitzender der Liberaldemokratischen Partei Bosniens, klebt zum Protest gegen die israelische Besatzung palästinensischer Städte auf das Schild am Ortseingang der bosnischen Hauptstadt ein Schild mit der Aufschrift „Ramallah“. Seine Absicht ist es, eine Parallele zwischen dem Leid der von israelischen Panzern beschossenen Palästinenser in Ramallah (Westjordanland) und dem Schicksal der überwiegend moslemischen Bosnier zu ziehen, die während der Belagerung von Sarajevo in den Jahren 1992 bis 1995 fast 12 000 Einwohner der Stadt das Leben kostete. Danilo Krstanovic

25. Mai 2005, SUBOTICA, SERBIEN

Eine junge Frau, die ein T-Shirt mit dem Konterfei Titos trägt, hält bei einer Gedenkfeier zum Geburtstag des früheren Staatschefs Josip Broz Tito eine alte jugoslawische Flagge. An der Feier nehmen Menschen teil, die nostalgisch an das alte Jugoslawien und seinen 1980 verstorbenen Führer zurückdenken. Der atheistische Sozialist Tito, der halb kroatischer und halb slowenischer Herkunft war, herrschte fast 35 Jahre über den Vielvölkerstaat. Er war eine Unperson für die ultrareligiösen nationalistischen Bewegungen, die in den 1990er-Jahren in den ehemaligen jugoslawischen Republiken an die Macht kamen. Doch ein Jahrzehnt der Kriege und der mühsamen Lösung vom Kommunismus haben die Erinnerung an den autoritären Charakter von Titos Regime verblassen lassen und bei vielen Menschen die Sehnsucht nach einer unschuldigeren Ära geweckt. Es gibt mittlerweile eine Art „Tito-Kult", von dem T-Shirts mit seinem Konterfei, nach ihm benannte Bars und eigene Websites zeugen. Goran Sivacki

26. Februar 2003, PRIŠTINA, KOSOVO

Mehr als 50 000 Kosovo-Albaner protestieren in der Hauptstadt Priština gegen die Verhaftung Fatmir Limajs, eines Kommandanten der Kosovo-Befreiungsarmee (UCK). Limaj und drei weitere ehemalige Führer der aufgelösten UCK werden im Frühjahr 2003 vom Internationalen Strafgerichtshof für das ehemalige Jugoslawien wegen Kriegsverbrechen während der Kämpfe mit Serben in den Jahren 1998/99 angeklagt. Die albanische Bevölkerungsmehrheit des Kosovo betrachtet diese Männer als Freiheitskämpfer, die ihr Volk gegen die serbischen Unterdrücker verteidigt haben. Die Nachricht vom Freispruch Limajs im November 2005 löst in Priština Freudenfeiern aus. Hazir Reka

9. März 2005, PRIŠTINA, KOSOVO

Nach seinem Rücktritt vom Amt des Ministerpräsidenten des Kosovo trifft Ramusch Haradinaj *(links)* in Begleitung seiner Frau auf dem Flughafen von Priština ein, um in die Niederlande zu fliegen, wo ihn ein Prozess wegen Kriegsverbrechen erwartet. Haradinaj ist der höchstrangige frühere Führer der albanischen Rebellen im Kosovo, der vom Kriegsverbrechertribunal der Vereinten Nationen wegen Gräueltaten im Unabhängigkeitskrieg gegen die serbische Armee (1998–1999) angeklagt wird. Für viele Kosovo-Albaner ist er ein Held. Hazir Reka

30. März 2002, SIPOVO, BOSNIEN

Links Ein internationaler Experte sucht in einem Massengrab bei Sipovo in Westbosnien nach Beweisen. Damir Sagolj

10. Juli 2005, POTOCARI, SERBIEN

Gegenüberliegende Seite oben Bosnische Mosleminnen weinen an einem Sarg, der die sterblichen Reste eines Verwandten enthält. 610 Opfer des Massakers von Srebrenica sind in einer Fabrikhalle in Potocari für ein feierliches Massenbegräbnis am 10. Jahrestag des Massakers aufgebahrt worden. Die Toten lagen jahrelang in anonymen Gräben, in denen sie im Juli 1995 von den bosnisch-serbischen Truppen verscharrt worden waren. Die Serben hatten systematisch 8000 unbewaffnete moslemische Männer und Jungen aus einer „UN-Schutzzone" abtransportiert und niedergemetzelt. Die Überreste der Opfer wurden in mühsamer Kleinarbeit anhand von DNA-Analysen identifiziert. Am 11. Juli 2005 werden sie an der Seite von mehr als 1300 bereits früher bestatteten Opfern des Massakers auf dem Friedhof von Srebrenica beerdigt. Damir Sagolj

6. Juli 2005, VISOKO, BOSNIEN

Gegenüberliegende Seite unten In einem Leichenschauhaus im zentralbosnischen Ort Visoko sind Grabmarkierungen mit den Namen bosnischer Opfer des Massakers von Srebrenica im Jahr 1995 aufgestapelt. Mit der Bestattung von 610 Opfern am 11. Juli 2005 steigt die Zahl der identifizierten und beerdigten Leichen auf 2000 – etwa ein Viertel der Todesopfer. Die Öffnung von 20 Massengräbern steht noch aus. Damir Sagolj

DON JOHN
THE FAMILY MAN
YES HE IS
MUHIDIN
LITTLE JOHN
PATRICK
PARMA
KILLERRAT
THE BOSS
DŽEVAD
Trubari
1967 - 1995

15. Mai 2005, RAVNA GORA, SERBIEN

Ein kleiner Junge, der eine traditionelle Tschetnik-Mütze trägt, nimmt an einer Kundgebung in Ravna Gora in Zentralserbien teil. Mehr als 20 000 Personen versammeln sich in Erinnerung an die serbische Guerrilla im Zweiten Weltkrieg zu einem Fest, das von der serbischen Regierung mitgetragen wird. Die ultranationalistischen Tschetniks sind vielen Menschen im ehemaligen Jugoslawien als Stütze der brutalen Nazi-Besatzung in Erinnerung geblieben. Ursprünglich eine Widerstandsbewegung gegen die Deutschen, wechselten die Tschetniks die Seiten, als sich die Alliierten mit dem Kommunisten Tito verbündeten, und kämpften mit den Achsenmächten gegen ihre kommunistischen Widersacher.
Milos Cvetkovic

23. April 2005, PETROVO, BOSNIEN

Ein Anhänger der Tschetniks nimmt im zentralbosnischen Ort Petrovo an einer Feier teil, bei der am 64. Jahrestag des Beginns der Erhebung der Tschetniks, die von den Sympathisanten dieser Bewegung als Aufstand gegen die Nazis bezeichnet wird, eine Gedenktafel enthüllt werden soll. Viele Menschen auf dem Balkan verbinden mit Erkennungszeichen wie dem charakteristischen Tschetnik-Bart Gräueltaten der serbischen Truppen in den Jahren 1941 bis 1945 sowie in den Kriegen der 1990er-Jahre auf dem Gebiet des ehemaligen Jugoslawien. Nachdem Kroatien und Bosnien in den Jahren 1991 bzw. 1992 ihre Unabhängigkeit erklärt hatten, begingen paramilitärische Einheiten der Serben unter dem Banner der Tschetniks einige der schlimmsten Gräueltaten in den Balkankriegen.

Damir Sagolj

9. Mai 2005, MOSKAU, RUSSLAND

Kadetten nehmen am Jahrestag des Sieges über Nazi-Deutschland an einer Militärparade auf dem Roten Platz teil, bei der die Russen vor internationalen Gästen wie US-Präsident George W. Bush und Hu Jintao aus China ihren patriotischen Stolz und militärischen Pomp zeigen. Die feierliche Stimmung kann jedoch die politischen Spannungen zwischen Russland und seinen kleinen baltischen Nachbarn nicht verdecken, die in der Niederlage Deutschlands den Beginn einer zweiten Tyrannei sehen – die der kommunistischen Sowjetunion. Der russische Präsident Putin hat ihre Forderung nach einer öffentlichen Sühne abgelehnt. Grigory Dukor

7. November 2002, MOSKAU, RUSSLAND

Russische Kommunisten marschieren am 85. Jahrestag der Oktoberrevolution, die im Jahr 1917 die von Lenin geführten Bolschewiki an die Macht brachte, mit roten Fahnen an einem Werbeplakat vorbei. Der Revolutions-Feiertag am 7. November konnte sich in der postsowjetischen Ära noch 12 Jahre als „Tag der Versöhnung und Eintracht" halten, bevor das russische Parlament im November 2004 beschloss, ihn durch einen Feiertag zur Erinnerung an die Befreiung Moskaus von der polnischen Besatzung im Jahr 1612 zu ersetzen. Viktor Korotayev

26. April 2005, CU CHI, VIETNAM

Ein japanischer Tourist zwängt sich während einer geführten Besichtigung durch einen getarnten Zugang zum Tunnelsystem von Cu Chi. Cu Chi liegt etwa 70 km von Ho-Chi-Minh-Stadt entfernt, das früher Saigon hieß und die Hauptstadt des von den USA gestützten Südvietnam war. Auf dem Höhepunkt des Vietnamkriegs erstreckte sich das Tunnelnetz über 250 km. Es enthielt Abschnitte zum Wohnen und Essen, für Versammlungen sowie für Kampfeinsätze und erlaubte es den Vietcong, mit weit entfernten Einheiten zu kommunizieren und Überraschungsangriffe durchzuführen, die teilweise sogar innerhalb der feindlichen Stützpunkte erfolgten. Der Kriegstourismus ist heute ein blühendes Geschäft in Vietnam, und die Tunnel von Cu Chi zählen zu den wichtigsten Touristenattraktionen. Seit der Normalisierung der Beziehungen zwischen den ehemals verfeindeten Nationen Mitte der neunziger Jahre des 20. Jahrhunderts besuchen jedes Jahr hunderte amerikanische Veteranen Vietnam.

Desmond Boylan

8. Mai 2005, IN DER NÄHE VON KIEW, UKRAINE

Am 60. Jahrestag des sowjetischen Siegs über Nazi-Deutschland wird eine Schlacht nachgestellt, die im Zweiten Weltkrieg bei Kiew stattfand. Gleb Garanich

31. März 2004, BELFAST, GROSSBRITANNIEN

Eine Schauspielerin in historischer Kleidung steht bei der Eröffnung der Ausstellung „Titanic At Home“ im Robinson’s Saloon in Belfast hinter einer Milchglasscheibe. Zur Erinnerung an den Untergang des Ozeanriesen bei seiner Jungfernfahrt im Jahr 1912 erzählt die Ausstellung die Geschichte der *Titanic* aus Sicht von Belfastern, die am Bau des Schiffs beteiligt waren oder sich bei der verhängnisvollen Reise an Bord befanden. Paul McErlane

15. Juni 2005, PEKING, CHINA

Eine Chinesin geht am Schaufenster eines Ladens in Peking vorbei, in dem Mao-Tse-tung-Artikel verkauft werden. China möchte den „roten Tourismus" fördern und Besucher zu Orten mit einem kommunistischen Erbe locken, die sich vielfach in armen ländlichen Gebieten befinden. Jason Lee

Welt-Zeittafel des 21. Jahrhunderts

WELT-ZEITTAFEL 2000

Januar

1. Januar WELTWEIT
Inmitten von Feuerwerken und Feiern bricht das dritte Jahrtausend an. Der befürchtete Zusammenbruch zahlreicher Computersysteme aufgrund des „Jahr-2000-Problems" bleibt aus.

10. Januar USA
Das Internetunternehmen America Online kündigt an, Time Warner für 163 Milliarden Dollar zu kaufen. Dies wird die größte Fusion aller Zeiten sein.

24. Januar GROSSBRITANNIEN
Die britische EMI Group und Time Warner geben bekannt, dass sie ihre Musiksparten zur größten Musikgruppe der Welt verschmelzen werden.

30. Januar KENIA
Ein Airbus 310 der Kenya Airways stürzt auf dem Flug nach Nairobi ins Meer. Von 179 Passagieren und Besatzungsmitgliedern überleben nur 10.

23. Februar WELTRAUM
Die Raumfähre *Endeavour* kehrt zur Erde zurück, nachdem sie eine Kartierung der Erdoberfläche abgeschlossen hat.

März

12. März SPANIEN
Der konservative Ministerpräsident José María Aznar wird wieder gewählt. Zum ersten Mal seit dem Ende der Diktatur im Jahr 1975 gewinnt eine Partei die absolute Mehrheit der Parlamentssitze.

14. März GROSSBRITANNIEN
PPL Therapeutics, das am Klonen des Schafs Dolly beteiligte Unternehmen, gibt bekannt, dass es mit Erfolg Schweine geklont hat. Am 5. März wurden fünf Ferkel geboren.

17. März UGANDA
530 Angehörige der obskuren Sekte „Bewegung zur Wiedereinsetzung der zehn Gebote Gottes" begehen kollektiv Selbstmord. In der Kirche werden insgesamt etwa 900 verbrannte Tote gefunden.

11. April GROSSBRITANNIEN
Der Historiker David Irving verliert einen Prozess gegen eine amerikanische Professorin und deren Verleger; diese hatten ihn als „Holocaust-Leugner" bezeichnet.

11. April SÜDAFRIKA
Hansie Cronje, in Ungnade gefallener Kapitän des südafrikanischen Cricket-Nationalteams, sorgt für einen Riesenskandal: er gibt zu, von einem indischen Buchmacher Geld genommen zu haben.

21. April VEREINTE NATIONEN
UNO-Generalsekretär Kofi Annan legt einen Bericht für das 21. Jahrhundert vor, in dem die Aufgabenstellung der Organisation vollkommen neu definiert wird.

22. April KUBA/USA
Der sechsjährige Elián González, dessen Mutter bei dem Versuch, mit dem Kind in die USA zu gelangen, ertrunken ist, wird nach einer Zwischenstation bei Verwandten in Miami seinem Vater übergeben.

29. April IRAK
Zum ersten Mal seit dem Krieg öffnet das irakische Nationalmuseum seine Tore für das Publikum.

Juni

5. Juni RUSSLAND
US-Präsident Bill Clinton spricht als erster Regierungschef eines wichtigen westlichen Staates vor der russischen Duma.

10. Juni SYRIEN
Präsident Hafis al-Assad stirbt in Damaskus. Das Parlament ändert die Verfassung, um Assads 34 Jahre alten Sohn Baschar die Nachfolge zu ermöglichen.

19. Juni GROSSBRITANNIEN
Im Hafen von Dover entdecken Zollbeamte in einem LKW die Leichen von 58 illegalen Einwanderern aus China. Im April 2001 wird der niederländische Lkw-Fahrer zu 14 Jahren Gefängnis verurteilt.

26. Juni WELTWEIT
Ein internationales Forscher-Konsortium stellt einen Arbeitsentwurf des menschlichen Genoms vor, das sämtliche Gene im menschlichen Körper umfasst. Ein Meilenstein der Medizin.

17. Juli DEUTSCHLAND
Vertreter Deutschlands, der USA und Israels unterzeichnen eine historische Vereinbarung über Entschädigungszahlungen in Höhe von 10 Milliarden D-Mark an ehemalige Zwangsarbeiter.

25. Juli FRANKREICH
Eine Concorde der Air France, deren Ziel New York ist, stürzt kurz nach dem Start in Paris ab. Alle 109 Menschen an Bord sowie vier Personen am Boden finden den Tod.

28. Juli ITALIEN
Die Zeitung *L'Unità*, Sprachrohr der italienischen Linken und früheres Organ der größten kommunistischen Partei im Westen, stellt nach 76 Jahren wegen finanzieller Probleme den Betrieb ein.

August

4. August GROSSBRITANNIEN
Die Königinmutter wird als erstes Mitglied der königlichen Familie 100 Jahre alt und nimmt auf dem Balkon des Londoner Buckingham Palace die Glückwünsche der Nation entgegen.

25. August SIMBABWE
Präsident Robert Mugabe gibt bekannt, dass zur Wiedergutmachung der Landbeschlagnahmung durch die britischen Kolonialherren 509 weiße Farmer enteignet werden sollen.

September

1. September BRASILIEN
12 südamerikanische Präsidenten unterzeichnen auf ihrem ersten Gipfeltreffen die „Erklärung von Brasília", nach der die beiden wichtigsten lateinamerikanischen Handelsblöcke vereint werden sollen.

3. September VATIKAN
Trotz Protesten von Juden und liberalen Katholiken spricht Papst Johannes Paul II. den des Antisemitismus bezichtigten konservativen Pontifex Pius IX. aus dem 19. Jahrhundert selig.

7. September VEREINTE NATIONEN
Der kubanische Staatschef Fidel Castro spricht zum ersten Mal mit US-Präsident Clinton. Es ist wohl auch das erste Mal seit seiner Machtübernahme 1959, dass er einem US-Präsidenten die Hand gibt.

28. September DÄNEMARK
Die Dänen lehnen in einem Referendum die Einführung der europäischen Gemeinschaftswährung ab. 53,1 Prozent der Wähler sind gegen den Beitritt zur Eurozone.

28. September ISRAEL/ PALÄSTINENSERGEBIETE
Ariel Scharon, Führer des oppositionellen Likud, besucht den Tempelberg in Jerusalem. Für die Palästinenser trägt dieser Besuch zur zweiten Intifada bei.

Oktober

6. Oktober JUGOSLAWIEN
Nach umstrittenen Wahlen kommt es zu einem Volksaufstand gegen den seit 13 Jahren herrschenden Slobodan Milošević. Der bisherige Oppositionsführer Vojislav Koštunica wird Präsident.

12. Oktober JEMEN
Selbstmordattentäter rammen im Hafen von Aden mit einem mit Sprengstoff beladenen Schlauchboot den US-Zerstörer *USS Cole* und töten 17 Matrosen. Al-Qaida wird dafür verantwortlich gemacht.

11. November ÖSTERREICH
Bei einer Explosion in einem Alpentunnel wird eine mit Skiurlaubern gefüllte Bergbahn zerstört. 155 Menschen finden den Tod.

13. November PHILIPPINEN
Das Repräsentantenhaus eröffnet begleitet von Tumulten ein Amtsenthebungsverfahren wegen Korruption gegen den Präsidenten Joseph Estrada.

17. November USA
Um einen Rechtsstreit wegen Diskriminierung mit hunderten schwarzen Beschäftigten beizulegen, erklärt sich Coca-Cola zur Zahlung des Rekordbetrags von 192,5 Millionen Dollar bereit.

19. November VIETNAM
US-Präsident Bill Clinton beendet seinen historischen dreitägigen Besuch in Vietnam. Clinton ist seit dem Ende des Vietnamkriegs der erste amtierende US-Präsident, der dieses Land besucht.

27. November NORWEGEN
Der norwegische König Harald eröffnet im Westen des Landes den mit 24,5 km längsten Straßentunnel der Welt, den Laerdaltunnel. Bisheriger Rekordhalter: der Gotthardtunnel mit 16,9 km.

31. Januar GROSSBRITANNIEN
Der Arzt Harold Shipman bekommt wegen Mordes an 15 älteren Patienten, die er mit Heroininjektionen getötet hat, lebenslänglich. Möglicherweise hat „Dr. Tod“ 250 Menschen getötet.

Februar

4. Februar ÖSTERREICH
Eine Koalition der konservativen Volkspartei (ÖVP) und Haiders Freiheitlicher Partei (FPÖ) übernimmt die Amtsgeschäfte. Israel zieht seinen Botschafter zurück, die EU verhängt diplomatische Sanktionen.

4. Februar DEUTSCHLAND
Vodafone AirTouch stimmt einer auf 180 Milliarden Euro bezifferten Fusion mit der deutschen Mannesmann AG zu. Es entsteht Europas größtes Telekommunikationsunternehmen.

6. Februar FINNLAND
Außenministerin Tarja Halonen wird zur ersten Präsidentin Finnlands gewählt.

26. März ISRAEL
Papst Johannes Paul II. schließt eine einwöchige Pilgerreise ins Heilige Land ab, wo er heilige Stätten der Christenheit in Jordanien, Israel und den Palästinensergebieten besucht hat.

26. März RUSSLAND
Der amtierende russische Präsident Wladimir Putin gewinnt die Präsidentschaftswahlen.

26. März USA
Der Film *American Beauty* triumphiert bei den Academy Awards und gewinnt die Oscars für den besten Film, die beste Regie und den besten männlichen Hauptdarsteller.

April

10. April DEUTSCHLAND
Angela Merkel wird auf dem Parteitag der CDU als erste Frau zur Vorsitzenden einer großen deutschen Partei gewählt.

Mai

4. Mai WELTWEIT
Der Computervirus „Love Bug“ infiziert Rechner rund um den Erdball.

11. Mai INDIEN
Indien begrüßt seine milliardste Bürgerin. Das Mädchen namens Astha – „Zuversicht“ in Hindi – wird in Neu-Delhi geboren.

24. Mai ISRAEL/LIBANON
Nach 22 Jahren endet die israelische Besatzung des Südlibanon mit einem eiligen Rückzug; am Vortag waren die verbündeten Milizen der Südlibanesischen Armee zusammengebrochen.

29. Mai FIDSCHI
Die Militärführung gibt die Regierungsübernahme bekannt und verhängt eine Ausgangssperre. Am 30. Mai wird die Verfassung außer Kraft gesetzt.

29. Juni USA
In einer Online-Auktion bei Sotheby's wird die erste Druckversion der amerikanischen Unabhängigkeitserklärung für 8,14 Millionen Dollar versteigert. Ein Rekordbetrag im Internethandel.

Juli

11. Juli DÄNEMARK
Königin Margrethe von Dänemark und König Carl Gustaf von Schweden eröffnen die Öresundbrücke. Diese längste Schrägseilbrücke der Welt wird Schweden direkt mit dem Kontinent verbinden.

3. Juli MEXIKO
In einer historischen Präsidentschaftswahl siegt Oppositionskandidat Vicente Fox Francisco Labastida und beendet nach 71 Jahren die Macht der PRI (Partei der Intstitutionalisierten Revolution).

12. Juli JAPAN
Snow Brand Milk Products schließt seine 21 Fabriken, nachdem mehr als 14 550 Menschen aufgrund des Konsums verseuchter Milch aus dem Werk in Osaka eine Lebensmittelvergiftung erlitten.

5. August ISRAEL/LIBANON
Fast 400 UNO-Blauhelme beziehen entlang der libanesisch-israelischen Grenze Stellung, nachdem sich die israelischen Truppen am 24. Mai aus dem Südlibanon zurückgezogen haben.

7. August WELTRAUM
Internationale Astronomenteams in Genf und Kalifornien entdecken außerhalb unseres Sonnensystems acht bisher unbekannte Planeten.

12. August RUSSLAND
Nach einer Explosion an Bord sinkt das russische Atom-U-Boot *Kursk* in der Barentssee. Alle 118 Besatzungsmitglieder finden den Tod.

14. August RUSSLAND
Die russische orthodoxe Kirche spricht den letzten Zaren Nikolaus II. und seine Familie 82 Jahre nach ihrer Ermordung durch die Bolschewiken im Juli 1918 heilig.

16. August GROSSBRITANNIEN
Unmittelbar nachdem British Airways erfahren hat, dass die Luftfahrtbehörde die Zulassung für die *Concorde* zurückziehen wird, legen BA ihre Flotte von Überschallflugzeugen still.

8. September IRAN/ALGERIEN
Iran und Algerien vereinbaren die Wiederaufnahme diplomatischer Beziehungen, nachdem sie einander ein Jahrzehnt lang unversöhnlich gegenübergestanden haben.

8. September VEREINTE NATIONEN
Beim UN-Millenniumsgipfel kommt es zur größten Versammlung in der Geschichte. Die Staaten verpflichten sich zu verstärktem Bemühen um Frieden, Sicherheit und Armutsbekämpfung.

15. September EUROPA
LKW-Fahrer in Spanien, Irland und Polen schließen sich europaweiten Protesten gegen die hohen Treibstoffpreise an; Belgien und Großbritannien leiden unter einer tagelangen Treibstoffblockade.

15. September AUSTRALIEN
Die australische 400-Meter-Läuferin Cathy Freeman, eine Aborigine, entzündet die olympische Flamme und eröffnet damit offiziell die Spiele in Sydney.

15. September FRANKREICH/SPANIEN
Der vermutliche ETA-Führer Ignacio Garcia Arregui, der meistgesuchte Flüchtige Spaniens, wird in Bidart im französischen Baskenland verhaftet.

15. Oktober POLEN
Lech Walesa, der Gründer der polnischen Gewerkschaft Solidarnosc, erklärt nach einer schweren Niederlage bei den Präsidentenwahlen seinen Rückzug aus der Politik.

18. Oktober USA/KUBA
Der US-Senat stimmt mit großer Mehrheit für ein Gesetz, das den Verkauf von Lebensmitteln und Medikamenten an Kuba erlaubt. Eine bahnbrechende Veränderung nach 40 Jahren Embargo.

31. Oktober WELTRAUM
Eine Sojus TM-31-Rakete startet zur 60 Milliarden Dollar teuren Internationalen Weltraumstation. An Bord sind zwei Russen und ein Amerikaner, die die ersten Bewohner der Station sein werden.

November

7. November USA
Bei den Wahlen zum US-Senat besiegt Hillary Clinton als Kandidatin für New York ihren republikanischen Widersacher. Sie ist die erste First Lady, die ein öffentliches Amt anstrebt oder erlangt.

28. November ITALIEN
Italien und Spanien vereinbaren einen „gemeinsamen Rechtsraum“, der lange Auslieferungsverfahren überflüssig macht und es ermöglichen soll, Mafiosi und Terroristen vor Gericht zu bringen.

Dezember

13. Dezember USA
Der Demokrat Al Gore gibt seinen Anspruch auf das Weiße Haus auf, nachdem der Ausgang der Präsidentschaftswahlen am 7. November zu knapp ist, um das Ergebnis genau festzustellen.

25. Dezember CHINA
Bei einem Brand in einem Einkaufszentrum in Luoyang sterben mindestens 309 Menschen, darunter zahlreiche Jugendliche, die in einer Diskothek eine Weihnachtsparty feierten.

27. Dezember GEORGIEN
Die Kommunisten stimmen für die „Rehabilitierung“ ihres Landsmanns Stalin und erklären, der in Ungnade gefallene Diktator sei ein Rollenvorbild für den russischen Präsidenten Wladimir Putin.

WELT-ZEITTAFEL 2001

Januar

1. Januar NIEDERLANDE
In der Neujahrsnacht sterben bei einem Brand in einem mit Jugendlichen gefüllten Lokal in Volendam 13 Menschen. 180 weitere werden verletzt.

2. Januar TAIWAN/CHINA
Zum ersten Mal seit mehr als 50 Jahren steuern taiwanische Schiffe legal das chinesische Festland an und docken in der südöstlichen Provinz Fujian an.

16. Januar DEMOKR. REPUBLIK KONGO
Präsident Laurent Kabila wird von einem seiner Leibwächter erschossen. Das vom Krieg zerrüttete afrikanische Land gerät erneut in eine Situation der Ungewissheit.

20. Januar USA
Präsident Bill Clinton scheidet aus dem Amt, George W. Bush wird nach einer der umstrittensten Wahlen in der Geschichte der Vereinigten Staaten als 43. amerikanischer Präsident vereidigt.

12. Februar USA
Internationale Wissenschaftler feiern die Veröffentlichung der Sequenz des menschlichen Genoms. Das „Buch des Lebens" wird Forschung und Medizin revolutionieren.

12. Februar USA
Ein Bundesgericht entscheidet, dass die kostenlose Musiktauschbörse Napster den Austausch von urheberrechtlich geschütztem Material durch ihre Millionen Benutzer stoppen muss.

21. Februar INDIEN
Das hinduistische Fest Maha Kumb Mela geht zu Ende. Laut den Organisatoren haben sich fast 100 Millionen Pilger im Ganges von ihren Sünden gereinigt, seit das Fest am 9. Januar begonnen hat.

21. Februar GROSSBRITANNIEN
Erstmals seit 20 Jahren tritt die Maul- und Klauenseuche auf. Die Europäische Kommission untersagt die Ausfuhr von Lebendtieren, Frischfleisch und Milch aus Großbritannien.

März

1. April JUGOSLAWIEN
Der ehemalige Präsident Slobodan Milošević, der Drahtzieher der Balkankriege in den 90er Jahren, wird nach einer 36 Stunden dauernden Belagerung festgenommen und inhaftiert.

1. April CHINA/USA
Ein Aufklärungsflugzeug der US-Marine muss nach einem Zusammenstoß mit einem chinesischen F8-Kampfflugzeug auf Hainan notlanden. China weist die Schuld den US-Piloten zu.

25. April PHILIPPINEN
Die Polizei verhaftet Joseph Estrada unter dem Vorwurf der Korruption. Zuvor hat sie hunderte vor seinem Haus versammelte Anhänger des ehemaligen Präsidenten zerstreut.

Mai

8. Mai SYRIEN
Johannes Paul II. schließt einen historischen Besuch in Syrien ab; als erster Pontifex betritt er dort eine Moschee. Bei seiner Abreise bittet er Juden und Araber, sich um den Frieden zu bemühen.

1. Juni ISRAEL
Ein palästinensischer Selbstmordattentäter reißt in einem Nachtklub in Tel Aviv 21 Menschen mit sich in den Tod.

4. Juni NEPAL
Der neue König Dipendra stirbt. Kurz nach der Krönung seines Onkels Gyanendra brechen in der Hauptstadt Katmandu Unruhen aus.

7. Juni USA
Präsident George W. Bush unterzeichnet das Gesetz über die größte Steuersenkung seit zwei Jahrzehnten, mit der die Einkommensteuer um insgesamt 1,35 Billionen Dollar gekürzt wird.

8. Juni GROSSBRITANNIEN
Premierminister Tony Blair wird mit einem gewaltigen Vorsprung vor seinem konservativen Widersacher William Hague wieder gewählt. Hague erklärt daraufhin seinen Rücktritt.

16. Juni ITALIEN
Der schiefe Turm von Pisa wird nach 11-jährigen Instandsetzungsarbeiten, die seinen Einsturz verhindern sollten, offiziell wieder der Stadt übergeben.

20. Juli ITALIEN
Der Globalisierungsgegner Carlo Giuliani stirbt an den Schussverletzungen, die ihm paramilitärische Einheiten bei Protesten gegen den Gipfel der G-8 in Genua zugefügt haben.

24. Juli BULGARIEN
Das Parlament kürt Ex-König Simeon II. zum neuen Ministerpräsidenten. Simeon von Sachsen-Coburg ist der einzige Ex-Monarch, der im postkommunistischen Osteuropa wieder an die Macht kommt.

August

1. August ARGENTINIEN
Tony Blair besucht als erster britischer Premierminister seit dem Falklandkrieg im Jahr 1982 Argentinien und erklärt, es sei an der Zeit anzuerkennen, dass „die Vergangenheit die Vergangenheit ist".

2. August NIEDERLANDE
Der bosnisch-serbische General Radislav Krstic wird wegen der Ermordung tausender Moslems in Srebrenica zu 46 Jahren Gefängnis verurteilt.

9. September AFGHANISTAN
Achmed Schah Massud, der Führer des Kampfes gegen die herrschenden Taliban, wird bei einem Selbstmordanschlag in seinem Hauptquartier im Norden des Landes tödlich verwundet.

11. September USA
Arabische Extremisten steuern drei entführte Verkehrsflugzeuge in die Türme des World Trade Center in New York und in das Pentagon. Ein viertes stürzt in Pennsylvania ab. 2973 Menschen sterben.

12. September BELGIEN
Die NATO beruft sich zum ersten Mal in ihrer Geschichte auf die kollektive Beistandsverpflichtung, womit der Weg für eine gemeinsame militärische Antwort auf die Anschläge des 11. September frei wird.

15. September USA
Präsident George W. Bush erklärt, die USA befänden sich seit dem 11. September „im Krieg" und nennt den Saudi Usama bin Laden als Hauptverdächtigen für den Angriff.

Oktober

12. Oktober NORWEGEN
UNO-Generalsekretär Kofi Annan und die Vereinten Nationen erhalten den Friedensnobelpreis.

23. Oktober GROSSBRITANNIEN
Die IRA erklärt, sie habe mit ihrer Entwaffnung begonnen – ein beispielloser Schritt zur Beendigung des langen Blutvergießens in Nordirland. Die Koalitionsregierung nimmt die Arbeit wieder auf.

23. Oktober USA
Apple bringt den iPod auf den Markt, ein tragbareS digitales Abspielgerät, auf dem man eine ganze Musiksammlung speichern kann. Die Neuerung löst einen weltweiten Modetrend aus.

27. Oktober SCHWEDEN
Christer Pettersson, den ein Berufungsgericht 1989 vom Vorwurf des Mordes an Ministerpräsident Olof Palme freigesprochen hat, wird in den Medien mit dem Satz zitiert, er habe die Tat begangen.

November

27. November WELTRAUM
Die NASA gibt bekannt, dass das Weltraumteleskop Hubble die Atmosphäre eines 150 Lichtjahre entfernten Planeten entdeckt hat.

28. November DEUTSCHLAND
Deutschland warnt die USA, den Krieg gegen den Terror über Afghanistan hinaus auf Länder wie den Irak und Somalia auszudehnen, da dies zu einer Ausweitung des Nahostkonflikts führen könnte.

Dezember

2. Dezember USA
Der Energiehandelskonzern Enron, der Schulden in Höhe von mindestens 16,8 Milliarden Dollar hat, stellt einen Konkursantrag. Es ist der größte Bankrott in der Geschichte der USA.

7. Dezember AFGHANISTAN
Die Taliban müssen ihre letzte Bastion Kandahar im Süden Afghanistans aufgeben.

20. Januar PHILIPPINEN
Vizepräsidentin Gloria Arroyo wird als philippinische Präsidentin vereidigt, nachdem der Oberste Gerichtshof Präsident Joseph Estrada für amtsuntauglich erklärt hat.

31. Januar NIEDERLANDE
Abdel Basset al-Megrahi erhält als Drahtzieher des Bombenanschlags auf den Pan Am-Flug 103 über dem schottischen Lockerbie (1988) wegen Mordes an 270 Menschen lebenslang.

Februar

6. Februar ISRAEL
Der Führer des Likud, Ariel Scharon, wird zum israelischen Ministerpräsidenten gewählt. Die Wähler lehnen Ehud Baraks Politik ab.

10. Februar WELTRAUM
Die internationale Weltraumstation wird mit dem Anbau des 1,4 Milliarden Dollar teuren Wissenschaftsmoduls Destiny zur größten Station im Weltraum.

13. März AFGHANISTAN
Die herrschenden Taliban schließen die Zerstörung zweier riesiger Buddha-Statuen in Bamijan ab. Die Sprengung ist Teil ihres Vorhabens, sämtliche Statuen im Land zu zerstören.

15. März BRASILIEN
Explosionen erschüttern eine 40 Stockwerke hohe Ölförderplattform des staatlichen Erdölkonzerns Petrobras. 11 Menschen sterben, und fünf Tage später sinkt die größte Bohrinsel der Welt.

23. März FIDSCHI
Die Reste der russischen Weltraumstation MIR stürzen in den Pazifischen Ozean, nachdem die Ingenieure die 15-jährige Mission im All beendet haben.

25. März USA
Der Film *Gladiator* gewinnt fünf Oscars. *Tiger and Dragon* sowie *Traffic* werden mit jeweils vier Academy Awards ausgezeichnet.

April

9. Mai GHANA
Als die Polizei im Fußballstadion von Akkra Tränengas gegen randalierende Fans einsetzt, kommt es zu einer Panik. 126 Menschen sterben.

13. Mai ITALIEN
Silvio Berlusconi gewinnt die Wahlen als Kandidat einer Mitte-Rechts-Koalition und wird die 59. Regierung Italiens seit 1945 bilden.

22. Mai AFGHANISTAN
Die regierenden Taliban ordnen an, dass die Angehörigen der hinduistischen Minderheit gelbe Kennzeichen tragen müssen, und lösen damit eine Welle internationaler Proteste aus.

Juni

1. Juni NEPAL
König Birendra, Königin Aishwarya und sechs weitere Familienmitglieder werden von Kronprinz Dipendra getötet, der die Waffe anschließend gegen sich richtet. Im Koma ist er für kurze Zeit König.

20. Juni PAKISTAN
Der General Perves Muscharraf, der im Jahr 1999 mit einem Staatsstreich an die Macht gekommen ist, wird offiziell als Präsident vereidigt.

29. Juni VEREINTE NATIONEN
Generalsekretär Kofi Annan wird von den 189 Mitgliedern der UNO-Vollversammlung für weitere fünf Jahre im Amt bestätigt.

Juli

2. Juli USA
In einer siebenstündigen Operation an der Univ. of Louisville setzen die Chirurgen Laman Gray und Robert Dowling einem Patienten das erste eigenständig funktionierende künstliche Herz ein.

3. Juli NIEDERLANDE
Slobodan Miloševic bezeichnet das Kriegsverbrechertribunal in Den Haag als illegale Einrichtung seiner Feinde. Das Gericht wertet die Verweigerung einer Einlassung als Plädoyer auf „nicht schuldig".

10. August ANGOLA
Bis zu 252 Menschen sterben bei einem Angriff von UNITA-Rebellen auf einen Zug südlich von Luanda. Dies ist einer der blutigsten Zwischenfälle im langjährigen angolanischen Bürgerkrieg.

27. August WESTJORDANLAND
Abu Ali Mustafa, Führer der „Volksfront für die Befreiung Palästinas", wird bei einem israelischen Raketenangriff in Ramallah getötet. Israel hält ihn für den Urheber zahlreicher Bombenattentate.

September

2. September SÜDAFRIKA
Israel wird von NRO, die sich am Rand der UNO-Konferenz gegen Rassismus in Durban versammelt haben, als „rassistischer Apartheidstaat" bezeichnet. Die USA und Israel ziehen ihre Delegationen ab.

7. September NIGERIA
In der Stadt Jos bricht Gewalt zwischen Christen und Moslems aus. Kirchen und Moscheen werden in Brand gesetzt. Nach Angaben des Roten Kreuzes werden mindestens 500 Menschen getötet.

1. Oktober PHILIPPINEN
Ex-Präsident Estrada vor Gericht. Der im Januar durch einen „Volksaufstand" gestürzte Estrada wird beschuldigt, sich um über 4 Milliarden Pesos (78 Millionen Dollar) bereichert zu haben.

7. Oktober AFGHANISTAN
Die US-Luftwaffe fliegt mit britischer Unterstützung Angriffe auf 31 militärische Ziele. Bei einem der Angriffe wird der zehnjährige Sohn des Taliban-Führers Mullah Mohammed Omar getötet.

7. Oktober AFGHANISTAN
Osama bin Laden fordert US-Präsident George W. Bush in einer Videobotschaft heraus und erklärt, die Amerikaner würden erst wieder in Frieden leben können, wenn dasselbe für die Palästinenser gelte.

9. Oktober PAKISTAN
Javed Ikbal, der wegen Mordes an dutzenden Kindern verurteilt worden ist, am Strang zu sterben, in 100 Stücke zerhackt und in Säure aufgelöst zu werden, wird tot in seiner Zelle aufgefunden.

10. Oktober USA
Das Weiße Haus gibt eine Liste der 22 „meistgesuchten Terroristen" heraus; die Jagd nach Osama bin Laden, den Präsident Bush „tot oder lebendig" fangen will, wird auf weitere Terroristen ausgedehnt.

9. November DEUTSCHLAND
63 Jahre, nachdem das Gotteshaus in der Reichskristallnacht niedergebrannt wurde, wird in Dresden die erste seit der Nazizeit auf dem Gebiet der ehemaligen DDR errichtete Synagoge eingeweiht.

12. November USA
Ein Airbus A-300-600 von American Airlines stürzt in den New Yorker Stadtteil Queens. Zunächst machen Meldungen über einen weiteren Anschlag die Runde. 265 Menschen sterben.

13. November AFGHANISTAN
Kämpfer der Nordallianz missachten die internationalen Forderungen und nehmen Kabul ein. Später laden sie alle Fraktionen mit Ausnahme der Taliban zu Gesprächen über die Bildung einer Regierung ein.

21. November USA
Eine 94 Jahre alte Frau aus Connecticut ist die fünfte Person in den USA, die infolge der Inhalation von Milzbranderregern stirbt. Der Fall schürt die Angst vor Anschlägen mit biologischen Waffen.

22. November VATIKAN
In seiner ersten direkt über das Internet übertragenen Botschaft bittet Johannes Paul II. die Opfer sexuellen Missbrauchs durch Priester und andere Mitglieder des katholischen Klerus um Verzeihung.

11. Dezember CHINA
China wird Mitglied der Welthandelsorganisation.

13. Dezember INDIEN
Im Parlamentskomplex eröffnen Eindringlinge das Feuer. Bei dem Angriff auf das Machtzentrum der größten Demokratie der Welt werden 14 Menschen getötet, darunter fünf Attentäter.

20. Dezember ARGENTINIEN
Nachdem bei Unruhen, die von seinen Sparmaßnahmen ausgelöst wurden, 27 Menschen sterben, tritt der Wirtschaftsminister zurück. Auch Präsident Fernando de la Rua gibt sein Amt zurück.

22. Dezember AFGHANISTAN
Eine Übergangsregierung für sechs Monate unter der Führung des Paschtunen Hamid Karsai wird vereidigt. Karsai gehört der größten Bevölkerungsgruppe des Landes an.

29. Dezember PERU
Mehr als 300 Menschen sterben bei einem Großbrand in einer Einkaufszone in der Hauptstadt Lima. Das Feuer begann mit einer Explosion an einem Stand, an dem Feuerwerkskörper verkauft wurden.

WELT-ZEITTAFEL 2002

Januar

1. Januar EUROPÄISCHE UNION
Rund 300 Millionen Menschen in 12 Ländern haben eine gemeinsame Währung, den Euro. Nur Schweden, Dänemark und Großbritannien halten an ihrer nationalen Währung fest.

5. Januar NEPAL
Präsident Perves Muscharraf schüttelt bei einem Gipfel die Hand von Ministerpräsident Atal Bihari Vajpayee, obwohl sich Indien weigert, Friedensgespräche über ein Ende der Aufrüstung zu führen.

21. Januar ÄGYPTEN
Jüdische, moslemische und christliche Religionsführer aus dem Heiligen Land rufen bei der ersten überkonfessionellen Konferenz in Alexandria zur Wiederaufnahme der Friedensgespräche auf.

22. Januar RUSSLAND
Behörden schließen überraschend den einzigen unabhängigen Fernsehsender, der noch landesweit gesendet hat. Zum ersten Mal seit der Sowjetzeit hat der Kreml wieder ein Rundfunkmonopol.

12. Februar NIEDERLANDE
In Den Haag wird der Prozess gegen Slobodan Milošević eröffnet. Ihm werden Verbrechen gegen die Menschlichkeit (Kroatien und Kosovo) sowie Völkermord im Bosnienkrieg vorgeworfen.

20. Februar ÄGYPTEN
In einem überfüllten Passagierzug, der von Kairo nach Luxor unterwegs ist, bricht während der Fahrt Feuer aus. 361 Menschen kommen in dem Inferno um, 60 weitere werden verletzt.

22. Februar PAKISTAN
Amerikanische und pakistanische Beamte geben bekannt, dass der entführte Journalist Daniel Pearl von radikalen Islamisten ermordet wurde. Die Täter haben die Enthauptung auf Video festgehalten.

23. Februar ANGOLA
Die Rebellenbewegung UNITA bestätigt den Tod ihres Führers Jonas Sawimbi, nachdem Fernsehsender seine von Kugeln durchsiebte Leiche gezeigt haben. Er wurde von Regierungssoldaten getötet.

März

19. März SIMBABWE
Nach Präsident Robert Mugabes umstrittenem Wahlsieg wird die Mitgliedschaft Simbabwes im Commonwealth für ein Jahr ausgesetzt.

24. März USA
Erstmals gehen die Oscars für die besten Hauptdarsteller an zwei Schwarze: Denzel Washington (für *Training Day*) und Halle Berry (für *Monster's Ball*). Bester Film wird *A Beautiful Mind*.

27. März ISRAEL
Ein Selbstmordattentäter zündet in der Eingangshalle des Park Hotel im Badeort Netania seine Bombe, tötet 28 Menschen und verletzt mehr als 100 weitere. Die Hamas bekennt sich.

30. März GROSSBRITANNIEN
Die Königinmutter Elizabeth stirbt im Alter von 101 Jahren. Am 9. April säumen tausende Menschen die Straßen Londons, um ihr das letzte Geleit zu geben.

April

1. Mai WELTWEIT
Nationalisten, Anarchisten, Pazifisten und Umweltschützer nehmen an traditionellen Maikundgebungen teil. In Frankreich protestieren mehr als eine Million Menschen gegen Jean-Marie Le Pen.

3. Mai EUROPA
EU-Außenminister und Vertreter des Europarats, der über die Einhaltung der Menschenrechte wacht, unterzeichnen ein Dokument, das die Abschaffung der Todesstrafe auch in Kriegszeiten fordert.

5. Mai FRANKREICH
Frankreich erteilt dem rechtsextremen Präsidentschaftskandidaten Jean-Marie Le Pen bei der Stichwahl eine Absage. Amtsinhaber Jacques Chirac feiert mit mehr als 80 % einen Erdrutschsieg.

6. Mai BIRMA (MYANMAR)
Die Führerin der Nationalen Demokratischen Liga, Aung San Suu Kyi, kommt nach 19 Monaten Hausarrest frei. Sie erklärt, dass sie weiterhin gegen das Militärregime und für Demokratie kämpfen wird.

6. Mai NIEDERLANDE
Der Politiker Pim Fortuyn, der gegen die Einwanderung kämpft, wird wenige Tage vor den Wahlen in Hilversum erschossen.

Juni

15. Juni USA
Ein Bundesgericht spricht die Wirtschaftsprüfungsfirma Andersen wegen Behinderung der Justiz bei der Untersuchung ihres Klienten Enron schuldig.

30. Juni JAPAN
Brasilien besiegt im Finale der Fußballweltmeisterschaft Deutschland mit 2:0.

Juli

1. Juli NIEDERLANDE
Der neue Internationale Strafgerichtshof, das erste ständige Welttribunal zur Verfolgung von Kriegsverbrechen, wird offiziell eingerichtet.

19. August POLEN
Papst Johannes Paul II. beschließt seine emotionale Reise in seine Heimat Polen mit der Bitte um körperliche und geistige Stärke, um sein Pontifikat „zu Ende führen zu können".

September

3. September USA
Die Internet-Musiktauschbörse Napster löst sich auf, nachdem ein amerikanisches Konkursgericht ihren Verkauf an die Bertelsmann-Gruppe untersagt hat.

4. September SÜDAFRIKA
Der UN-Erd-Gipfel mit Vertretern von 103 Regierungen endet im Zwist. US-Außenminister Powell wird verhöhnt, den Teilnehmern wird vorgeworfen, dass der Gipfel den Armen wenig helfen wird.

19. September ELFENBEINKÜSTE
Regierungstruppen töten Robert Guei, Ex-Chef einer Militärregierung, nachdem dieser angeblich den blutigen Versuch unternommen hat, erneut die Macht an sich zu reißen.

16. Oktober ÄGYPTEN
Die Bibliothek von Alexandria öffnet nach einer Unterbrechung von 1600 Jahren wieder ihre Tore. Das Ereignis wird als eine Botschaft des Friedens zwischen den Zivilisationen gefeiert.

24. Oktober USA
Die Polizei verhaftet zwei Männer, die im Besitz des Gewehrs sind, mit dem bei einer Serie von Anschlägen im Großraum von Washington, D.C. zehn Menschen erschossen und drei verletzt wurden.

26. Oktober RUSSLAND
Spezialeinheiten stürmen ein Theater in Moskau und beenden eine dreitägige Belagerung durch tschetschenische Rebellen. 129 von 750 Geiseln werden getötet, 127 sterben an eingesetztem Gas.

28. Oktober JORDANIEN
Der hochrangige US-Diplomat Lawrence Foley wird vor seinem Wohnhaus in Amman ermordet. Er ist der erste westliche Diplomat, der in Jordanien getötet wird.

31. Oktober GROSSBRITANNIEN
George Carey legt nach mehr als 11 bewegten Jahren sein Amt als Erzbischof von Canterbury nieder. Sein Nachfolger wird der Erzbischof von Wales, Rowan Williams.

18. November IRAK
Der Leiter der UNO-Waffeninspektoren, Hans Blix, und sein Team fliegen nach Bagdad, um nach vierjähriger Unterbrechung die Suche nach Massenvernichtungswaffen wieder aufzunehmen.

19. November SPANIEN
Der mit mehr als 65 000 Tonnen Schweröl beladene Tanker *Prestige* sinkt vor der Nordwestküste Spaniens. Das ausgetretene Öl überzieht die Küste Galiziens mit einer schwarzen Schicht.

22 November NIGERIA
Nach drei Tagen moslemisch-christlicher Konfrontationen in Kaduna, die mindestens 215 Menschen das Leben kosten, beschließt Nigeria, den Schönheitswettbewerb zur Miss World abzusagen.

25. November NIEDERLANDE
Nordkorea, der Iran, Indien, Pakistan, China und Israel zählen zu den Ländern, die es ablehnen, den Internationalen Kodex gegen die Verbreitung ballistischer Raketen zu unterzeichnen.

28. November KENIA
Selbstmordattentäter sprengen das bei israelischen Urlaubern beliebte Hotel Mombasa Paradise: 15 Menschen sterben, 80 werden verletzt. Später verfehlen Raketen knapp eine israelische Boeing 757.

29. Januar AFGHANISTAN
Erstmals seit der kommunistischen Machtübernahme im Jahr 1978, auf die 23 Jahre der Invasionen und des Blutvergießens folgten, wird in Kabul die alte afghanische Nationalflagge gehisst.

31. Januar IRLAND
Die katholische Kirche willigt ein, 128 Millionen Euro an Entschädigungen an jene Personen zu zahlen, die als Kinder in von religiösen Orden betriebenen Heimen missbraucht wurden.

Februar

6. Februar GROSSBRITANNIEN
Königin Elizabeth begeht ihr 50-jähriges Kronjubiläum mit einem Besuch in einem neuen Krebstherapiezentrum. Ihr Vater König Georg VI. starb an Krebs.

9. Februar USA
Die Olympischen Winterspiele in Salt Lake City werden eröffnet.

2. März RUSSLAND
Papst Johannes Paul II. stattet den russischen Katholiken einen virtuellen Besuch ab. Die russische orthodoxe Kirche bezeichnet die via Satellit live übertragene Messe als „Invasion".

3. März SCHWEIZ
Die Schweizer lösen sich von Jahrhunderten des politischen Isolationismus und stimmen in einem Referendum mit knapper Mehrheit für den Beitritt des Landes zu den Vereinten Nationen.

6. März INDIEN
Mehr als 800 Tote bei ethnischen Gewaltakten. 58 Hindus verbrennen in einem Zug, der vermutlich von einem moslemischen Mob in Brand gesetzt wurde. Die Tat löst eine Welle von Racheakten aus.

9. März FRANKREICH
Der Montblanc-Tunnel unter den Alpen wird nach einem Brand im Jahr 1999, dem 39 Menschen zum Opfer fielen, wieder für den Verkehr geöffnet.

14. März NIEDERLANDE
Abdel Basset al-Megrahi verliert die Berufung gegen die Verurteilung wegen Mordes aufgrund des Bombenanschlags auf ein Verkehrsflugzeug über dem Ort Lockerbie im Jahr 1988.

1. April NIEDERLANDE
Ein Jahr, nachdem das Parlament beschlossen hat, die Sterbehilfe zu legalisieren, werden die Niederlande zum ersten Land, in dem die Euthanasie erlaubt ist.

4. April ANGOLA
Die angolanische Armee und die Rebellen der UNITA unterzeichnen in Luanda einen formalen Waffenstillstand, um den seit 27 Jahren tobenden Krieg zu beenden, in dem rund 1 Million Menschen starben.

24. April VATIKAN
Eine Versammlung, die die Glaubwürdigkeit der katholischen Kirche der USA wiederherstellen soll, endet mit einer Erklärung, die zwischen einfachem und wiederholtem Kindesmissbrauch unterscheidet.

26. April DEUTSCHLAND
Im Erfurter Gutenberg-Gymnasium tötet ein 19-jähriger Schüler, der der Schule verwiesen wurde, aus Rache 12 Lehrer, zwei Schüler, eine Sekretärin und einen Polizisten, bevor er Selbstmord begeht.

Mai

10. Mai WESTJORDANLAND
Die israelische Belagerung der Geburtskirche in Bethlehem endet nach 38 Tagen. Palästinensische Kämpfer hatten am 2. April in dem Gotteshaus Zuflucht vor israelischen Truppen gesucht.

13. Mai USA
George W. Bush gibt eine Einigung mit Russland über eine drastische Verringerung der Atomwaffenarsenale beider Länder von jeweils etwa 6000 auf 1700 bis 2200 strategische Sprengköpfe bekannt.

20. Mai OSTTIMOR
Osttimor erklärt seine Unabhängigkeit, nachdem UNO-Generalsekretär Kofi Annan die Macht von der UN-Mission, die das Land seit 1999 verwaltet hat, auf die nationale Regierung übertragen hat.

24. Mai FINNLAND
Finnland beschließt trotz erbitterten Widerstands von Umweltschützern, das erste AKW in Westeuropa seit mehr als einem Jahrzehnt zu bauen, um seinen wachsenden Energiebedarf zu decken.

25. Mai TAIWAN
Eine Boeing 747-200 der China Airlines stürzt auf dem Flug von Taipeh nach Hongkong nahe der Insel Penghu in der Formosastraße ins Meer. Alle 225 Menschen an Bord finden den Tod.

16. Juli GROSSBRITANNIEN
In einer beispiellosen Erklärung drückt die IRA den Familien der Opfer des drei Jahrzehnte dauernden Kampfes gegen die britische Herrschaft in Nordirland ihr „aufrichtiges Bedauern und Beileid" aus.

21. Juli USA
WorldCom, das zweitgrößte Telefonunternehmen der USA, bricht unter einem 3,85 Milliarden-Dollar-Buchhaltungsskandal zusammen und meldet Konkurs an.

August

4. August SPANIEN
Die ETA-Führer Francisco „Pakito" Mugica und José Maria „Fiti" Arregui werden für eine Reihe von Verbrechen zu jeweils 743 Jahren Gefängnis verurteilt.

7. August BRASILIEN
Um die Wirtschaft vor dem Zusammenbruch zu retten, gewährt der Internationale Währungsfonds einen Notkredit von 30 Milliarden Dollar – die größte Finanzhilfe in der Geschichte des Fonds.

24. September GROSSBRITANNIEN
Die britische Regierung veröffentlicht ein Dossier über das Rüstungsprogramm des Irak. Darin heißt es, Saddam Hussein könne innerhalb von 45 Minuten einen Angriff mit Massenvernichtungswaffen starten.

25. September INDIEN
Indische Kommandos stürmen den Akschardham-Tempel in Gujarat, in dem Terroristen in der vorangegangenen Nacht 28 Menschen getötet und mehr als 70 verletzt haben. Zwei der Angreifer sterben.

Oktober

5. Oktober DEMOKR. REPUBLIK KONGO
Die letzten von 21 666 ruandischen Soldaten verlassen das Land. Der Abzug weckt neue Hoffnung auf Frieden in der an Bodenschätzen reichen Unruheregion rund um die Großen Seen.

12. Oktober INDONESIEN
Im Vergnügungsviertel Kuta Beach in Bali werden bei Bombenexplosionen 202 Menschen getötet und 300 verletzt. Die verbotene islamistische Gruppe Jemaah Islamijah übernimmt die Verantwortung.

November

5. November USA
Die Republikaner bringen bei den Halbzeitwahlen den Senat wieder unter ihre Kontrolle und verteidigen ihre Mehrheit im Repräsentantenhaus.

8. November FRANKREICH
Ex-Präsident Valéry Giscard d'Estaing, Vorsitzender des Konvents über die Zukunft Europas, erklärt, die Türkei sei kein europäisches Land und ihr Beitritt werde „das Ende der EU" bedeuten.

14. November USA
Das Finanzministerium gibt bekannt, dass seit dem 11. September weltweit mehr als 56 Millionen Dollar eingefroren worden sind, die der Finanzierung der Taliban und der al-Qaida dienten.

16. November CHINA
In der Provinz Guandong tritt der erste Fall von atypischer Lungenentzündung auf. Die mysteriöse Krankheit wird später als Schweres Akutes Atemwegssyndrom (SARS) identifiziert.

Dezember

7. Dezember IRAK
Der Irak übergibt den UNO-Waffeninspektoren ein Dossier zu seinen Rüstungsprogrammen und streitet den Besitz verbotener Waffen ab.

9. Dezember USA
United Airlines meldet den größten Konkurs in der Geschichte der Luftfahrt an. Zu hohe Kosten haben zur Überschuldung der zweitgrößten Fluggesellschaft der Welt geführt.

13. Dezember DÄNEMARK
Die Europäische Union unterzeichnet eine historische Vereinbarung über die Aufnahme von 10 osteuropäischen Staaten, die überwiegend dem Warschauer Pakt angehörten, im Mai 2004.

23. Dezember ITALIEN
Die königliche Familie, die von vielen Italienern wegen ihrer Kollaboration mit dem faschistischen Diktator Mussolini abgelehnt wurde, kehrt nach 56 Jahren im Exil zu einem Kurzbesuch zurück.

WELT-ZEITTAFEL 2003

Januar

1. Januar BRASILIEN
Luiz Inacio Lula da Silva wird als erster Angehöriger der Arbeiterschicht zum Präsidenten Brasiliens gewählt.

26. Januar CHINA/TAIWAN
Zum ersten Mal seit 50 Jahren landet ein Verkehrsflugzeug aus Taiwan im chinesischen Schanghai.

27. Januar VEREINTE NATIONEN
Der Chef der UN-Waffeninspektoren, Blix, teilt dem Sicherheitsrat mit, dass der Irak wenig Informationen über Waffenprogramme geliefert hat; er schließe daraus nicht, dass Irak verbotene Waffen besitzt.

Februar

19. Februar LIBANON
Syrische Truppen beginnen mit dem Rückzug aus dem Nordlibanon, den sie seit den siebziger Jahren besetzt halten. Dies ist der erste Schritt des geplanten Rückzugs von rund 4.000 Soldaten.

März

2. März NEUSEELAND
Die unter schweizerischer Flagge segelnde *Alinghi* gewinnt als erste europäische Jacht den America's Cup, die älteste Sporttrophäe der Welt.

2. März ALGERIEN
Eine halbe Millionen Algerier bereiten dem französischen Staatspräsidenten Jacques Chirac einen begeisterten Empfang. Es ist der erste Besuch seit der Unabhängigkeit Algeriens im Jahr 1962.

12. März SERBIEN UND MONTENEGRO
Der serbische Ministerpräsident Zoran Djindjic wird vor dem Regierungsgebäude in Belgrad ermordet.

23. März USA
Das Musical *Chicago* gewinnt den Oscar als bester Film. *Der Pianist* gewinnt in den Kategorien beste Regie (Roman Polanski) und beste männliche Hauptrolle (Adrien Brody).

April

9. April IRAK
US-Truppen stoßen ins Stadtzentrum von Bagdad vor, bringen die Hauptstadt unter ihre Kontrolle und stürzen eine riesige Statue Saddams, des Mannes, der das Land 24 Jahre lang beherrscht hat.

24. April USA
34 Männer reichen Klagen wegen sexuellen Missbrauchs gegen die Diözese Long Island der katholischen Kirche ein. Insgesamt fordern sie Schadenersatz in Höhe von 1,85 Milliarden Dollar.

Mai

21. Mai ALGERIEN
Ein Erdbeben der Stärke 6,7 auf der Richterskala erschüttert Algier und Umgebung und tötet mindestens 2250 Menschen.

21. Mai SCHWEIZ
Die 192 Mitgliedstaaten der WHO schließen die erste Vereinbarung über den Kampf gegen das Rauchen, dem jährlich mindestens 5 Millionen Menschen zum Opfer fallen.

30. Mai BIRMA (MYANMAR)
Nach Zusammenstößen zwischen Anhängern und Gegnern der Nationalen Demokratischen Liga werden die Nobelpreisträgerin Aung San Suu Kyi und andere Oppositionsführer verhaftet.

31. Mai NORDATLANTIK
Der Mond schiebt sich im Morgengrauen über dem Nordatlantik vor die Sonne. Es ist die größte Sonnenfinsternis in der Region seit 1954.

Juni

20. Juli GROSSBRITANNIEN
Die BBC bestätigt, dass David Kelly, der tot aufgefunden worden war, die Quelle für ihre Meldung war, die Regierung habe Geheimdienstinformationen übertrieben, um die Invasion des Irak zu rechtfertigen.

22. Juli IRAK
Amerikanische Truppen stürmen ein Haus in Mossul und töten Saddam Husseins Söhne Udai Und Kusai, die Nummern 2 und 3 in der Liste der meistgesuchten Personen.

29. Juli CHINA
China gibt bekannt, dass sich die letzten 12 SARS-Patienten erholt haben, womit diese Geißel anscheinend besiegt ist. Das Virus hat in China mehr als 340 Menschen getötet.

30. Juli MEXIKO
Der letzte VW-Käfer rollt vom Fließband. Damit endet die lange Geschichte eines Autos, das ursprünglich Adolf Hitlers Idee war.

August

27. August WELTRAUM
Der Mars fliegt nur 55,76 Millionen km entfernt an der Erde vorbei. So nahe waren sich die beiden Planeten seit der Steinzeit nicht mehr.

29. August IRAK
Eine Autobombe, die vor der Imam Ali-Moschee in Nadschaf explodiert, tötet mindestens 83 Iraker. Unter den Opfern ist das geistige Oberhaupt der Schiiten, der Ajatolla Mohammed Bakir al-Hakim.

29. August FRANKREICH
Die französischen Behörden geben bekannt, dass die Hitzewelle im August, bei der die Temperaturen auf über 40 Grad Celsius gestiegen sind, mehr als 11 400 Menschen getötet hat.

September

1. September NIEDERLANDE
Als erstes Land der Welt legalisieren die Niederlande Cannabis als verschreibungspflichtiges Medikament zur Behandlung von HIV/Aids, Krebs und multipler Sklerose.

Oktober

4. Oktober VATIKAN
Johannes Paul II. teilt dem Erzbischof von Canterbury mit, die Zulassung homosexueller Priester zur anglikanischen Kommunion sei ein „großes Hindernis" für das Streben nach der Einheit der Christen.

7. Oktober USA
Der in Österreich geborene Hollywood-Star Arnold Schwarzenegger wird Gouverneur von Kalifornien. Sein Vorgänger, der Demokrat Gray Davis, war per Bürgerbegehren abberufen worden.

15. Oktober CHINA
China startet als dritte Nation eine bemannte Weltraummission. Ein Astronaut absolviert eine 21-stündige Reise um die Erde.

17. Oktober TAIWAN
Der Büroturm Taipei 101 erreicht seine Gesamthöhe von 508 Metern und löst damit die Petronas Towers in Malaysia als höchstes Gebäude der Welt ab.

9. November SAUDI-ARABIEN
18 Menschen werden getötet, 120 verletzt, als mehrere Selbstmordattentäter, die vermutlich al-Qaida angehören, den bewachten Muhadscha-Villenkomplex in der saudischen Hauptstadt Riad angreifen.

20. November TÜRKEI
Selbstmordattentäter töten in Istanbul beim zweiten Anschlag innerhalb einer Woche 32 Menschen. Beim ersten starben 30 Personen. Später übernimmt al-Qaida die Verantwortung.

23. November GEORGIEN
Nach unablässigem Druck seitens der Opposition, die ihn der Manipulation der Parlamentswahlen bezichtigt, tritt Eduard Schewardnadse zurück, und die „Rosenrevolution" nimmt ihren Lauf.

24. November ITALIEN/ISRAEL
Der stellv. Ministerpräsident Gianfranco Fini verurteilt bei einem Besuch in Israel Italiens faschistische Vergangenheit und distanziert sich so von der Tradition der von ihm geführten Alleanza Nazionale.

Dezember

1. Februar WELTRAUM
Bei der Rückkehr von einem fast 16 Tage langen Flug explodiert die Raumfähre *Columbia* nach dem Wiedereintritt in die Erdatmosphäre über Texas. Alle sieben Besatzungsmitglieder sterben.

4. Februar JUGOSLAWIEN
Das Parlament beschließt in einer Sitzung, in der die Bundesrepublik Jugoslawien offiziell begraben wird, die Gründung einer Union zwischen Serbien und Montenegro.

15. Februar WELTWEIT
In der größten Protestwelle seit dem Vietnamkrieg gehen mehr als 6 Millionen Menschen in 600 Orten auf die Straße, um gegen eine militärische Intervention im Irak zu protestieren.

18. Februar SÜDKOREA
Mindestens 182 Menschen werden getötet, als in Taegu zwei überfüllte U-Bahnzüge in Brand geraten. 300 Personen werden vermisst.

19. Februar IRAN
Beim Absturz eines iranischen Militärflugzeugs in der Nähe von Kerman im Südwesten des Landes werden nach Angaben der Behörden alle 276 Menschen an Bord getötet.

16. März PORTUGAL
US-Präsident Bush trifft sich mit den Regierungschefs Spaniens und Großbritanniens, um Schritte zu planen, mit denen die Unterstützung der UN für einen Krieg gegen Irak gewonnen werden soll.

17. März USA
In einer 13-minütigen Ansprache fordert Präsident Bush Saddam Hussein und seine Söhne ultimativ auf, den Irak bis 20. März, 1:15 Uhr mitteleuropäischer Zeit zu verlassen.

19. März VEREINTE NATIONEN
In einer Sitzung des UNO-Sicherheitsrats bezeichnen Frankreich und Deutschland das Vorhaben der Regierung Bush zur Absetzung Saddam Husseins als illegal.

20. März IRAK
Der Krieg beginnt. Die USA versuchen die irakische Führung mit gezielten Luftschlägen gegen Bagdad auszuschalten, bei denen mehr als 3000 Bomben und Raketen eingesetzt werden.

21. März SÜDAFRIKA
Im Abschlussbericht der Kommission für Wahrheit und Versöhnung wirft Erzbischof Tutu weißen Südafrikanern und Großunternehmen vor, sich ihrer Verantwortung für die Apartheid nicht zu stellen.

1. Mai IRAK
US-Präsident George W. Bush erklärt, die wesentlichen Kampfhandlungen im Irak seien beendet.

6. Mai IRAK/USA
US-Präsident George W. Bush ernennt den ehemaligen Leiter der Terrorismusbekämpfung im State Department, L. Paul Bremer, anstelle von Jay Garner zum Leiter der Zivilverwaltung des Irak.

12. Mai SAUDI-ARABIEN
Selbstmordattentäter schießen sich den Weg in eine Wohnsiedlung für Ausländer in der saudischen Hauptstadt Riad frei. Sie töten 35 Menschen, darunter neun Amerikaner.

14. Mai ITALIEN
Nach fast vierzigjähriger Planung und Debatte wird mit dem Bau einer Unterwasserbarriere begonnen, die die Überflutung Venedigs verhindern soll.

16. Mai MAROKKO
Selbstmordattentäter töten bei mindestens fünf Angriffen in Marokkos größter Stadt Casablanca 45 Menschen. Unter den Toten sind auch 12 Attentäter.

1. Juni RUSSLAND
Die Präsidenten Putin und Bush unterzeichnen den SORT-Vertrag über die Verringerung der strategischen Angriffswaffen. Die Zahl der atomaren Gefechtsköpfe wird deutlich verringert.

4. Juni USA
Das Repräsentantenhaus beschließt ein Verbot von „Teilgeburtsabtreibungen", womit zum ersten Mal seit dem Urteil im Fall Roe vs. Wade(1973) eine Form der Abtreibung für gesetzwidrig erklärt wird.

Juli

4. Juli JAPAN
Das Unterhaus gibt grünes Licht für die größte Truppenentsendung außerhalb des japanischen Territoriums seit dem Zweiten Weltkrieg. Die Soldaten beteiligen sich am Wiederaufbau des Irak.

16. Juli SÃO TOME UND PRÍNCIPE
Die Regierung von São Tome und Príncipe wird von putschenden Militärs gestürzt, während sich der Präsident des erdölreichen afrikanischen Inselstaats außer Landes befindet.

11. August AFGHANISTAN
Die NATO übernimmt das Kommando über die Friedenstruppe in Kabul. Damit beginnt der erste Einsatz außerhalb Europas in der 54-jährigen Geschichte des Bündnisses.

14. August IRAN
Der Iran gibt trotz internationaler Befürchtungen, das Land könne eine Atombombe bauen, grünes Licht für ein groß angelegtes Atomprogramm.

14. August USA/KANADA
In weiten Teilen des Nordostens der USA und in Teilen Kanadas bricht die Stromversorgung zusammen. Es kommt zu gewaltigen Blackouts in New York, Detroit, Boston, Cleveland und Ottawa.

15. August VEREINTE NATIONEN
Libyen übernimmt die Verantwortung für den Bombenanschlag von Lockerbie im Jahr 1988. Am 22. August zahlt die Regierung 2,7 Milliarden Dollar Entschädigungen an die Familien der Opfer.

19. August IRAK
Eine in einem Lastwagen versteckte Bombe zerstört das Hauptquartier der Vereinten Nationen in Bagdad. Unter den 22 Toten ist Sergio Vieira de Mello, der UN-Gesandte für den Irak.

6. September WESTJORDANLAND
Der palästinensische Ministerpräsident Machmud Abbas tritt nach einem Machtkampf mit Präsident Jassir Arafat zurück; Zweifel am Erfolg des Fahrplans zum Frieden werden laut.

9. September ARGENTINIEN
Argentinien stellt den Schuldendienst für einen Kredit von 3 Milliarden Dollar beim Internationalen Währungsfonds ein. Dies ist der größte Kreditausfall in der Geschichte des IWF.

10. September SCHWEDEN
Die schwedische Außenministerin Anna Lindh wird in Stockholm niedergestochen und stirbt am folgenden Tag.

16. September SCHWEDEN
Hans Blix, der ehemalige Leiter der UNO-Waffeninspektionen im Irak, erklärt, seiner Meinung nach habe das Land seine Massenvernichtungswaffen vor zehn Jahren vernichtet.

25. September FRANKREICH
Das größte und teuerste Kreuzfahrtschiff aller Zeiten, *Queen Mary II*, sticht in See. Kurz vorher rettet eine Vereinbarung zwischen Frankreich und der EU den Hersteller Alstom vor dem Bankrott.

21. Oktober GROSSBRITANNIEN
John de Chastelain, ein kanadischer General im Ruhestand, der die Entwaffnung der IRA überwachen soll, bestätigt, dass die Organisation Waffen „aus dem Verkehr gezogen hat".

23. Oktober USA
Nach Gesprächen mit der Stiftung des Ex-Präsidenten Bill Clinton erklären sich vier Unternehmen bereit, Aidskranken in Afrika und der Karibik Medikamente zum halben Preis zur Verfügung zu stellen.

25. Oktober RUSSLAND
Michail Chodorkowski, der reichste Mann Russlands und Chef des Erdölgiganten JUKOS, wird unter dem Vorwurf des Betrugs und der Steuerhinterziehung in Sibirien verhaftet.

November

2. November USA
Reverend Canon V. Gene Robinson wird als erster bekennender Homosexueller zum Bischof der amerikanischen Episkopalkirche geweiht. Ein Schisma droht.

13. Dezember IRAK
US-Truppen stöbern Saddam Hussein in der Nähe von Tikrit auf; er hatte sich hinter der Hütte eines Schäfers in einem Erdloch versteckt gehalten. „Der Tyrann ist ein Gefangener", erklärt Paul Bremer.

13. Dezember SIMBABWE
In Reaktion auf die Verlängerung seiner Suspendierung gibt Simbabwe seinen Austritt aus dem 54 Länder umfassenden Commonwealth bekannt.

16. Dezember TAIWAN
Vizepräsidentin Annette Lu bezeichnet die 500 auf Taiwan gerichteten chinesischen Raketen als eine Form von „Staatsterrorismus". In Resolutionen verlangt das Parlament die Entfernung.

19. Dezember ITALIEN
Parmalat, der größte Nahrungsmittelkonzern des Landes, gibt ein Bilanzloch von 4 Milliarden Euro zu. Die angeschlagene Aktie des Unternehmens verliert daraufhin zwei Drittel ihres Werts.

26. Dezember IRAN
Ein Erdbeben der Stufe 6,8 auf der Richterskala legt die 970 km südöstlich von Teheran gelegene historische Stadt Bam in Schutt und Asche und tötet mehr als 30 000 Menschen.

WELT-ZEITTAFEL 2004

Januar

3. Januar WELTRAUM
Die US-Marssonde *Spirit* erreicht nach sieben Monaten den roten Planeten. Sie soll nach Hinweisen auf Leben suchen. Am 24. Januar landet ein zweiter Marsrover, die *Opportunity*.

4. Januar AFGHANISTAN
Die rivalisierenden Fraktionen einigen sich bei einem Stammesrat, der Loja Dschirga, auf eine nationale Verfassung und ebnen den Weg zu den ersten freien Wahlen nach fast 25 Jahren Krieg.

22. Januar KUBA
Patriarch Bartholomäus, geistiges Oberhaupt der orthodoxen Christen, besucht Kuba, um der Eröffnung der ersten Kirche beizuwohnen, die seit der Revolution im Jahr 1959 errichtet worden ist.

27. Januar WELTWEIT
Der Wurm „MyDoom" infiziert über das Internet Millionen Computer und breitet sich rascher aus als alle bisherigen Schädlinge seit den Angriffen des Wurms „Blaster" und des Virus „SoBig" 2003.

4. Februar PAKISTAN
Pakistans führender Atomwissenschaftler Abdul Kadir Khan übernimmt die Verantwortung für die Weitergabe von Waffengeheimnissen und Ausrüstung an den Iran, Libyen und Nordkorea.

10. Februar FRANKREICH
Die französische Nationalversammlung beschließt ein Verbot moslemischer Kopftücher, jüdischer Kippas und großer christlicher Kreuze in staatlichen Schulen.

18. Februar IRAN
Im Nordosten des Landes entgleisen mit einer tödlichen Mischung von Treibstoff und Dünger gefüllte Waggons und explodieren. Fast 320 Menschen sterben, bis zu 450 werden verletzt.

26. Februar MAZEDONIEN
Der mazedonische Präsident Boris Trajkovski stirbt beim Absturz seiner zweimotorigen Beechcraft 200 Super King-Maschine, die im dichten Nebel in Bosnien gegen einen Berg prallt.

29. Februar HAITI
Präsident Jean-Bertrand Aristide verlässt Haiti auf der Flucht vor einer bewaffneten Revolte. Als Präsident wird der Oberste Richter Boniface Alexandre vereidigt.

22. März GAZASTREIFEN
Von israelischen Hubschraubern abgefeuerte Raketen töten Hamas-Führer Scheich Achmed Jassin. Mehrere radikale Palästinenser sterben bei dem Raketenbeschuss in Gaza-Stadt.

April

2. April VEREINTE NATIONEN/SUDAN
Der UN-Hilfskoordinator Jan Egeland erklärt, die arabischen Dschandschauid-Milizen führten in Darfur eine organisierte „ethnische Säuberung" gegen die schwarzafrikanische Bevölkerung durch.

3. April SPANIEN
Von der Polizei umzingelt, sprengt sich der Tunesier Serhane ben Abdelmajid Farkhet mit bis zu sechs Komplizen in einer Wohnung in Madrid in die Luft. Er gilt als Kopf der Atocha-Attentäter.

14. April IRAK
Fabrizio Quattrocchi, einer von vier im Irak entführten Italienern, wird ermordet. Quattrocchi ist die erste ausländische Geisel im Irak, deren Tod gemeldet wird.

1. Mai EUROPÄISCHE UNION
Zehn neue Mitglieder, bei denen es sich mehrheitlich um ehemals kommunistische osteuropäische Länder handelt, treten der Europäischen Union bei, die nunmehr 25 Staaten umfasst.

4. Mai ITALIEN
Die von Ministerpräsident Silvio Berlusconi geführte Regierung ist 1060 Tage im Amt. So lange hat sich seit dem Zweiten Weltkrieg noch keine italienische Regierung gehalten.

5. Mai USA
Picassos Gemälde Knabe mit Pfeife wird bei Sotheby's in New York für den Rekordpreis von 104 168 000 Dollar erstanden und ist damit das teuerste je bei einer Auktion verkaufte Bild.

6. Mai LIBYEN
Ein Gericht verurteilt sechs bulgarische Krankenschwestern und einen palästinensischen Arzt zum Tod, weil diese angeblich hunderte libysche Kinder vorsätzlich mit dem HI-Virus infiziert haben.

9. Mai RUSSLAND
Der Moskau treue tschetschenische Präsident Achmad Kadyrow wird bei einer Bombenexplosion in einem Fußballstadion getötet. Fünf Personen werden verhaftet.

Juni

6. Juni FRANKREICH
Bundeskanzler Gerhard Schröder besucht am 60. Jahrestag der alliierten Landung die Normandie und gedenkt erstmals mit den ehemaligen Feinden der Toten.

28. Juni IRAK
Ministerpräsident Ijad Allaui und Präsident Ghasi al-Dschauar legen den Amtseid ab. Die Souveränität geht damit von der amerikanischen Besatzungsmacht auf die irakische Übergangsregierung über.

28. Juni USA/LIBYEN
Die Vereinigten Staaten nehmen nach 24-jähriger Unterbrechung wieder diplomatische Beziehungen zu Libyen auf.

30. Juni WELTRAUM
Das von der NASA entsandte unbemannte Raumschiff *Cassini* tritt in die Umlaufbahn des Saturn ein, um die bisher detaillierteste Studie des sechsten Planeten unseres Sonnensystems durchzuführen.

August

1. August PARAGUAY
In einem Supermarkt am Stadtrand von Asunción finden mindestens 364 Menschen in einem Feuer den Tod. Die Behörden halten einen mangelhaft gewarteten Kamin für den Brandherd.

3. August USA
Die Freiheitsstatue wird erstmals seit dem 11. September 2001 wieder für Besucher geöffnet; mit Spenden in Höhe von mehr als 30 Millionen Dollar wurden die Sicherheitsvorkehrungen verbessert.

13. August GRIECHENLAND
Die Olympischen Spiele von Athen werden eröffnet. In der Eröffnungsfeier verschmelzen antike Traditionen mit moderner Technologie.

22. August NORWEGEN
Bewaffnete Räuber entwenden bei einem Überfall auf ein Museum in Oslo eine Version des Gemäldes „Der Schrei" und weitere Meisterwerke des norwegischen Malers Edvard Munch.

21. September USA
Die Regierung klagt auf 280 Milliarden Dollar Schadenersatz und erklärt, die Tabakindustrie hätte 50 Jahre lang versucht, die Öffentlichkeit über die Gefahren des Rauchens im Unklaren zu halten.

Oktober

15. Oktober SIMBABWE
Der Oberste Gerichtshof spricht Oppositionsführer Morgan Tsvangirai von dem Vorwurf frei, die Ermordung Präsident Robert Mugabes und die Machtübernahme geplant zu haben.

15. Oktober ITALIEN
Der oberste Gerichtshof bestätigt den Freispruch aus zwei vorangegangenen Prozessen, der den früheren Ministerpräsidenten Giulio Andreotti vom Vorwurf der Zusammenarbeit mit der Mafia enthebt.

November

Dezember

3. Dezember UKRAINE
Der Oberste Gerichtshof erklärt das umstrittene Ergebnis der Präsidentenwahl, die der amtierende Ministerpräsident gewonnen hat, für ungültig und ordnet eine Wiederholung an.

7. Dezember ITALIEN
Die Mailänder Scala wird nach dreijährigen Renovierungsarbeiten wiedereröffnet.

10. Dezember VIETNAM
Erstmals seit dem Vietnamkrieg fliegt eine amerikanische Fluglinie in das südostasiatische Land: Eine Maschine der United Airlines landet auf dem Flughafen von Ho-Chi-Minh-Stadt.

11. Dezember UKRAINE
Österreichische Ärzte erklären, dass der ukrainische Oppositionsführer Viktor Juschtschenko während des Präsidentschaftswahlkampfs mit Dioxin vergiftet wurde.

28. Januar GROSSBRITANNIEN
Lord Hutton kommt nach seiner Untersuchung zu dem Schluss, dass Premier Tony Blair keine Schuld am Selbstmord David Kellys trifft. Dieser hatte der BBC Informationen zur Irak-Politik lanciert.

Februar

1. Februar IRAK
Mehr als 110 Menschen werden getötet, 133 verletzt, als sich zwei Selbstmordattentäter im nordirakischen Arbil in den Büros der beiden wichtigsten kurdischen Parteien in die Luft sprengen.

1. Februar AUSTRALIEN
In Adelaide fährt der erste Passagierzug ab, der die australische Südküste mit Darwin an der Nordküste verbinden wird. Der Zug legt die 2979 km in zwei Tagen zurück.

1. Februar SAUDI-ARABIEN
In Mena bei Mekka werden mindestens 251 moslemische Pilger auf dem Höhepunkt der jährlichen Hadsch (Pilgerfahrt) auf der Jamarat-Brücke zu Tode getrampelt.

29. Februar USA
Der Herr der Ringe: Die Rückkehr des Königs gewinnt 11 Oscars, darunter den für den besten Film, und stellt damit den bisherigen Rekord ein.

März

2. März IRAK
Am Tag des schiitischen Aschura-Fests werden bei Anschlägen in Bagdad und der heiligen Stadt Kerbala 171 Menschen getötet.

11. März SPANIEN
Bei zeitgleichen Bombenanschlägen auf mehrere vollbesetzte Pendlerzüge werden in Madrid 191 Menschen getötet, über 1800 verletzt. Islamisten bekennen sich zu den Anschlägen.

14. März SPANIEN
Bei einer emotionalen Parlamentswahl, die unter dem Eindruck der Bombenanschläge steht, wird die Mitte-Rechts-Regierung abgewählt. Sozialist José Luis Rodriguez Zapatero wird Ministerpräsident.

21. April ISRAEL
Mordechai Vanunu, der israelische Atomgeheimnisse verraten hat, verlässt nach 18 Jahren das Gefängnis und erklärt, er sei stolz darauf, bekannt gemacht zu haben, dass Israel die Bombe besitze.

22. April NORDKOREA
In einem Bahnhof nahe dem Stadtzentrum von Ryongchon explodiert ein mit Sprengstoff beladener Zug. Mindestens 161 Menschen sterben, hunderte werden verletzt. Fast 2000 Häuser sind zerstört.

24. April ZYPERN
Die griechischen Zyprioten widersetzen sich dem internationalen Druck und stimmen gegen die Wiedervereinigung der Insel und ihre Integration in die EU. Die türkischen Zyprioten stimmen zu.

8. April USA
CBS strahlt Bilder aus, die Ende 2003 im Gefängnis Abu Ghraib aufgenommen wurden und die Misshandlung irakischer Gefangener durch US-Soldaten zeigen. Die arabische Welt reagiert mit Empörung.

Mai

13. Mai INDIEN
Premierminister Atal Bihari Vajpayee teilt seinen Rücktritt mit, nachdem seine Partei bei den Wahlen eine schwere Niederlage gegen die oppositionelle Kongresspartei erlitten hat.

17. Mai IRAK
Der Vorsitzende des Regierungsrats, der Schiit Abdel-Sahraa Othman Mohammed, wird bei einem Selbstmordanschlag getötet.

17. Mai USA
Massachusetts erlaubt als erster US-Bundesstaat Eheschließungen zwischen gleichgeschlechtlichen Partnern. Dieser Schritt löst im Wahljahr landesweit Auseinandersetzungen aus.

19. Mai EUROPÄISCHE UNION
Die EU hebt das umstrittene Verbot für gentechnisch veränderte Lebensmittel auf und genehmigt die Einfuhr von Biotechnologie-Mais

30. Mai SAUDI-ARABIEN
Saudische Kommandos befreien 41 ausländische Geiseln, die von mutmaßlichen al-Qaida-Mitgliedern gefangen gehalten wurden. 22 Zivilisten werden getötet. Der Anführer wird verhaftet.

Juli

9. Juli NIEDERLANDE
Der Internationale Strafgerichtshof entscheidet, dass der Bau einer Mauer entlang der Grenze zum Westjordanland durch Israel gegen internationales Recht verstößt. Israel will am Bau festhalten.

14. Juli GROSSBRITANNIEN
Lord Butler gelangt zu dem Schluss, dass die von den britischen Geheimdiensten vor dem Krieg gesammelten Informationen über die irakischen Waffen gravierende Mängel aufwiesen.

22. Juli USA
Die Kommission, die den 11. September 2001 untersucht, gelangt zu dem Schluss, die Regierung und die Aufklärungsdienste hätten das Ausmaß der Bedrohung durch den radikalen Islamismus verkannt.

31. Juli DEUTSCHLAND
Das restaurierte Olympiastadion von Berlin wird wieder eröffnet. Die Deutschen hoffen, dass die für die Spiele 1936 errichtete Arena keine Assoziationen mit der NS-Vergangenheit mehr wecken wird.

24 August RUSSLAND
Zwei Passagierflugzeuge explodieren fast zeitgleich. Alle 90 Menschen an Bord sterben. Drei Tage später bekennen sich die radikalislamischen Islambuli-Brigaden zu den Anschlägen.

26. August IRAK
Ajatollah Ali al-Sistani, geistiges Oberhaupt der Schiiten, stimmt einer Vereinbarung mit dem rebellierenden Prediger Moktada al-Sadr zu, um einen Aufstand der Milizen al-Sadrs in Nadschaf zu beenden.

September

3. September RUSSLAND
331 Menschen, die Hälfte davon Kinder, sterben bei einem Geiseldrama in einer Schule in der südrussischen Stadt Beslan. Der tschetschenische Kriegsherr Schamil Bassajew bekennt sich.

15. September GROSSBRITANNIEN
Sechs Befürworter der Fuchsjagd mit Hundemeuten unterbrechen eine Parlamentsdebatte über ein Verbot dieser Praxis. Die Debatte wird fortgesetzt, die Abgeordneten stimmen für das Verbot.

2. November NIEDERLANDE
Filmemacher und Journalist Theo van Gogh, der einen Film über die Gewalt gegen Frauen in islamischen Gesellschaften gedreht hat, wird von einem radikalen Islamisten ermordet.

3. November USA
Der demokratische Herausforderer Senator John Kerry gesteht seine Niederlage gegen den Amtsinhaber George W. Bush im Rennen um die Präsidentschaft ein.

4. November RUSSLAND
Präsident Putin stimmt der Ratifizierung des Klimaschutzprotokolls von Kyoto zu. Damit wird das bisher von 126 Staaten unterzeichnete Protokoll international bindend.

8. November IRAK
US-Truppen beginnen eine Großoffensive in Falludscha. Acht Tage später gibt der irakische Staatsminister für nationale Sicherheit bekannt, dass 1600 Aufständische getötet, 1052 gefangen wurden.

11. November FRANKREICH
Jassir Arafat stirbt im Alter von 75 Jahren in einem Krankenhaus in Paris. Machmud Abbas tritt seine Nachfolge an der Spitze der PLO an.

13. Dezember CHILE
Ein Richter erhebt gegen den früheren Diktator Augusto Pinochet formal Anklage wegen Mordes und Entführung in einem von vielen offenen Fällen von Menschenrechtsverletzungen.

14. Dezember FRANKREICH
Präsident Jacques Chirac weiht die höchste Straßenbrücke der Welt ein: Das Viadukt von Millau ist höher als der Eiffelturm und länger als die Champs-Élysées.

26. Dezember ASIEN
Ein Seebeben der Stärke 9,15 löst im Indischen Ozean einen verheerenden Tsunami aus, der die Küsten von einem Dutzend Anrainerstaaten verwüstet. Etwa 230 000 Menschen sterben.

28. Dezember UKRAINE
Viktor Juschtschenko wird zum Sieger der am 26. Dezember wiederholten Präsidentschaftswahl erklärt.

31. Dezember TAIWAN
In Taipeh wird das höchste Gebäude der Welt eingeweiht, ein 101 Stockwerke hoher Büroturm, der so gebaut ist, dass er starken Erschütterungen und Windböen widerstehen kann.

WELT-ZEITTAFEL 2005

Januar

9. Januar WESTJORDANLAND
Die Palästinenser wählen den früheren Ministerpräsidenten Machmud Abbas zum Nachfolger des verstorbenen Präsidenten Jassir Arafat.

9. Januar SUDAN
Vizepräsident Ali Osman Mohammed Taha und John Garang von der Volksbefreiungsbewegung unterzeichnen ein Friedensabkommen und beenden einen Konflikt, der 21 Jahre gedauert hat.

25. Januar USA
Der Microsoft-Gründer Bill Gates gibt bekannt, dass die Bill und Melinda Gates Foundation 750 Millionen Dollar für Impfprogramme in Entwicklungsländern spenden wird.

27. Januar POLEN
Politiker aus aller Welt und Überlebende des Holocaust gedenken bei einer Zeremonie in Auschwitz-Birkenau des 60. Jahrestags der Befreiung des nationalsozialistischen Vernichtungslagers.

16. Februar WELTWEIT
Das Protokoll von Kyoto über die Verringerung der Treibhausgasemissionen tritt in Kraft, wird jedoch vom größten Umweltverschmutzer, den USA, als wirtschaftliche Zwangsjacke abgelehnt.

23. Februar ALGERIEN
Präsident Abdelaziz Bouteflika gesteht erstmals ein, dass dem seit mehr als zehn Jahren tobenden heiligen Krieg der Islamisten in Algerien 150 000 Menschen zum Opfer gefallen sind.

27. Februar USA
Der Film *Million Dollar Baby* von Hollywood-Legende Clint Eastwood gewinnt vier Oscars, darunter jene für den besten Film und die beste Regie.

28. Februar IRAK
Bei der Explosion einer Autobombe in Hilla südlich von Bagdad werden 125 Menschen getötet, 130 verwundet. Es ist der blutigste Anschlag im Nachkriegsirak. Al-Qaida bekennt sich zu der Tat.

März

6. April MONACO
Prinz Rainier von Monaco stirbt. Sein Sohn Prinz Albert tritt seine Nachfolge im kleinen Steuerparadies an.

9. April GROSSBRITANNIEN
Prinz Charles heiratet seine langjährige Geliebte Camilla Parker Bowles. Die neue Herzogin von Cornwall wird von einer Bürgerlichen zur nach Königin Elizabeth ranghöchsten Frau des Königshauses.

18. April INDIEN
Indien und Pakistan erklären bei einem Besuch des pakistanischen Präsidenten Muscharraf in Neu-Delhi den Friedensprozess für unumkehrbar und einigen sich auf eine Grenzöffnung in Kaschmir.

19. April VATIKAN
Der deutsche Kardinal Joseph Ratzinger wird zum Papst gewählt und nimmt den Namen Benedikt XVI. an.

26. April LIBANON
Syrien zieht seine letzten Soldaten und Geheimagenten aus dem Libanon ab, womit seine Militärpräsenz in dem kleinen Nachbarland nach 29 Jahren endet.

13. Juni USA
Popsänger Michael Jackson wird von dem Vorwurf, 2003 einen 13-jährigen Jungen sexuell belästigt zu haben, freigesprochen. Damit endet ein Prozess, in dem Jackson fast zwei Jahrzehnte Haft drohten.

15. Juni ANTARKTIS
45 Staaten kommen überein, die Umwelt in der Antarktis zu schützen. Umweltverschmutzer sollen zur Beseitigung der Schäden gezwungen werden oder für die Kontamination bezahlen.

16. Juni EUROPÄISCHE UNION
Trotz des französischen und dänischen „Nein" einigen sich die Regierungschefs der EU-Staaten darauf, die neue Verfassung am Leben zu erhalten und die Ratifizierungsfrist bis 2007 zu verlängern.

24. Juni IRAN
Der ultrakonservative Bürgermeister von Teheran, Machmud Ahmadinedschad, siegt bei den Präsidentschaftswahlen deutlich und schwört, den Iran in einen vorbildlichen islamischen Staat zu verwandeln.

Juli

24. Juli FRANKREICH
Der Radsportler Lance Armstrong kündigt nach seinem siebten Triumph bei der Tour de France seinen Rücktritt an.

26. Juli USA
Die Raumfähre *Discovery* startet in Cape Canaveral in Florida. Es ist die erste Shuttle-Mission der NASA seit der Katastrophe der *Columbia* im Jahr 2003.

28. Juli GROSSBRITANNIEN
Die IRA beendet nach 30 Jahren offiziell den bewaffneten Kampf gegen die britische Herrschaft in Nordirland.

August

1. August SUDAN
Die Behörden bestätigen, dass Vizepräsident John Garang bei einem Hubschrauberabsturz gestorben ist. Der ehemalige Rebellenführer war eine Schlüsselfigur des Friedensschlusses im Januar.

31. August IRAK
Mehr als 1000 Schiiten sterben bei einer Massenpanik auf einer Brücke nahe der Kadhimidscha-Moschee in der Altstadt von Bagdad. Auslöser war das Gerücht über einen Selbstmordanschlag.

September

9. September ÄGYPTEN
Präsident Husni Mubarak wird bei der ersten Präsidentenwahl mit mehreren Kandidaten mit 88,6 % der Stimmen zum fünften Mal für eine sechsjährige Amtszeit gewählt.

14. September VEREINTE NATIONEN
Die Vereinten Nationen begehen den 60. Jahrestag ihrer Gründung mit einem der größten Gipfeltreffen der Geschichte. Rund 150 Staats- und Regierungschefs versammeln sich im UN-Hauptquartier.

26. September USA
Die Soldatin Lynndie England wird wegen Missbrauchs von Gefangenen zu drei Jahren Haft verurteilt. Sie hatte einen nackten irakischen Häftling im Gefängnis Abu Ghraib an einer Leine geführt.

19. Oktober IRAK
Saddam Hussein bekennt sich zu Beginn des Prozesses, in dem ihm wegen der Ermordung von 148 Schiiten vor über 20 Jahren Verbrechen gegen die Menschlichkeit vorgeworfen werden, „nicht schuldig".

20. Oktober LIBANON
Eine UN-Kommission gelangt zu dem Schluss, dass syrische Beamte und ihre libanesischen Verbündeten in die Ermordung des libanesischen Ministerpräsidenten al-Hariri verwickelt waren.

25. Oktober IRAK
Die Wahlbehörde gibt bekannt, dass beim Referendum am 15. Oktober 79 % der irakischen Wähler für die neue Verfassung gestimmt haben.

26. Oktober IRAN
Präsident Mahmud Ahmadinedschad fordert, Israel „von der Landkarte zu löschen". Im Dezember äußert er Zweifel am Holocaust und schlägt vor, den Staat Israel nach Europa zu verlegen.

27. Oktober FRANKREICH
Der Tod von zwei afrikanischstämmigen Jugendlichen, die auf der Flucht vor der Polizei waren, löst mehrwöchige Unruhen mit schweren Straßenschlachten in ganz Frankreich aus.

21. November VEREINTE NATIONEN
Das UN-Programm gegen HIV/Aids berichtet, dass 2005 weltweit 4,9 Millionen Menschen mit dem HI-Virus infiziert wurden – die höchste je ermittelte Zahl von Neuansteckungen.

22. November DEUTSCHLAND
Angela Merkel tritt nach monatelangem politischem Tauziehen als erste Frau das Amt des deutschen Bundeskanzlers an.

26. November WELTRAUM
Die japanische Weltraumsonde Hayabusa („Falke") landet auf der Oberfläche eines Asteroiden und sammelt Gesteinsproben, von denen man Hinweise auf den Ursprung des Sonnensystems erhofft.

Dezember

2. Dezember USA
In North Carolina wird der Doppelmörder Kenneth Lee Boyd als tausendster amerikanischer Häftling seit der Wiedereinführung der Todesstrafe im Jahr 1976 hingerichtet.

30. Januar IRAK
Am Wahltag schlagen mindestens neun Selbstmordattentäter zu und töten landesweit mindestens 35 Menschen. Bis zu 8 Millionen Iraker gehen trotzdem zu den Urnen – etwa 60 %.

Februar

1. Februar NEPAL
König Gyanendra entlässt die Regierung und übernimmt mit der Begründung, diese habe es versäumt, Wahlen abzuhalten oder den Frieden wiederherzustellen, für drei Jahre die Macht.

8. Februar ÄGYPTEN
Israel und die Palästinenser vereinbaren bei einem Gipfeltreffen in Ägypten einen Waffenstillstand, um der seit vier Jahren tobenden Gewalt Einhalt zu gebieten.

14. Februar LIBANON
Bei der Explosion einer gewaltigen Autobombe in Beirut stirbt der ehemalige Ministerpräsidenten Rafik al-Hariri. 22 weitere Menschen werden gtötet, und 135 verletzt.

24. März KIRGISIEN
Nach der Besetzung mehrerer Schlüsselgebäude erklärt die Opposition, die Macht übernommen zu haben. Nach gewalttätigen Protesten verlässt Präsident Askar Akajew das Land.

31. März USA
Terri Schiavo, eine gehirngeschädigte Frau, deren Schicksal einen Familienzwist von großer politischer Tragweite ausgelöst hat, stirbt, nachdem die künstliche Ernährung eingestellt wurde.

April

2. April VATIKAN
Johannes Paul II., der 26 Jahre lang das Oberhaupt der römisch-katholischen Kirche war und entscheidend zum Sturz des Kommunismus in Europa beigetragen hat, stirbt im Alter von 84 Jahren.

2. April SIMBABWE
Robert Mugabes Partei erringt bei den Parlamentswahlen die für eine Änderung der Verfassung erforderliche Zweidrittelmehrheit. Die Opposition und westliche Regierungen sprechen von Wahlbetrug.

Mai

5. Mai GROSSBRITANNIEN
Premierminister Tony Blair erringt trotz des Widerstands vieler Bürger gegen die britische Beteiligung am Irakkrieg einen dritten Wahlsieg für die Labour Party, deren Mehrheit jedoch deutlich schmilzt.

31. Mai USA
Die ehemalige Nr. 2 des FBI, Mark Felt, wird als „Deep Throat" identifiziert. Er gab seinerzeit die Geheimnisse über den Watergate-Skandal, der zum Sturz Präsident Richard Nixons führte, weiter.

31. Mai RUSSLAND
Ein Gericht spricht Michail Chodorkowski, einst Russlands reichster Mann und Leiter des Ölkonzerns JUKOS, des Betrugs und der Steuerhinterziehung schuldig. 9 Jahre Haft.

Juni

2. Juli WELTWEIT
In einer als „Live 8" bezeichneten Reihe von Benefizkonzerten in aller Welt fordern zahlreiche Popstars die reichen Länder auf, Afrika seine Schulden zu erlassen und die Hilfsleistungen zu erhöhen.

7. Juli GROSSBRITANNIEN
Vier Selbstmordattentäter attackieren das Londoner Verkehrssystem und töten 52 Menschen, während die G-8 in Schottland tagen. Später erklärt al-Qaida, dies sei die Strafe für Englands „Arroganz" gewesen.

18. Juli GROSSBRITANNIEN/USA
Vom sechsten Band der Harry Potter-Reihe werden in den ersten 24 Stunden nach der Veröffentlichung in den USA und Großbritannien 8,9 Millionen Exemplare verkauft. Ein historischer Rekord.

21. Juli GROSSBRITANNIEN
Es werden weitere Bombenanschläge auf drei Londoner U-Bahn-Stationen und einen Bus versucht. Keiner der Sprengsätze detoniert, und später werden vier Verdächtige verhaftet.

23. Juli ÄGYPTEN
Zwei Autobomben und ein in einem Koffer versteckter Sprengsatz erschüttern Hotels und Einkaufszentren im Ferienort Scharm el Scheich. 67 Menschen sterben, mehr als 200 werden verletzt.

12. August SRI LANKA
Außenminister Lakshman Kadirgamar, ein Verfechter eines harten Vorgehens gegen die separatistischen Tamil Tiger, fällt einem Mordanschlag zum Opfer, der den Rebellen zugeschrieben wird.

15. August GAZASTREIFEN
Der israelische Ministerpräsident Ariel Scharon ordnet den versprochenen Rückzug aus dem Gazastreifen an.

16. August VENEZUELA
Eine MD-80 der West Caribbean Airways stürzt nahe der kolumbianischen Grenze in den Bergen ab. Alle 160 Menschen an Bord sterben.

19. August BURUNDI
Der Ex-Anführer der Hutu-Rebellen, Pierre Nkurunziza, wird bei den Wahlen im Rahmen eines Friedensplans zur Beendigung des 12-jährigen Bürgerkriegs zum Präsidenten gewählt.

29. August USA
Der Hurrikan „Katrina" tobt über Louisiana und Mississippi. Windgeschwindigkeiten von bis zu 224 km/h lösen eine Sturmflut von 9 Metern Höhe aus. 1228 Menschen sterben.

Oktober

1. Oktober INDONESIEN
Drei Selbstmordattentäter töten in Restaurants in Jimbaran Beach und Kuta Beach auf der Ferieninsel Bali 20 Menschen und verletzen weitere 150.

8. Oktober GUATEMALA
Der Hurrikan „Stan" fegt über Guatemala und El Salvador hinweg. Mehr als 1000 Menschen sterben durch Erdrutsche und Überschwemmungen.

8. Oktober PAKISTAN
Ein Erdbeben der Stärke 7,6 auf der Richterskala tötet 100 km nordöstlich von Islamabad mehr als 73 000 Menschen. In der indischen Region Kaschmir sterben 1309 Menschen.

12. Oktober SYRIEN
Drei Wochen, nachdem ihn eine UN-Untersuchungskommission zum Mord am libanesischen Ministerpräsidenten Rafik al-Hariri befragt hat, begeht der syrische Innenminister Ghasi Kanaan Selbstmord.

29. Oktober INDIEN
Bei drei Anschlägen auf Märkte in Neu-Delhi werden kurz vor den wichtigsten hinduistischen und moslemischen Feiertagen 66 Menschen getötet. Islami Inqilab Mahaz bekennt sich zu der Tat.

November

9. November JORDANIEN
Selbstmordattentäter zünden in drei Hotels in Amman Bomben und töten 57 Menschen, darunter zahlreiche Gäste zweier Hochzeiten. Der irakische Zweig von al-Qaida bekennt sich zu den Anschlägen.

10. November ISRAEL
Schimon Peres wird als Führer der Arbeiterpartei von Amir Perets abgelöst, der ankündigt, die von Ariel Scharon geführte Koalition zu verlassen. Am 21.11. gründet Scharon die neue Partei Kadima.

15. November JAPAN
Prinzessin Sayako, einzige Tochter von Kaiser Akihito, heiratet in einer privaten Zeremonie in einem Hotel in Tokio einen Bürgerlichen; sie verliert ihren Vorzugsstatus als Mitglied der Kaiserfamilie.

15. Dezember IRAK
Die Iraker wählen ein neues Parlament. Die schiitische Islamische Allianz erringt 128 Sitze, womit ihr 10 zur absoluten Mehrheit fehlen.

18. Dezember ISRAEL
Ministerpräsident Ariel Scharon erleidet einen leichten Schlaganfall. Zwei Tage später begibt er sich wieder an die Arbeit, erleidet jedoch Anfang Januar 2006 einen weiteren, schweren Schlaganfall.

19. Dezember GROSSBRITANNIEN
Ein lesbisches Paar aus Nordirland nutzt als Erstes das neue britische Gesetz zu den zivilen Partnerschaften. Zwei Tage später „heiratet" Popstar Elton John seinen langjährigen Partner David Furnish.

19. Dezember AFGHANISTAN
Präsident Hamid Karsai eröffnet die erste Sitzung eines afghanischen Parlaments seit mehr als 30 Jahren.

19. Dezember ITALIEN
Antonio Fazio, der Gouverneur der italienischen Notenbank, sieht sich angesichts der Kritik an seiner Verwicklung in einen Übernahmeskandal zum Rücktritt gezwungen.

Zusätzliche Bildlegenden

Aufmacher
Seiten 2–3 Das 343 Meter hohe Viadukt von Millau, das das Tal des Tarn überspannt. Die vom britischen Architekten Norman Foster entworfene Brücke ist die höchste der Welt. 9. Dezember 2004, Millau, Frankreich. Jean-Philippe Arles

Einleitung
Seite 6 obere Reihe, von links nach rechts
Der französische Musiker Jean Michel Jarre veranstaltet ein Konzert vor den Pyramiden von Gizeh. 1. Januar 2000, Kairo, Ägypten. Aladin Abdel Naby

Palästinenser lassen vor der Geburtskirche in Bethlehem eine Friedenstaube fliegen. 1. Januar 2000, Bethlehem, Westjordanland. Evelyn Hockstein

Feuerwerk über dem Tempel des Parthenon: Die Licht- und Musik-Show wurde von Gert Hof, dem deutschen Direktor, gestaltet. 1. Januar 2000, Athen, Griechenland. Yiorgos Karahalis

Feuerwerkskörper über dem Peace Tower und den kanadischen Parlamentsgebäuden. 1. Januar 2000, Ottawa, Kanada. Jim Young

Seite 6 mittlere Reihe, von links nach rechts
Das britische Parlamentsgebäude im Schein des Silvesterfeuerwerks. 1. Januar 2000, London, Großbritannien. Dylan Martinez

Blauri Graterol und James Karabelas küssen sich, während ein Konfettiregen auf sie niedergeht. 1. Januar 2000, New York, USA. Jim Bourg

Feiernde Polen vor dem Nationaltheater. 1. Januar 2000, Warschau, Polen. Pawel Kopczynski

Silvester-Feuerwerk erhellt den Himmel über der Kuppel des Petersdoms in Rom. 1. Januar 2000, Vatikan. Paolo Cocco

Seite 6 untere Reihe, von links nach rechts
Feuerwerk hinter der Compania. 31. Dezember 1999, Quito, Equador. Guillermo Granja

Der Eiffelturm im Schein des Feuerwerks. 1. Januar 2000, Paris, Frankreich. Charles Platiau

Feuerwerk über dem Washington Monument. 1. Januar 2000, Washington, D.C., USA. Molly Riley

Böller und Raketen über dem Nationaltheater. 1. Januar 2000, Sarajevo, Bosnien. Danilo Krstanovic

Große Aufgaben
Seite 11, von links oben im Uhrzeigersinn
Ein Haitianer hält eine Frau fest, die während eines Unwetters auf einer Straße in das reißende Hochwasser gefallen ist. 23. Oktober 2005, Port-au-Prince, Haiti. Eduardo Munoz

Eine Tür ist das einzige, was von einem Haus stehen geblieben ist, das von einem Erdbeben in Qiongkuer Qiake dem Erdboden gleichgemacht wurde. 26. Februar 2003, Xinjiang, China. Claro Cortes

Der Leichnam eines ertrunkenen afrikanischen Immigranten liegt vor der Felsküste der Kanareninsel Fuerteventura im Wasser. 1. August 2003, Fuerteventura, Spanien. Juan Medina

Trauernde, die sich vor der Kirche Laigh Kirk in Paisley zum Begräbnis von Helen Jones versammelt haben. Sie starb am 7. Juli 2005 bei einem der Anschläge in London. 25. Juli 2005, Schottland, Großbritannien. Jeff J. Mitchell

Wissenschaft und Technologie
Seite 69, von links oben im Uhrzeigersinn
Kinder in Raumanzügen warten auf ihren Auftritt bei den Feiern anlässlich des Internationalen Tags des Kindes. 1. Juni 2004, Peking, China. Guang Niu

Die letzte Flug einer *Concorde* der British Airways von New York nach London landet in Heathrow. 24. Oktober 2003, London, Großbritannien. Jonathan Bainbridge

Das Gibbs Aquada, das erste Hochgeschwindigkeits-Amphibienfahrzeug der Welt, wird auf der Themse vorgeführt. 3. September 2003, London, Großbritannien. Stephen Hird

Dr. Ian Wilmut, der Leiter des Forscherteams, das Schaf Dolly geschaffen hat – das erste aus einer Stammzelle geklonte Säugetier – vor dem ausgestopften Körper des Tieres im National Museum of Scotland. 9. April 2003, Edinburgh, Großbritannien. Jeff J. Mitchell

Glaubensmuster
Seite 93, von links oben im Uhrzeigersinn
Buddhistische Mönche rezitieren Gebete bei einer überkonfessionellen Gedenkfeier für die Opfer des Tsunami. 19. Januar 2005, Takua Pa, Thailand. Bazuki Muhammad

Moslemische Frauen beten zu Beginn des Fastenmonats Ramadan in der Istiqlal-Moschee. 26. Oktober 2003, Jakarta, Indonesien. Supri

Ein Kunde sieht sich in einem Laden Neujahrsdekorationen in Mondform an. 6. Februar 2005, Schanghai, China. Claro Cortes IV.

Taiwaner lassen beim traditionellen chinesischen Laternenfest am ersten Vollmond des neuen Mondjahrs fliegende Laternen aufsteigen. 5. Februar 2004, Taipeh, Taiwan. Simon Kwong

Machtpolitik
Seite 135, von links oben im Uhrzeigersinn
US-Präsident George W. Bush spricht bei einer Wahlveranstaltung in Columbia (Missouri) von einem Rednerpult. 7. September 2004, Columbia, Vereinigten Staaten. Larry Downing

Der russische Präsident Wladimir Putin nach seiner Ankunft auf dem Berliner Flughafen Tegel. Er ist zu Beginn eines zweitägigen Deutschlandbesuchs auf dem Weg zu Gesprächen mit Bundeskanzler Gerhard Schröder. 9. Februar 2003, Berlin, Deutschland. Alexandra Winkler

Teilnehmer einer Parade zur Feier der europäischen Einheit, die vor Beginn des Europäischen Rats – eines Gipfeltreffens der Staats- und Regierungschefs der EU – die Beitrittsbestrebungen der Ukraine unterstützen, schwenken eine Flagge der Europäischen Union. 15. Mai 2005, Warschau, Polen. Katarina Stoltz

Zwei Massai-Frauen warten darauf, in einem Wahllokal ihre Stimme abgeben zu können. 21. November 2005, Kiserian, Kenia. Radu Sigheti

Krieg und Konflikte
Seite 177, von links oben im Uhrzeigersinn
Ein irakischer Polizist richtet seine Waffe auf einen Verhafteten, der im Verdacht steht, an einer Entführung beteiligt gewesen zu sein. 26. Februar 2005, Irak. Ali Jasim

Ein junger Rebell aus der Krisenregion Darfur im Westen des Sudan, der bei der Konferenz der gegen die Zentralregierung kämpfenden Sudanesischen Befreiungsarmee Wache steht, raucht eine Zigarette. 29. Oktober 2005, Haskanita, Sudan. Opheera McDoom

Emanuel *(links)*, ein Gegner des israelischen Abzugs aus dem Gazastreifen, umarmt einen Polizisten, nachdem die Sicherheitskräfte den Widerstand der letzten Siedler in Kfar Darom im Siedlungsblock Gusch Katif gebrochen haben. 18. August 2005, Kfar Darom, Gazastreifen. Nir Elias

Polizisten schießen auf einem Platz in Caracas auf angebliche Heckenschützen, als Armeeangehörige gegen die Regierung des linkspopulistischen Präsidenten Hugo Chavez protestieren. 6. Dezember 2002, Caracas, Venezuela. Daniel Aguilar

Die globale Wirtschaft
Seite 233, von links oben im Uhrzeigersinn
Ein Mann verfolgt auf einer Kurstafel die Entwicklung des Nikkei-Index. 21. Dezember 2005, Tokio, Japan. Toru Hanai

US-Notenbankchef Alan Greenspan während einer Anhörung im US-Abgeordnetenhaus am 17. Februar 2005, Washington D.C., Vereinigte Staaten von Amerika. Larry Downing

Messuhr an einer ukrainischen Gaspipeline im Dorf Bodscharka nahe der Hauptstadt Kiew. 1. Januar 2006, Bojarka, Ukraine. Gleb Garanich

Fußgänger in New York spiegeln sich im Fenster des NASDAQ-Gebäudes am Times Square wider. 30. November 2002, New York, Vereinigte Staaten von Amerika. Shannon Stapleton

Kultur im digitalen Zeitalter
Seite 257, von links oben im Uhrzeigersinn
Ein Beagle *(rechts)* trägt während der „Doggie Show" bei der Präsentation der Herbstkollektion 2005 von Target auf dem Laufsteg einen von Isaac Mizrahi entworfenen Trench Coat. 11. Februar 2005, New York, Vereinigte Staaten von Amerika. Peter Morgan

Ein Model führt bei der London Fashion Week ein Kleid aus der Herbst/Winterkollektion 2003 des spanischstämmigen Designers Rafael Lopez vor. 19. Februar 2003, London, Großbritannien. Toby Melville

Eine Performerin sitzt bei der Biennale von Venedig Zeitung lesend auf dem Rücken einer Schlammskulptur eines Flusspferdes, einer Installation der in Puerto Rico lebenden Künstler Jennifer Allora und Guillermo Calzadilla. 8. Juni 2005, Venedig, Italien. Chris Helgren

Der amerikanische Regisseur Michael Moore nimmt beim 57. Filmfestival von Cannes die Goldene Palme für seinen Dokumentarfilm *Fahrenheit 9/11* entgegen. Im Hintergrund applaudiert die südafrikanische Schauspielerin Charlize Theron. 22. Mai 2004, Cannes, Frankreich. John Schults

Lebensarten
Seite 297, von links oben im Uhrzeigersinn
Ein Arbeiter untersucht während den Vorbereitungsarbeiten für die jährliche Chelsea Flower Show in London eine Graspflanze. 21. Mai 2004, London, Großbritannien. Peter Macdiarmid

Ein Mangalitza-Schwein wird in einem Schlachthaus verarbeitet. Diese auch als „Wollschwein" bezeichnete Rasse war vor wenigen Jahren noch vom Aussterben bedroht. In den 1990er-Jahren wurde sie von spanischen Herstellern wieder entdeckt, weil sich ihr fettes, aromatisches Fleisch für Serrano-Schinken eignet. 25. September 2004, Szombathely, Ungarn. Laszlo Balogh

Ein chinesischer Wanderarbeiter wartet mit der Fahrkarte im Mund darauf, in Nanjing einen Zug besteigen zu können. 23. Januar 2006, Provinz Jiangsu, China

Ein schottischer Raucher betrachtet wenige Stunden, bevor der britische Finanzminister Gordon Brown die Alkohol- und Tabaksteuer erhöht, sein Whiskyglas. 21. März 2000, Glasgow, Großbritannien. Jeff J. Mitchell

Ein Blick voraus, ein Blick zurück
Seite 334, von links oben im Uhrzeigersinn
Ein Besucher des Salvador Allende-Museums in Santiago de Chile geht an Fotos von Gefangenen vorbei, die unter der Regierung des Diktators General Augusto Pinochet verschwanden. 10. September 2003, Santiago, Chile. Carlos Barria

Der deutsche Bundeskanzler Gerhard Schröder steht bei einer Rede während einer Gedenkfeier am 60. Jahrestag der Befreiung des Konzentrationslagers Auschwitz vor einem Bild, das eine Straße in dem Lager zeigt. 25. Januar 2005, Berlin, Deutschland. Arnd Wiegmann

Angehörige der argentinischen Menschenrechtsgruppe „Mütter der Plaza de Mayo" bei ihrem wöchentlichen Protestmarsch. Am selben Tag fliegt der ehemalige chilenische Präsident General Augusto Pinochet nach Chile zurück, nachdem die britische Justiz auf seine Auslieferung verzichtet hat, weil die Ärzte ihn als nicht prozessfähig eingestuft haben. Auf dem Schild steht „Wir lehnen die Freilassung des Völkermörders Pinochet ab". 2. März 2000, Buenos Aires, Argentinien. Enrique Marcarian

Iraner drängen sich bei einer Rede des höchsten religiösen Führers Ajatollah Ali Chamenei. Hunderttausende haben sich am 16. Todestag von Ajatollah Ruholla Chomeini versammelt. 4. Juni 2005, Teheran, Iran. Damir Sagolj

Danksagung/Autoren/Fotografen

Bildredaktion

Ayperi Karabuda Ecer begann im Jahr 1984 als internationale Redakteurin für Sipa zu arbeiten und wurde später Bürochefin in New York. Im Jahr 1991 ging Ayperi als Chefredakteurin zu Magnum in Paris. Sie hat bei drei Gelegenheiten in der Joop Swart Masterclass, einem jährlich stattfindenden Workshop von World Press Photo, unterrichtet und ihre Erfahrungen als Bildredakteurin weitergegeben. Ayperi kam im Jahr 2002 als Director of Development of Photography zu Reuters und ist in Paris stationiert. Sie hat die schwedische sowie die türkische Staatsbürgerschaft.

Die Autoren

Stephen Brown ist seit 1987 für Reuters tätig. Er hat den Großteil seiner bisherigen Berufslaufbahn in Lateinamerika verbracht, von wo er über die politischen Entwicklungen und die gesellschaftliche Unruhe auf dem Kontinent berichtet hat. Während der Argentinienkrise im Jahr 2001 war er dort Bürochef und bestätigte als erster Berichterstatter den Rücktritt des argentinischen Präsidenten Fernando de la Rua. Gegenwärtig ist Stephen Bürochef für Skandinavien und das Baltikum.

Ben Hirschler arbeitet seit 1987 für Reuters. Er begann seine Laufbahn als Reporter an der Londoner Warenbörse, bevor er aus Amsterdam über verschiedenste Themen vom Gütertransport bis zu den Friedensgesprächen für Jugoslawien in Den Haag berichtete. Mitte der 1990er Jahre war er in Johannesburg stationiert und beschäftigte sich mit den wirtschaftlichen Herausforderungen, die Südafrika nach dem Ende des Apartheid-Regimes zu bewältigen hatte. Seit seiner Rückkehr nach London im Jahr 1997 befasst er sich mit den Emerging Markets und mit britischen Unternehmen. Gegenwärtig ist Ben Korrespondent für die europäische Pharmaindustrie.

Tom Heneghan berichtete über Politik, Wirtschaft, Krieg und Religion, seit er 1977 zu Reuters stieß. Seit 2003 ist er verantwortlicher Redakteur für den Bereich Religion; in dieser Funktion schrieb er unter anderem über den Tod Papst Johannes Paul II. und die Integration der Moslems in die europäischen Gesellschaften. Er war Reuters-Korrespondent in London, Wien, Genf, Islamabad, Bangkok, Hongkong und Bonn, bevor er 1997 nach Paris übersiedelte. Er verfasste das Buch und verschiedene Beiträge für Reuters-Veröffentlichung.

Patrick Worsnip arbeitet seit 1971 für Reuters. Er begann als Volontär in Rom und bekleidete Posten als Korrespondent in Moskau, Warschau, Teheran, Beirut und erneut in Rom. Von 1986 bis 1994 berichtete Patrick als diplomatischer Korrespondent in London über das Ende des Kalten Krieges und den Zusammenbruch des sowjetischen Imperiums. Dann ging er nach Washington, D.C., wo er bis 1998 aus dem State Department berichtete. Gegenwärtig ist er leitender Redakteur am World Desk.

Andrew Marshall arbeitet seit 1994 für Reuters. Er hat aus über 20 Ländern berichtet, darunter Großbritannien, Indonesien, Birma (Myanmar) und Afghanistan. Von 2003 bis 2005 war er als Chefkorrespondent im Irak tätig, wo er ein Team von mehr als 100 ausländischen und irakischen Mitarbeitern leitete. Seit 2005 arbeitet Andrew in London, wo er an der Berichterstattung über die Selbstmordanschläge am 7. Juli teilgenommen hat. Gegenwärtig ist er Bürochef für die Region Naher Osten.

Michael Dolan ist seit 1995 bei Reuters tätig. Zunächst spezialisierte er sich als Korrespondent an den Devisenmärkten auf die Vorbereitung der Europäischen Währungsunion. Anschließend wurde er zum Chefkorrespondenten für die britischen Finanzmärkte ernannt. Von 2000 bis 2003 war Michael als Nachrichtenchef für die Finanzmärkte Europas, des Nahen Ostens und Afrikas zuständig. Gegenwärtig ist er Wirtschaftskorrespondent für die Region Nord-, Zentral- und Südamerika mit Sitz in Washington D.C..

Mike Collett-White ist seit 1997 für Reuters tätig. Ursprünglich war er als Politik- und Wirtschaftskorrespondent in Moskau tätig. Später wurde er zu einem der leitenden Korrespondenten für Zentralasien ernannt. Nach den Anschlägen vom 11. September 2001 berichtete Mike an vorderster Front aus Afghanistan und wurde anschließend Chefkorrespondent in Pakistan. Im Jahr 2003 berichtete er aus dem Irak über das Kriegsgeschehen und wurde Zeuge des Falls von Tikrit. Gegenwärtig arbeitet er als leitender Redakteur für Berichterstattung über Kunst und Unterhaltung.

Giles Elgood arbeitet seit 1980 für Reuters. Er hat aus dutzenden Ländern in aller Welt berichtet und verschiedenste Themen vom Krieg in Bosnien bis zum britischen Königshaus behandelt. Mehrjährige Aufenthalte in Deutschland, Nigeria, Jugoslawien und den USA wurden von kürzeren Reisen zur Berichterstattung aus Europa, dem Nahen Osten, Afrika, Asien und Amerika unterbrochen. Nach drei Jahren als Redakteur in Washington, D.C., ist Giles gegenwärtig leitender Redakteur in London.

Welt-Zeittafel für das 21. Jahrhundert

David Cutler ist Senior Researcher in der Rechercheabteilung von Reuters in London. Er stammt aus Glasgow, studierte Informationswissenschaft und begann seine Karriere im Imperial War Museum in London. Im Jahr 1980 ging er zur BBC, wo er die Programmproduzenten bei ihren Hintergrundrecherchen unterstützte. Acht Jahre später stieß er zu Reuters.

Alison Williams ist Redakteurin beim World Desk von Reuters in London und bearbeitet die politischen und allgemeinen Nachrichten aus dem Nahen Osten, Afrika und Europa. Sie ist seit 2001 bei Reuters. Vorher war sie seit 1995 für verschiedene regionale Zeitungen in Großbritannien tätig.

Des weiteren geht unser Dank an Vincent Baby, Paul Barker, Catherine Benson, Valerie Bezzina, Vicki Bradin, Claire Chapman, Spiritas Cho, Leslie D'Souza, Maya Ecer, Nelson Graves, Angela Kearney, Thomas Krumenacker, Sean Maguire, Peter Millership, Simon Newman, Gary Regenstrief, Musa Sadulayev (AP), Victoria Simpson, Alexia Singh, Akio Suga, Thomas Szlukovenyi, Aldrina Thirunagaran, Sara Veness, Heather Vickers, Stephen Weeks, Dennis Yeo, Kimitsu Yogachi, Deborah Zabarenko und Aisha Zia

Die Fotografen

In diesem Buch sind Aufnahmen von 227 Reuters-Fotografen abgedruckt, die aus 70 verschiedenen Ländern stammen und abwechselnd an die verschiedenen Orte in aller Welt entsandt werden. Neben dem Namen jedes Fotografen ist sein Heimatland angegeben.

Adeel Halim, Indien
Adnan Abidi, Indien
Adrees Latif, Vereinigte Staaten
Ahmed Jadallah, Palästinensergebiete
Ajay Verma, Indien
Aladin Abdel Naby, Ägypten
Albeiro Lopera, Kolumbien
Albert Gea, Spanien
Alessandro Bianchi, Italien
Alessia Pierdomenico, Italien
Alexander Demianchuk, Ukraine
Alexander Vlachos, Griechenland
Alexandra Winkler, Deutschland
Alfred Cheng Jin, China
Ali Jarekji, Syrien
Ali Jasim, Irak
Altaf Hussain, Indien
Aly Song, China
Amit Dave, Indien
Amit Gupta, Indien
Ammar Awad, Israel
Andrea Comas, Spanien
Andrew Wong, Großbritannien
Andy Clark, Kanada
Anton Meres, Spanien
Aniruddha Lokuhapuarachchi, Sri Lanka
Anwar Mirza, Pakistan
Arko Datta, Indien
Arnd Wiegmann, Deutschland
Asim Tanveer, Pakistan
Atef Hassan, Irak
Athar Hussain, Pakistan
Bazuki Muhammad, Malaysia
Bob Strong, Vereinigte Staaten
Bobby Yip, Japan
Bogdan Cristel, Rumänien
Brad Rickerby, Vereinigte Staaten
Brian Snyder, Vereinigte Staaten
Caren Firouz, Iran
Carlos Barria, Argentinien
Carlos Duarte, Guatemala
Catherine Benson, Großbritannien
Chaiwat Subprasom, Thailand
Charles Platiau, Frankreich
Chip East, Vereinigte Staaten
Chris Helgren, Kanada
Chris Pizzello, Vereinigte Staaten
Chris Watt, Großbritannien
Claro Cortes IV, Philippinen
Claudia Daut, Deutschland
Dadang Tri, Indonesien
Damir Sagolj, Bosnien
Dan Chung, Großbritannien
Daniel Aguilar, Mexiko
Daniel Morel, Vereinigte Staaten
Daniele La Monaca, Italien
Danilo Krstanovic, Bosnien
Danish Ismail, Indien
Darrin Zammit Lupi, Malta
David Gray, Australien
David Mercado, Bolivien
Davor Kovacevic, Kroatien
Denis Balibouse, Schweiz
Desmond Boylan, Irland
Dylan Martinez, Großbritannien
Eduard Kornienko, Russland
Eduardo Munoz, Kolumbien
Enrique Marcarian, Argentinien
Eric Gaillard, Frankreich
Eriko Sugita, Japan
Evelyn Hockstein, Israel
Faisal Mahmood, Pakistan
Faleh Kheiber, Irak
Fatih Saribas, Türkei
Finbarr O'Reilly, Kanada
Franck Prevel, Frankreich
Francois Lenoir, Belgien
Fred Prouser, Vereinigte Staaten
Gadi Kabalo, Israel
Gary Hershorn, Kanada
George Mulala, Kenia
Gil Cohen Magen, Israel
Gleb Garanich, Russland
Goran Sivacki, Serbien
Goran Tomasevic, Serbien
Grigory Dukor, Russland
Guang Niu, China
Guillermo Granja, Ekuador
Hazir Reka, Kosovo
Howard Burditt, Simbabwe
Ian Waldie, Australien
Ilia Naymushin, Russland
Issei Kato, Japan
Ivan Alvarado, Kolumbien
James Akena, Uganda
Jason Cohn, Vereinigte Staaten
Jason Lee, China
Jason Reed, Australien
Jay Cheng
Jean-Paul Pelissier, Frankreich
Jean-Philippe Arles, Frankreich
Jeff Christensen, Vereinigte Staaten
Jeff J. Mitchell, Großbritannien
Jerry Lampen, Niederlande
Jessica Rinaldi, Vereinigte Staaten
Jim Bourg, Vereinigte Staaten
Jim Young, Kanada
Joe Skipper, Vereinigte Staaten
John Ruwitch, Vereinigte Staaten
John Schults, Vereinigte Staaten
Jonathan Bainbridge, Großbritannien
Jonathan Ernst, Vereinigte Staaten
Jorge Silva, Mexiko
Juan Carlos Ulate, Costa Rica
Juan Medina, Argentinien
Kai Pfaffenbach, Deutschland
Kareem Raheem, Irak
Katarina Stoltz, Schweden
Keith Bedford, Vereinigte Staaten
Kevin Coombs, Großbritannien
Kevin Lamarque, Vereinigte Staaten
Kieran Doherty, Großbritannien
Kim Kyung-Hoon, Südkorea
Kimberly White, Vereinigte Staaten
Kimimasa Mayama, Japan
Larry Downing, Vereinigte Staaten
Laszlo Balogh, Ungarn
Luc Gnago, Elfenbeinküste
Lucas Jackson, Vereinigte Staaten
Lucy Nicholson, Großbritannien
Luis Galdamez, El Salvador
Marc Serota, Vereinigte Staaten
Marcelo del Pozo, Spanien
Marcos Brindicci, Argentinien
Mario Anzuoni, Italien
Marko Djurica, Serbien
Matko Biljak, Kroatien
Max Rossi, Italien
Mian Khursheed, Pakistan
Michael Dalder, Deutschland
Michael Leckel, Österreich
Michaela Rehle, Deutschland
Miguel Vidal, Spanien
Mihai Barbu, Rumänien
Mike Blake, Kanada
Mike Hutchings, Großbritannien
Milos Cvetkovic, Serbien
Ming Ming, China
Mohamed Azakir, Libanon
Mohammed Salem, Palästinensergebiete
Mohsin Raza, Pakistan
Molly Riley, Vereinigte Staaten
Morteza Nikoubazl, Iran
Nacho Doce, Spanien
Namir Noor-Eldeen, Irak
Natalie Behring, Vereinigte Staaten
Nayef Hashlamoun, Palästinensergebiete
Nir Elias, Israel
Ognen Teofilovski, Mazedonien
Opheera Mcdoom, Großbritannien, Guyana
Paolo Cocco, Italien
Parth Sanyal, Indien
Pascal Lauener, Schweiz
Pascal Rossignol, Frankreich
Paul Mcerlane, Irland
Paul Vreeker, Niederlande
Paul Yeung, Hong Kong, China
Pawel Kopczynski, Polen
Peter Andrews, Polen
Peter Macdiarmid, Großbritannien
Peter Maenhoudt, Belgien
Peter Morgan, Vereinigte Staaten
Philip Massie, Südafrika
Philippe Laurenson, Frankreich
Philippe Wojazer, Frankreich
Pierre Holtz, Frankreich
Radu Sigheti, Rumänien
Rafael Marchante, Spanien
Rafiqur Rahman, Bangladesh
Raheb Homavandi, Iran
Ray Stubblebine, Vereinigte Staaten
Reinhard Krause, Deutschland
Rick Wilking, Vereinigte Staaten
Robert Galbraith, Vereinigte Staaten
Romeo Ranoco, Philippinen
Russell Boyce, Großbritannien
Sean Adair, Vereinigte Staaten
Sergei Karpukhin, Russland
Shamil Zhumatov, Kasachstan
Shannon Stapleton, Vereinigte Staaten
Shaun Best, Kanada
Simon Kwong, Taiwan
Stefano Rellandini, Italien
Stephanie Mcgehee, Vereinigte Staaten
Stephen Hird, Großbritannien
Stoyan Nenov, Bulgarien
Sukree Sukplang, Thailand
Supri, Indonesien
Susana Vera, Spanien
Tarmizy Harva, Indonesien
Thierry Roge, Belgien
Thomas White, Großbritannien
Tim Wimborne, Australien
Toby Melville, Großbritannien
Tony Gentile, Italien
Toru Hanai, Japan
Toshiyuki Aizawa, Japan
Umit Bektas, Türkei
Vasily Fedosenko, Weißrussland
Victor Fraile, Spanien
Viktor Korotayev, Russland
Vincent Kessler, Frankreich
Vincent West, Großbritannien
Vladimir Pirogov, Kirgisien
Will Burgess, Australien
Win Mcnamee, Vereinigte Staaten
Yang Xi, China
Yannis Behrakis, Griechenland
Yiorgos Karahalis, Griechenland
You Sung-Ho, Südkorea
Yuriko Nakao, Japan
Yves Herman, Belgien
Zahid Hussein, Pakistan
Zainal Abd Halim, Malaysia
Zohra Bensemra, Algerien

Register